THE GOOD IMMIGRANT

よい移民

現代イギリスを生きる21人の物語

ニケシュ・シュクラ［編］
栢木清吾［訳］

サニーと
ティモシー・パトリック・ヨーク（一九六七－二〇〇〇）に捧ぐ
ジョアン・ローリングに特別な感謝を

THE GOOD IMMIGRANT
Edited by Nikesh Shukla

Japanese translation rights arranged with
INTERCONTINENTAL LITERARY AGENCY LTD.
through Japan UNI Agency, Inc., Tokyo

編者まえがき

本書が生まれる発端となったのは、『ガーディアン』紙に掲載されたある記事に対する一つのコメントでした。はい、承知しています。コメント欄なんて読むな、とおっしゃるのでしょう。でも私は読むようにしています。自分の敵を知りたいからです。そのコメントの投稿者は、あるジャーナリストが（私を含む）五人の作家に対して行なった執筆作業に関するインタビューに腹を立てていました。その（アジア系の）ジャーナリストがインタビューしたのは、五、六人の有色人《ピープル・オブ・カラー》＊1でした。その投稿者は、なぜその記事のためにもっと著名な作家がインタビューされなかったのかと疑問を呈していました。そして彼（と書くのは、こうした場合の投稿者はほとんどいつも男性だからです）は、私たち作家がほとんど全員アジア系であったことから、たぶん全員、ジャーナリストの友人なのだろうと決めつけていたのです。このように、有色人である私たちは絶えず、自分たちが占めている場は正当なものだと説明せねばならないのか、自分たちは努力して席を獲得したことを示さねばならないのか、という不安につきまとわれつづけるのです。私と本書に収録されている他の二〇人の執筆者は、とにかく人種について書きたいと思っているわけではありませんし、私たちは人種についてだけ書いているわけでもありません。

＊1　白人以外の肌に色を帯びた人びとすべてを指す言葉。肌の色自体ではなく、それを理由にした差別を受けた経験を共有している点に重きを置いた表現。

ですが、あのようなコメント（そして同様の多くのコメント）や、移民や難民に対する後ろ向きな態度や、今日に至るまでこの国にはびこっている組織的人種差別《システマチック・レイシズム》[*2]のことを踏まえ、今、有色の人間《パーソン・オブ・カラー》であるとはどういうことなのか、その実状を伝える本をつくらねばならないと感じたのです。すでに私たちは、自分たちの席の正当性を証明し終えていますから。

　有色人には、やることなすことすべてに人種が関わってきます。なぜなら、普遍的な経験とは白人のものだからです。以前書いた短編小説についてコメントした別の投稿者（はい、分かっています）は、インド人たちが普遍的な経験をするのを目にして、愉快な驚きを感じていました。自分は普遍的な経験から排除されていたのかと、私も驚かされたのですが、このことによって、普遍的な経験は白人のものとされているとの知識が心に刻まれました。本書に集められたのは、二一人の普遍的な経験です。つまりは、怒り、土地を追われる気持ち、自己防衛心、好奇心、ばかばかしさといったさまざまな感情、それから、死、階級、無意識に行なわれる差別、ポピュラー・カルチャー、特定の文化へのアクセス権、自由な移動、社会での役割、口論、男性性などが扱われます。

　幸いなことに、新しい雑誌やスペースが次々と生まれ、有色人たちに、人種という特定の話題についてだけでなく、自分たちの普遍的経験について書く場所を提供しています。『メディア・ダイヴァーシファイド（Media Diversified）』、『ガルデム（gal-dem）』、『スキン・ディープ（Skin Deep）』、『バーント・ロティ（Burnt Roti）』、『ライフ・マガジン（Rife Magazine）』といったサイトをチェックしてみてください。

　私は単純な理由から、本書の執筆者を選びました。私はかれらと知り合いで、かれらを高く評価し、かれらが書いたものをもっと読みたいからです。縁者びいきと人間関係のつながりが、私の選定に影響を及ぼしていることを喜んで認めます。そして私は、日常的に関わらざるをえない制度的なものとは異なった、新しい同窓会のようなつながりをつくれたことを喜んでいます。有色人のあいだには秘密結社のようなものがありますので、私たちが異を唱えているさまざまなステレオタイプに反し、私たちは皆、互いのことをよく知っています。しかしそれは、私たちが教室で唯一の有色人だった頃に、互いに引き寄せられ、ぴったりと寄り沿い合ったからであり、私たちが有色人に特有の、人種と普遍的経験とのバランスについて心底理解しているからなのです。

本書に収められた、美しく、力強く、毅然《きぜん》としたエッセイをお楽しみいただく前に、本書のタイトルについて手短に触れておきます。力作「感謝知らずの国」で本書の末尾を飾ってくれている、詩人でジャーナリストでエッセイストのムサ・オクウォンガがかつて私に言ったことがあります。この国で有色人が負わされる最大の重荷は、私たちがポピュラー・カルチャーで活躍したり、競技会で勝利したり、おいしいケーキを焼いたり、良心的な医者になったりすることで、人びとの意識の中の一線を越えて「よい移民」になるまで、社会は私たちを「わるい移民」――仕事泥棒、福祉手当にたかるやつら、ガールフレンドを盗む連中、難民――とみなしてくることである、と。

私たちはその重荷を負うことに、もううんざりしているのです。

＊2　雇用、教育、福祉、警察、司法などの領域に深く浸透した人種差別のことで、人種の違いによって組織の働きや制度の運用のされ方に違いが生じるという問題を指す。制度的人種差別とも言う。

目次

【凡例】

一、本書はNikesh Shukla (ed.), *The Good Immigrant*（Unbound, 2016）を訳出したものである。

一、原文中の引用符は、「　」で示した。

一、原文中のイタリック体による強調箇所は、文脈に応じて、傍点、ゴシック体の太字、「　」で示した。

一、読者の理解のために必要と思われる場合、訳者の判断で「　」を補った。

一、［　］は著者による補足ないし注記である。

一、〔　〕は訳者による補足ないし注記である。

一、書名、雑誌名、新聞名、ウェブサイトやブログの名称、戯曲には『　』を、新聞・雑誌等の記事名、論文名、パンフレット類の名称には「　」を、映画名、テレビ番組名、音楽アルバム名、上演名には《　》を、個々の楽曲名には〈　〉を付した。

一、†は原注、＊は訳注である。

一、原注でＵＲＬが示されている場合、二〇一九年六月現在のものに改めた。

一、原文中の引用文については、既訳がある場合には適宜それらを参照しつつ、英文から新たに訳出した。

一、原文中の明らかな間違いについては、訳者の判断で適宜訂正した。

よい移民——現代イギリスを生きる21人の物語

ナマステ

ニケシュ・シュクラ

ナマステは「こんにちは」という意味だ。

ナマステは「あなたにお辞儀します」という意味だ。

それは習慣的な挨拶《あいさつ》だ。

それは敬意を表す挨拶だ。

それがスピリチュアリズムの粗悪な比喩になってしまっている。ヨガをしている白人たちが合掌した手を上げて「オウム」と唱え、まるで第三の眼が開き、精神世界の中心を直接覗き込むことができているかのような気分になって、「ナマステ」と言っている。

君はこういうことを知っておかないといけない。君の肌のトーンのせいで、人びとは君にどこから来たのかと尋ねてくるだろう。もし君がかれらにブリストルと言ったら、かれらは両親はどこから来たのかと尋ねてくるだろう。君は半分インド人だとかれらが知ったら、君の文化についての知識を君に押し付けてくる人が出てくるだろう。

寝られない。

午前二時、通りの向こうでパーティーが盛り上がっている。あのフラットは年がら年中、学生に貸し出されている。君のママは賢いから耳栓をして眠っている。僕には隣の部屋で君がぶーぶーと唇で音を出しているのが聞こえている。

四時間後には、車で君をロンドンまで連れて行かないといけない。君をおじいちゃん《ダダ》と伯母さん《ファイ》と伯父さん《フヴァ》に会わせる。君のインド側の家族と時間を過ごす。君のインド人のいとこたちやおばさんたちやおじさんたちにナマステを言う。

運転するから、眠っておく必要がある。

パーティーがこんなにうるさい理由《わけ》が分かった。その建物の最上階にいる男が窓から乗り出して、煙草を吸いながら、大声で地上にいる人に話しかけているのだ。僕たちが住んでいる向かいの建物の構造が独特なせいで、四階から地上に向けて叫んでいるのと同じぐらいの大声になっていた。午前二時だというのに。

馬鹿か、と僕は思う。たしかに金曜の夜ではあるけれど、ここは住宅街なのだ。僕も昔はこういう子どもだったかもしれないけれど、今はもう三十代。家族のある男だ。赤ワインを飲みながら、ネットフリックスを観る大人である。夜は家で過ごし、コミュニティの結束を大事にする大人なのだ。理解したのだ。生活とはどういうものなのかを理解したのだ。生活とは自分の行動が自分が知っている人たちだけでなく、自分が知らない人びとにも影響を与えてしまうものなのだ。

僕もかつてはウンコみたいな振る舞いをし、しちゃいけないところでオシッコをし、ゲロを残して、翌朝かわいそうな労働者たちに片付けさせ、声の限りに歌を絶叫しながら、たくさんの家族が暮らしている通りを走り抜け、残りの世界に無関心で、自分が関わるべき何かは残りの世界の向こう側にあると言って、騒いでいた。明日の朝、僕が君のママに次に起こったことを話したら、ママは僕にこういったことを思い出すように言うだろう。

僕はママに、他の人たちが受け入れられないと思っている事実自体を受け入れないという発想が我慢ならないんだ、と言う。

僕が家から出ると、四階分の大声で交わされていた会話がちょうど終わり、地上にいた男は、彼が無事に家まで帰れるように祈る友人の声を聞きながら去っていく。僕はかれらの家の玄関前の階段に近づいていく。半開きの正面玄関の戸口の暗がりの中に、少年と少女が座って煙草を吸っているのに僕は気づく。

「すみませんが」と僕は声をかける。「パーティーの続きは中でやっていただけませんでしょうか?」

「ジャー・ブレス」[＊1]と戸口の少女が言う。彼女は僕の話をさえぎって、「ナマステ」と連呼する。

僕はもう一度言う。言葉を変えて、もっとはっきりと伝える。ちょっと強めに。「パーティーの続きは中でやってください」

＊1　「ジャー（Jah）」は神、「ブレス（bless）」は祝福。「神のご加護がありますように」という意味で、元々はラスタファリニズムを信奉するジャマイカ人、ジャマイカ系移民のあいだで使われた言葉。なお、ラスタファリニズムとは、一九三〇年代にジャマイカで生まれた社会宗教運動である。エチオピアのハイレ・セラシエ帝（即位前の名はラス・タファリ・マネコン）を救世主と信じ、アフリカに出自を持つ人びとの地位向上を希求する。一九六〇年代～七〇年代に、ボブ・マーリーなどのレゲエ・ミュージシャンの楽曲を通じて世界中で知られるようになった。

「ナマステ」と彼女はまた言う。少年が笑いをこらえているのが聞こえる。
「ナマステ」と二人して言う。「ナマステ、ナマステ、ナマステ、ナマステ、ナマステ」と、僕が後ずさりするまで続けられる。

僕は街灯の下に立ち、寝巻き用の白いクルタを着てレンガ・パジャマ[*2]を穿いている。黄色い蛍光灯に照らされ、僕の肌は色褪せて見える。この照明のせいで、おそらくかれらには僕をインド人だと識別できないだろう。それは悪ふざけのための悪ふざけなのだ。

窓から乗り出して叫んでいた男が、音楽が大きすぎるかと聞いてくる。僕は彼の方を、理性的な声の方を見上げて、もう一度、パーティーの続きは中でやってください、と言う。
「ナマステ、ナマステ、ナマステ」と少女が言う。

傷ついた僕は何かを叫ぶが、それは「洒落てるね」みたいな言葉。受動的攻撃行動。何も標的にしてはいない。

僕は家に戻り、ベッドに横たわり、天井を見つめ、カーテンの隙間を次々と突き抜けてくる、通り過ぎる車のヘッドライトの矢を眺める。

やっとパーティーが静かになる。僕の心は静まらない。僕はこの侮辱にどう対処すればいいか分からないという泥沼の中で身悶える。
「ナマステ、アホども」とプラカードに書いて、自分の寝室の窓に掲げる以外に、どうすればいいか分からない。

その家に入居し、引っ越しパーティーをしていた住人たちは、夏休みには故郷に帰る。秋になって僕が謝罪を求めても、うやむやになるし、そもそも数ヶ月遅れだ。

＊＊＊

僕はあるアートスペースの前を通りすぎる。そこは一部がバーとクラブ、一部が持続可能性を謳うレストラン、一部がフリーランスの芸術家たちの共同オフィス、一部がダンス・スタジオになっている。そこでは朝のレイブとヨガ教室が開かれる。ほとんど毎朝そこの入口の階段は、オム柄やガネーシャ柄のパラシュート・パンツを穿き、髪をドレッドロックスにして、額の真ん中に第三の眼の印としてビンディ[*3]をつけたヒッピーたちで溢れ返る。かれらは、ざらざらするサリーの生地で作った自転車カゴに犬を結びつけ、ナタラージャ[*4]やアシュタンガ[*5]の天才になるべくヨガスタジオに入り、太陽を祝福し、堅苦しく心を込めたナマステで、出会いと別れの挨拶を交わす。

ある朝僕が、ジェイ・ポール[*6]を聴きながら、二層構造の弁当箱を上下に揺らして通りを歩いていると、かれらの一人が「ナマステ」と声をかけてくる。

僕が通り過ぎる時、彼女は僕に向けて合掌し、僕は彼女の口が動いているのを目にする。僕はヘッドホンを取る。ジェイ・ポールの〈ストレート・アウタ・ムンバイ〉は最高潮。「でも、お前のためにな

＊2　クルタは南アジアの伝統衣装のひとつで、丈の長いゆったりとした襟なしのシャツ。レンガ・パジャマは長ズボンのこと。
＊3　額に施す装飾で、額中央に顔料やシールでつける点。
＊4　「舞踏の王」の意で、ヒンドゥー神話で演劇および舞踏の創始者とされるシバ神の異名。
＊5　正確にはアシュタンガ・ヴィンヤサ・ヨガと言い、シュリ・K・パタビジョイスが考案した現代的なヨガのスタイル。
＊6　ロンドン生まれでインド系の背景を持つシンガー・ソングライター。

ら俺は何でもするぜ。お前のためなら何でもする」と。

「ナマステ」と彼女が言う。

僕は顔をしかめる。

「やあ」と僕は返す。

「ナマステ」と彼女は返し、お辞儀しながら合掌した両手を額に当てる。

指のヘナタトゥー[*7]は薄くなっている。

「それは単に、こんにちは、という意味ですよ」と僕は言う。彼女は僕を見て、戸惑っている。「ナマステは単に『こんにちは』という意味です。それだけです」

「ナマステ」とまた彼女は言い、僕は歩き出す。


　僕は三つのことばを持っている。僕がこのことを実感するのは、ナームと彼の奥さんが訪ねてくる時だ。君はママのお腹の中にいる。君のママが妊娠して、僕らが出産を待ち望んでいることを、ナームと奥さんに伝えた後で、君もこの話に関わってくる。ナームは興奮して、いつものように表現豊かに、両手を大きく広げ、ラガービールが入ったパイントグラスで、君のママのお腹じゅうをノックする。君の上をまんべんなく。

　面白いけど、そうでもない。

　ナームと僕のやりとりは、僕たちがグジャラート式にしつけられたことと、東ロンドンで社会化されたことと、そして部屋の中に置いてけぼりにしてはいけない白人がいるのを承知していること、これらの三つの交差点で行なわれている。
そう、ブラヴ《兄弟》、俺らはゴラス《白人》が聞いてても、大丈夫なように話している、イニッ《よな》？　フタアフトゥ《速いな》、ケイティががっついているあいだに、また俺ら、一パイント飲み干しちまったぜ、マイト。お互いにビワクーフス《バカ野郎》って呼んで、お互いの発音を馬鹿にしようぜ、ブラヴ《兄弟》。俺らの挨拶は、ケム・チョー《ごきげんよう》だぜ、マイト。俺らは、無秩序にリミックスした英語を筆記体で書いて、声門破裂音を多用して発音して、音節を入れ替えてリズミカルにしゃべるから、めちゃくちゃかっこいいよな。彼と彼の奥さんが町にいるあいだ、彼と三時間話していると、僕は自分が仲間と一緒にいるように感じられる。家に帰っても、自分のことばを取り戻すのにしばらく時間がかかってしまう。

　こんなふうにタイプ打ちするのは骨が折れる。西洋人に受け入れられやすいように。僕の話しことばとは、明らかに違うかたちで。僕の話しことばには、西洋ではつくられなかったリズムがあるから。

　僕のママは三つのことばを持っていた。
白人と電話で話す時のことば、家で気安くグジュリッシュ[＊8]を話す時のことば、親戚と話す時のことばを彼女は持っていた。

　僕も三つのことばを持っている。グジュリッシュで話す時のことばと、普段のことばと、白人たちがいる文芸パーティーで使うことばだ。僕は自分の普段のことばがどんなだったか、どこで気楽さと安心

＊7　ヘナという植物から作る顔料で、手や足にさまざまな模様を描くボディペイントの一種。入れ墨とは異なり、数週間で消え、肌には跡が残らない。
＊8　グジャラート語と英語が混じり合った言語。

を一番感じられるかが分からなくなっている。自分を自分らしく感じられるのは、どこであるかさえも。僕は複数の人格《ペルソナ》に分裂してしまっている。これはオンライン上で、どんどんと増える人びとの観察と監視の目にさらされて生きていると起こる錯覚だ。僕がツイッターを始めた時、僕には一〇人ちょっとのフォロワーがいたけれど、全員リアルな世界でも知っていた人たちで、一緒にいると僕が自分でいられると思える人たちだった。フォロワー数が増えるにつれて、僕はだんだんと自分自身ではいられなくなって、人びとが見る作家としての僕にならないといけなくなった。そのせいで、自分がどんな人間だったか、どんなことばで話していたかを見失ってしまった。

　最近では、文芸に関わる事柄についてツイートする時には必ず、「おまえ《ファム》」とか「兄弟《ブラヴ》」とか「つてのは《カズ》」とか「だろ《イニッ》」といったスラングを少し付け加えるようにしている。僕が何かを考えたり、誉めたりする時には、僕がどこの出身かというルーツの部分が必然的に関わってくるということをはっきりさせておくために。僕はヒップホップのファンなので、どこから来たかじゃなくて、どこにいるかが大事[*9]ということに賛同するけれど――やっぱり、どこから来たかは大事だ。

　僕の原稿を二度ボツにしたことのある代理人が、彼のところの研修生が服のことを「ガームズ」と呼んだという理由で、世も末だとツイートする。このツイートのせいで僕は自己嫌悪のスパイラルに陥る。僕は一九九四年以来、三つのことばのうちの二つでこの単語を使っている。僕は彼のツイートへのリプライに、「お前《ファム》さぁ、スラングって『正しい英語』よかずっと重要だろ。誰も正しい英語でなんか話しやしねぇだろ?《イニッ》」と書く。彼からのリプライはない。僕は自分のツイートを消去する。以前彼が、出版業界の中の多様性に嫌気が差していると皮肉なツイートをしたのを僕は非難した。彼がまだそれを根に持っていることを僕は知っている。その時の彼の返答は、多様性の利点に関しては議論する価値がある、というものだった。僕は彼に、それは僕にとっては議論ではない、僕の人生なのだ、と言った。僕は自分の肌のトーンを変えることができない。白人たちはそれについて議論する。僕たちはそれを生きている。

ナームとの会話は、僕に孤独を感じさせるのだ。

僕はママのお腹の中の君を観察する。君はくねくね動き、空間認識の実験をしている。ママと僕がパブから戻って、ベッドに落ち着くと、君は起きてしまったのだ。君はどんなことばを持つことになるだろう？ と僕は考える。どんな人間になるだろう？ どんな声だろう？ 君はグジャラートに参照点を持つことになるのだろうか？ あるいは、君が継承する言語的遺産は、ナマステだけになるだろうか？

向かいの家のドアをノックする。

誰かいるのは分かっている。最上階の部屋の窓が少し開いているからだ。見えているのは「平静を保ち、成すべきことをせよ」[*10]のポスターだと、ぎりぎり分かる。

僕は待つ。出だしの文句を考えながら。怒るべきか、丁寧だが毅然とした態度を取るべきか、分からない。あるいは、それが冗談であったかのように扱うべきなのか。ここじゃ皆、友だちだ、君たちがふ

＊9　エリック・B&ラキムの曲〈イン・ザ・ゲットー〉（一九九〇年）の歌詞の一節「どこから来たかじゃねぇんだよ、どこにいるかなんだよ」を踏まえている。

＊10　第二次世界大戦時にイギリス政府が国民を落ち着かせ、士気を高めるために作成したポスター。王冠と文字を組み合わせたシンプルなデザインが人気を集め、現在でもポピュラー・カルチャーのさまざまな分野で（パロディも含めて）流用されている。

ざけてただけなのは分かる、それはいいんだ、でも言葉にはインパクトがあるってことだけは知っておいてほしい、云々。

それとも、僕がどう感じるかを彼らに伝えるべきか。

言語の重要性に関して、どのように言語は人を傷つけるかに関して、僕がオンライン上でやった、たくさんの喧嘩《けんか》のひとつは、お茶に関するものだった。チャイはお茶の意味だ。チャイ・ティーは、お茶のお茶という意味になる。何度となくメニューでこれを目にすると、なぜ人びとは調べものをしようという気にならないのかと不思議な気持ちにさせられる。ナン・ブレッドも同じだ。パンのパン。

コメディアンのクメイル・ナンジアニは熱烈なゲーム愛好家で、ある時、《コール・オブ・デューティ》シリーズのある面の舞台がカラチに設定された喜びを表明した。カラチは彼が子ども時代を過ごした都市なのだ。世界で最も危険な都市のトップテンに入る。だけどゲームのプレー中、道路標識が全部アラビア語で書かれているのを見て、彼は啞然《あぜん》となった。ウルドゥー語じゃない。ナンジアニは語っている。個々の兵士の顔の個々の毛穴まで浮き立たせ、兵士が走る時にブーツの紐が跳ねるようにするのに心血が注がれ、ゲームの開発に数百万ドルも使われているにもかかわらず、誰一人として途中でパキスタンの言語をグーグルで検索してみようとは思わなかったのだ、と。

《ジュラシック・ワールド》で、数頭のパキケファロサウルスという恐竜が、パッキーたちとか、パキた[11]ちと呼ばれる――「パキたちが逃げている」と技術者のひとりが叫ぶ。この映画の予算は一億五〇〇〇万ドル。もし人びとが、僕のことをパキと呼ぶのにいくら払えばよいのか、僕が価格を決めなければならないとすれば、一億五〇〇〇万ドル以上にするだろう。言葉は問題なのだ。言葉は重要なのだ。

僕が一緒に働いている誰かが不用意に、「二人の有色人種《カラード》の女の子」と口にする。眺めのよい景色と一緒に写真を撮ろうとしている女性が、僕が写真の隅に入り込んでしまうので、不用意に「そのインド人が入らないように」撮ってと、夫に頼む。ロンドンからブリストルの家に帰る終電に乗ると、バーでも一緒だった二〇歳そこそこの酔っ払った二人連れの男と同じ車両になり、彼らが極度に熱狂して、不用意に「ニガー、俺たちゃやったぜ」と何度も叫び合っているのを聞くことになる。彼らは単にラップの歌詞を引用しているだけ、そう考える人もいるかもしれない。彼らは酔っている。彼らは無害だ。彼らは羽目を外しているだけ。愚かだが、羽目を外しているだけ。

　言語は重要なのだ。

　数年前、僕は近所のインド料理のレストランの席についた。「オー！　カルカッタ！」†1という店名だった。そのエクスクラメーション・マークは要注意だと僕は思った。店のオーナーは白人の男だった。僕は一番の親友と彼の当時のガールフレンドと一緒に席につき、ディスコのような照明を見やりながら、クーラ・シエイカー*12が「タットヴァ《真理》」について、「ゴーヴィンダ・ジャイ・ジャイ・ゴーパーラ・ジャイ・

---

†1　《オー！　カルカッタ！（*Oh! Calcutta!*）》は、ロングランを続けている前衛的でセクシーな歌劇で、六〇年代後半から七〇年代初頭に劇評家のケネス・タイナンが企画した。本作が有名になった主たる理由は、ほとんどの時間、出演者が全裸であるという事実である。劇のタイトルは、フランスのシュルレアリスト画家クロヴィス・トルイユの裸婦画『オー！　カルカッタ、カルカッタ！』から取られている。これはフランス語の洒落で、“oh, quell cul t'as”を訳せば、おおよそ「おー、なんて尻をしてるんだ」という意味になる。インドとは全く関係ない。

*11　「パキ」は南アジア系の人びとに対する侮蔑語。

*12　イギリスのロックバンド。バンド名は九世紀のインド皇帝に由来し、楽曲的にもアジアの民族音楽の要素を多く取り入れているが、メンバーは全員「白人」である。

ジャイ」と歌うのを聴いていた。僕はメニューを読んだ。並んでいる料理名のひとつに「チキン・チャディ」とあり、「本場のスパイスとトマトとピーマンのエキゾチックなブレンド」と説明されていた。何とも月並みな響きだ。エキゾチックなブレンドとは？　本場のスパイスとは？　それにトマトとピーマン？　それらが鶏肉以外でこの料理の味を最も特徴づける具材なのか？　そもそもチキン・チャディとは何だ？

　それに君も知っているように、チャディはパンツの意味だ。

　僕は友人と彼の当時のガールフレンドに話した。かれらはそうしたことすべての白人っぽさを笑い、あはははは、と声を上げ、文化の横領は滑稽だと、たくさんの言葉を使って言った。僕は白人のオーナーが気の毒に思えてきた。おそらく彼は「東洋的」な響きのする言葉を誰かに聞いて、その人に騙されたのだろう。もしかしたらシェフが彼のことを笑いものにしているのかもしれない。もしかしたらオーナーは客とジョークを楽しんでいるのかもしれない。僕はあたりを見回した。レストランにいる全員が白人だった。そこは流行りに敏感な学生たちの楽園だった。疑似東洋風ブリットポップのミックス、ライアン・ゴズリングの物悲しい映画のような最小限の赤色の照明、値段。見せかけものに見える料理。これが最大の罪だ。西洋式のバルチ・カレー[*13]は今や僕の国の料理の同義語になってしまっただけでなく、僕たちが白人たちの中に溶け込むために作った料理を、今では白人たちが物真似しているのだ。

　僕は支配人を呼んだ。

「チキン・チャディとありますが」と僕は言った。「チャディが、パンツの意味だってことはご存知ですよね？」

　彼は笑った。「私をからかってらっしゃるんでしょ？」と彼は返した。「それは特別なブレンドのスパイスですよ。惜しかったですね」

「それはパンツという意味です」と僕は繰り返した。

彼はほほ笑みつつ、立ち去りたそうにウズウズしていた。

僕はそうさせてあげた。

言語は重要なのだ。


ドアが開く。

彼が僕の目の前に立っている。まだ二〇に届かない少年で、自身の誇りを叫んでいるかのように全部大文字でGEEK《変わり者》と書かれたTシャツを着ている。一方の手でゲーム機のコントローラーを握り、もう一方の手にはサイダー。

「こんにちは」と礼儀正しく彼は言う。緊張しているようだ。

「ナマステ」と僕は言って、両手を合わせて拝む。「こんにちは」

通り一本向こうで、車がバングラ・ループを大音量で流している。サブウーファーの超低音が僕の鼓膜で跳ね返る。僕は首を振り、踵《きびす》を返し、通りの反対側に引き返す。いつも僕が仕事に出かける時、君は窓のところで、ママに支えられながら、僕に手を振ってくれるね。君の笑顔には屈託がない。微妙なニュアンスをまだ知らない。僕たちはそれをそのままにしなければいけない。

＊13　取手が二つ付いた鉄製の小鍋で提供される、イギリスでは一般的なスタイルのカレー料理。バーミンガムの南アジア系移民が広めたという説が有力。

黒人になるためのガイド

ヴァレイッゾ

ほとんどの人にとって、人種はおそらく、自分のアイデンティティのうちで、母親のお腹に宿った瞬間から保証される唯一の側面である。両親の人種が何であれ、かれらはその人種になり、人生を通してそうでありつづける。混合人種《ミックスト・レイス》の子どもの場合は少しややこしい。私たちは両親に似た見た目になるとはかぎらないし、しばしば両親と違う人種として扱われることになる。そして、そうした事情が発覚するまでには、少し長い時間がかかってしまうことがある。

そういうわけで私は、自分が黒人だということに気づかずに人生の最初の一〇年を過ごし、黒人だということにうまく対処できずに次の一〇年を過ごした。こういう私について、みんなが遊び場で使う言葉があった。「オレオ」。つまり、外見は黒人だが中身は白人の子ども、という意味だ。私は遅れを取り戻そうと、一〇年間いろんなことをして、それなりに成果もあったが、誰かが黒人になるためのガイドを書いていてくれていたら、それを読み、それに従うだけでよかったのに、と思ったものだ。だが、そんなものはなかったので、私は自分の体験から、実際の生活を通して、黒人であるとはどういうことかを解明していかなければならなかった。

以下は、私が学んだ二、三の重要な教訓である。たとえば、自分一人しか黒人の子どもがいないパーティーで、カニエ・ウェスト[*1]の曲が流れてきた時はどうしたらいいかとか、自分にふさわしい髪型をどうやって決めたらいいかとかいった事柄である。これは幼い頃の私が必要としたガイド、黒人になるための非公式ガイドである。

1. ブラック・イズ・ザ・ニュー・オレンジ[*2]――「血の一滴」ルールを説明しよう

自分は黒人なのだと最初に自覚したのは、いちばんの親友ジェナの家の車の後部座席でのことだった。九歳だった。ジェナの母親は、私たち二人とジェナの姉、それから彼女が持ち回りで学校の送り迎えを担当していた他の二、三人の子どもたちを車に乗せてくれていた。ジェナの家に夕食をごちそうになりに行くところだった。年上の子どもたちは、中国人のように見えるが出身国は分からない人のことを「中国人」と呼んでもよいのかどうかについて議論していた。かれらが探し求めている言葉は「アジア系」だと、ジェナの母親は車内の全員に教えてくれた。そこから彼女は人種についての短いレッスンを始めた。

＊1　アメリカ出身のミュージシャン、ヒップホップMC、音楽プロデューサー。
＊2　二〇一三年からネットフリックスで放送されている人気ドラマ《オレンジ・イズ・ニュー・ブラック》のタイトルをもじっている。

「私たちの家族はスコットランド系で、あなたのところはアイルランド系だけど、私たちはみんな白人でしょ？　それと同じことよ。わかる？」と彼女は言った。そしてジェナは母親の論点を裏付けるさらなる証拠を提示しようと、私を見てこう宣告したのだった。「あなたもそうね。あなたはイングランド人だけど……黒人だもんね」

　九歳という年齢は、そういったことを悟るには早い。私の人生の最初の四年間には、人種は全然出てこなかった。人種はあまりにありふれたことだったので、わざわざ問題にされていなかった、と言ったほうが正確な説明になるだろう。私には白人の母親と黒人の父親がいて、名付け親《ゴッド・マザー》はインド系の女性で、家には日本人の下宿人がいた。私はロンドンからジンバブエに引っ越し、またロンドンに戻った。そしてブリストルに落ち着いた頃、私の保育園の友だちグループは、まるでベネトン社のコマーシャルのようだった。お昼のミルクの後、あらゆる人種とジェンダーの子どもたちが一緒に遊んでいる光景。私の家にあった《シンデレラ》のビデオは、白人しか出てこないディズニーのアニメではなく、ロジャースとハマースタインのコンビが作った映画[*3]のものだった。白馬の王子様がフィリピン系で、その両親がウーピー・ゴールドバーグとヴィクター・ガーバーであることを、私は別に何とも思っていなかった。

　人種の問題《ポスト・レイシャル》が乗り越えられたかに見えるこのユートピアは、バースの小学校に通うことになって崩れ去った。私は学年でただ一人の茶色い肌の子どもだった。その頃、私は赤色と黄色に執拗にこだわるようになっていた。寝室の壁は二面ずつ赤と黄で色分けされ、私はその二色のクレヨンばかりを使って落書きしていた。私は、それらの色がどのように相互に作用し合うのかを、混ざり合うと新しい色、すなわちオレンジ色になることを理解していた。私はこの論理を自分の家族にもあてはめた。黒人の親と白人の親を持つ私は、父親の赤と母親の黄から出来たオレンジ色、いずれの色とも異なった全く新しい色なのだ、と。オレンジ色の物が、実は自分は赤色かもしれないなどと、わざわざ考えたりするだろうか？

私には、自分が混合人種以外の何ものかであると考える理由が全くなかったのだ。

そのドライブの時までは。ジェナはシートに深く座って笑みを浮べ、車内の他の子どもたちよりも自分が世界についてよく分かっていると勝ち誇っていた。

「私はミックスよ。ちゃんと言えば」と、自分が何であり、何でないかということに車内全員の注目が向かないように、私はぼそっと言った。するとジェナは、彼女が新たに発見した、何でも知っているという立場の気持ちよさを堪能しながら、呆れ顔で腕組みをした。

「そうね、たしかに」と彼女は言った。「でも、やっぱり黒人よ。私たちはあなたのことをそう呼ぶもの」

もちろん彼女は正しかった。混合人種という言葉は、私の経験を十分に表現してくれるものでは決してなかった。それは、あれでもなくこれでもないと言っているだけで、何の説明にもなっていなかった。複数の人種が混ざっていると人種はなくなる、とその言葉は示唆していたが、それは私のリアリティでは全然なかった。私の人種は、はっきりと目に見え、他のクラスメイトから私を区別するものだった。混じっているというだけでは、この差異の説明にはならなかった。

黒《ブラックネス》さとは、もっと人を納得させる、もっと実体感を持ったものだった。それは私の容姿のさまざまなところに、厚ぼったい唇に、長いおでこに、下ではなく上向きに伸びている髪の毛に見て取れるもの

＊3　アメリカの作曲家リチャード・ロジャースと作詞家オスカー・ハマースタイン二世のコンビが、一九五七年ＣＢＳのために制作したテレビ・ミュージカル。ここで言及されているのは一九九七年にＡＢＣが制作したリメイク版。出演者は多文化的で、作中に登場する家族には人種が混在している。

だった。それは私から漏れ出ている偽の合図で、私が店に入ると警備員たちの注意をこちらに向けさせ、教師たちに私が誰より足が速いという思い違いをさせる。世界は私の中に他の何より先に黒さを見出し、黒さを念頭に置きながら、私のまわりで動いていた。

黒さにはドラマがあった。自信を持った立ち振る舞いと力強さが、ミックスという言葉で捉えきれない、能動的な経験の仕方、経験のされ方があった。私はそれを一生懸命に体現しようとしたのだった。

赤と黄を混ぜることについて、私が考えもしなかったことが一つあった。黄が一滴、赤の絵の具に入っても大して色は変わらないが、赤が一滴、黄に入るとポット全部が永遠に染まってしまうのである。

2. 毛根からの意識変革――黒人の髪について

白人の母親の庇護の下、まわりに他の黒人の子どもが一人もいない状況で育ったため、黒さについての私の知識のほとんどは独学で習得したものである。それが最もよくあてはまるのは、自分の髪に関することである。

長いあいだ、私は自分の髪のことを眉毛と同じぐらいにしか考えていなかった。つまり、それはただそこにあると。それをどうすればよいかを見せてくれる先生がいなかった。教えを請える専門家もいなかった。髪について私にできた最善の策は、テレビで見たものを真似てみることだった。

私は浴槽に腰掛け、片方の手に鏡を持ち、もう片方の手に冷たい青色のジェルを取り、どうすれば、生え際の産毛を少しずつまとめて前に垂らし、くるくるっと額を縁取るように整えられるのかを解明しようとした（これは二〇〇六年当時、テレビに出ていた黒人の女の子たちがしていたヘアセットだった）。

だが上手くいかず、何度もジェルをつけては失敗を繰り返した結果、巻き毛はゴワゴワ、おでこはベタベタの状態で、私はイライラして泣いてしまったのだった。この黒人の女の子たちは、私には受け継がれていない、どんな魔法を使っているんだろう？　彼女たちがみんなが学んでいたのに、私は学んでいなかった、どんな秘訣があるんだろう？[†1]

こうしたバスルームでの挫折は自分に特有のもの、白人ばかりの街で黒人の子どもとして育った結果であると、私は思い込んでいた。しかし再びロンドンに引っ越してから、ほとんどの黒人女性がこれと似たような話を、それぞれの記憶の保管庫にしまっていることに気がついた。いい大人になるまで、自分の自然な髪をどうケアすればいいのかを学べなかったというのは、黒人女性には珍しい話ではなかったのである。そのかわりに私たちは、アフロヘアーは厄介で、髪が伸びないといったことを学ぶ。アフロヘアーは職業人としてふさわしいものと見られず、仕事が得にくくなるということを学ぶ。ドレッドロックスやブレイズ[*4]のように、アフリカ系の髪をきちんと、健康的に整えるために考案された髪型はしばしば、職場環境ではワイルドで奇抜すぎると考えられる。ある時、ある教師が私のアフロをクラスの他の生徒の「気をそらす」ものと形容したことが思い起こされる。では、私たち黒人の女には何ができるだろうか？　それなら、私たちは髪をまっすぐに矯正し、髪を切り、髪を何かで覆って、それは私たちの問題ではないと装おうことにしよう。

---

†1　歯ブラシだと後で分かった。それをミニブラシのように使って、特に生え際の短い毛を整えるのである。
＊4　毛束を根本から細かく取り分けて、三つ編みや四つ編みをたくさん作るスタイリング。

たしかに、初めてウィーブ[*5]をつけた時ほど、自分が認められているという感覚を抱けたことはない。私は遠路はるばるブリストルまで列車に乗り、自分の小遣いでは到底手が出ない髪型の費用を出してほしいと、母に頼みに行かなければならなかった。美容室の女性たちは、学校の制服についたシミをゴシゴシと洗い落とそうとしている母親のような力強さで、私の小さなアフロにブラシをかけた。それから彼女たちは私の髪をコーンロウ[*6]に編んでいったが、あまりにもきつく編むので、頭皮全体がひりひり痛かった。そのあいだ、彼女たちは私の首をありえない角度に傾け、私には話せない言語を用いて、壁に掛けられたテレビ画面から流れるＭＴＶベース[*7]の音量に負けない大きな声で、店員同士でおしゃべりしていた。黒人向けの美容室では、顧客に気遣いをする必要はない。金は奇跡に対して支払われるのだから、気遣いなど不要なのだ。

苦痛について不平を言おうなどという気は、全く起こらなかった。なぜなら、全部終わった後に、この粗悪なつけ毛が自分の肩の下まで垂れ下がっているのを見て、私は美しいと感じたからだ。私は三袋の黒い人毛を手に美容室に入り、ビヨンセになって出てきた。誰もそんなことないと言わないはずだ。ウィーブをつけるのは、それまで隠れていた自分の一面がやっと顕になり、それが主流メディアに映し出されるのを見ることができている、といった気分だった。憧れていた黒人映画のヒロインや音楽界のアイコンになったようだった。私は胸を張って堂々と歩き、人生で初めて鏡に映った自分にほほ笑みかけた。

一つの新しい髪型が持つ変革の力を黒人の女ほど理解している者はいない。往々にして、私たちの個性のさまざまな側面は、私たちがどういう髪型をするかということと関係している。あるいはむしろ、特定の髪型はその人の個性を形作る基本構造と関係するようになる。時として、髪型を変えることは、自分のアイデンティティをそっくり変えることのように感じられる。アフロヘアーは黒人の急進主義者の髪型で、ドレッドロックスはラスタファリアンやヒッピーの髪型である。私はウィーブをつけるのを楽しんでいる。モダンな黒人女性の「今どきのスタイル」をすることで、自分が受け入れられているという感じを味わえるからだ。そのおかげで、自分が社会に属しているという気分になれるのだ。

私の髪型は変わったが、本当に変化したのは、髪型ではなくて、受け入れられているという感覚についての私の考え方だった。世の中に合わせることによって、私は世界に居場所があるように感じられ、その感覚はとても気持ちのよいものだった。だが本当の教訓は、どんな髪型をしていて、その感覚を持ちつづけられるようになる、ということなのだ。

私にとって、そしてきっと私のような見た目の他の多くの人びとにとって、自分たちの自然な髪の扱い方を学ぶということは、髪が私たちのすべてを規定するわけではなく、髪が私たちの帰属感を決定づけることはない、という教訓を学ぶことでもある。それは、ストレート・アイロン、エクステ、パーマなどによって世の中に同調することで得られる心地よさのバリアを取り払い、その下にある不安感と対峙する

＊5 付け毛、エクステンション。ウィーブをつける際は、まず地毛をコーンロウ（＊6）に編み、その上に毛束を縫い込むという手順がとられる。

＊6 頭髪を細かくブロック分けし、ブロックごとに三つ編みないし四つ編みで頭皮に沿わせるように編み込むスタイリング。＊4のブレイズが編みおろしのスタイルであるのに対し、コーンロウは頭皮の表面に密着するかたちで編み込まれる。編み上げられた髪の形状がトウモロコシ（corn）に似ていることからこう呼ばれる。

＊7 イギリスに拠点を置く音楽チャンネル。レゲエ、ソウル、ファンク、R&B、ヒップホップ、グライムなど、いわゆる「ブラック・ミュージック」を専門的に流している。

ことである。近頃では、髪をストレートにして世の中に合わせるにせよ、ブラシをかけずにあっちこっちに飛び跳ねたままにするにせよ、私は自分の心構えを変えるために髪型の変化に頼ったりしない。髪が自然な状態の時も、そうでない時も、私はそれをどう扱えばいいかを学んでいる。でもそれ以上に、私の髪は私に、自分自身とどのように向き合えばいいのかを教えてくれたのだ。

3. 口にしてはならないもの——Nワード[*8]について

時として、不可避なことが起きる。それが起きるのは、レイヴとかクラブとかパーティーとか、音楽が流れ、人びとが踊っている場所。曲が流れる。たいていはラップソングだ。私の世代であれば、それは十中八九カニエ・ウェストの曲である。[*9]

これは、誰もが認識しているにもかかわらず、気づかないふりをしている問題が忍び寄ってくる瞬間である。それはカニエの口から、言ってはならない言葉のかたちをとって、はっきりと現れ出る。皆がそれに気づくと同時に、私の存在にも気づく。パーティーの中にいる唯一の黒人の子どもである私に。

それはカニエの曲。だから皆が歌詞を知っていて、皆が私を見てくる。コーラス部分が始まるまでの三〇秒から一分で、私はどうするかを決めなければならない。もし私がその言葉を唱和したら、自分の黒さを公然と認めることになる。この言葉は私のもの、私だけが口にできるものなのだ、と意図的に示すことになるのだ。私には許されているのだと。それはほとんど生まれながらの権利みたいなものなのだと。そう権利を主張した瞬間、私が曲に合わせて歌うのは、当たり前であるように思えてくる。カニエに合わせてラップするのが、黒人である私に与えられた数少ない特権の一つであるならば、もちろん私はその特権を得ようとするからだ。

それ以外にも、ここでは二つ三つ、別の問題が起きている。まず、部屋の中にいるだけで私は、パーティーの残りの参加者が、その言葉を口にできない唯一の理由になる。私はダンスフロアのど真ん中にある大きな赤信号、なぜ皆がその言葉を使ってはならないのか、使えば誰を傷つけるのかを思い起こさせる標識なのだ。そこに私がいなければ、その言葉は歌詞の中で踏まれる韻の一つでしかない。誰もいない森の中で木が倒れたら音はするのか、という例の難問と同じである。もし白人の子どもが〈ゴールド・ディガー〉の全部の歌詞をラップすれば、それを聞いている黒人がまわりにいなくても、やはり人種差別になるのだろうか？

第二に、私は、この言葉が使われてきた環境と接点を持ちながら、成長してきたわけでは全然ない。ニガー（nigger）とニガ(nigga)との語尾の違いについて学んだこともなければ、文脈による微妙なニュアンスの違いが分かるようにもならなかった。だが、カニエの出身地では、ボキャブラリーは変化し、言語学の中で歴史が復権を遂げていた。口にしてはならないものは、非常にたくさんの意味を持つようになっている。それは兄弟、友だち、愚か者、そして黒人を意味する。この言葉に関して私は、白人の

＊8　黒人を指す蔑称である「ニガー（nigger）」の頭文字をとった婉曲的表現。

＊9　ここで言及されているのは、二〇〇五年のヒット曲〈ゴールド・ディガー〉で、サビの部分の歌詞に「ニガ（nigga）」が出てくる。これは黒人への侮蔑語「ニガー」から転じた言葉で、黒人が黒人に対して使う場合は、友好の意を込めた呼称となりうるが（侮蔑的に使うこともある）、黒人以外が使用する場合は、蔑称と受け取られる（つまり「口にしてはならない」言葉である）。

ルールしか学んでこなかった。そこでのルールはたった一つである。つまり、これは決して口にしてはならない言葉である。誰も口にしてはならない。私を含めて誰も。

白人ばかりのクラスメイトと一緒に育っていく過程には、この言葉を使えるような文脈は全く存在しなかった。私はかつて一度、その言葉を試しに使ってみたことがある。一二歳ぐらいの時で、その頃の私は、語彙として覚えた色々な汚い言葉を試し、それらがどういう効果を上げるのかを理解しようとしていた。そして、これは唯一、望ましい効果を挙げなかった事例だった。その友人は、最初は戸惑い、その後顔いっぱいに哀れみの色を浮かべた。彼女の様子はまるで、その言葉は私を、私だけを対象とした軽蔑になるということに私が気づいていないと思っているかのようだった、また彼女は、その言葉が本当に意味するものを自分が説明しなければならないのかもしれないと心配しているかのようだった。私はバツの悪い気分になり、彼女も同じ気分になった。

一四歳になって、やっとクラスの中に他にも黒人がいる学校に入ってからでさえ、[†2] 私たちがその言葉を使おうとしても、全く気安く出てこなかった。私たちがそれを口にしたのは、私たちにはそれができたから、それがクールだったからで、他の子たちにはできないことをする資格を得ている、というのは愉快な気分だったからである。自然と口をついて出たからではなかった。

これが三つ目の論点である。白人の友だちも、私たちがその言葉が使われている何らかの文化を通じてではなく、かれらと同じようにヒップホップとアメリカ映画を通じて、その言葉を覚えたにすぎないということを知っていた。サマセット州での話なのだ。私たちは、その言葉を自分たちの語彙にすんなりと加えたわけだが、意識してそうしたのではないと言えば、嘘をつくことになる。私たちはそれを口にできていたというだけで、うまく使いこなせていたわけではなかった。それに、この言葉が私の舌先からそれほど気安く出てはこないことが明らかになっていたので、白人たちが、かれらのルールの中で育った私がその言葉を使っていることを、自分たちもそれを使うことができる裏付けとしてみなさないだろうかという心配が常にあった。

二重性が私を襲うのは、こうした時だ。私が白人ばかりの環境の中で黒い顔の人間として育ったことが問題なのか？　私が自分の中に白さ《ホワイトネス》を抱え、白人っぽい家族出身で、白人のルールブックに沿って育てられたことが問題なのか？　こうした状況に置かれた場合はどうすればよいか、私はまだ答えを出せない。私が助言できるのは、指をクロスさせて幸運を祈り、放送禁止用語が削除されているラジオ放送用の音源が流れるのを期待しろ、ということぐらいだ。

4．世界は舞台――パフォーマンス

黒人たちが西洋人の眼に映るようになってこの方、集団としての私たちの役割はずっとエンターテーナーのそれだった。一九世紀の人間動物園[*10]でじろじろと見つめられていた頃から、悪漢《サグ》とか売春婦《フーカー》とか船で来たばかりの移民の大臣《フレッシュ・オフ・ザ・ボート・ミニスター》とかいった、限定的でステレオタイプ的な役割を演じている私たちのこと

†2　とはいえ八人だけだった。だが、これは他の学年に比べて、特別多い人数だった。また、私たちはいずれも混合人種だった。

＊10　人種差別、社会進化論、植民地主義を背景に、「野蛮」や「未開」とみなされた人びとを動物にように展示した施設。

しか、ほとんどのテレビが映し出さない今日に至るまで、私たちの珍奇で原始的な生活様式を観察することが非常に楽しまれてきた。

　こうした眼差しを防ぐための唯一の方法は、パフォーマーの役割を自ら担うことである。楽しませる《エンターテイン》というのは一連の受動的な過程で、私たちがそれを望むか望まないかにかかわらず起こる。それに対してパフォーマンスは、楽しませる《エンターテイン》という意図を含意している。そして、黒人の家族の集まりに行ったことがある人なら分かるだろうが、私たちは卓越したパフォーマーなのだ。

　私たちはこうしたパフォーマンスを、あらゆるパフォーマンスの技芸の場合と同じく、前の世代から学ぶ。私たちは、独特の踊り方、歌い方、笑い方、笑わせ方、料理の仕方、ラップの仕方、手近にあるもの、拳や口や体を使ってビートを刻む方法を学ぶ。私たちの文化に非常に深く埋め込まれたものであるために、私たちはそういったものを生まれつき知っているかのように見えるのだが、もちろんそんなことはない。私たちはこうしたものを学ぶのであり、それは他の人にもできることなのだ。

　私が黒人の親類と一緒にいられたのは学校が休みのあいだだけだったので、かれらが生まれつき知っているように私には見えていたものを全部、私は他の方法で学ぼうとした。私はインターネットに教えてもらうことにした。一三歳になる前の私が持ちえた、ブラック・カルチャーにアクセスする手段は、それしかなかったからだ。グーグルで分かりきった（後から考えれば恥ずかしい）ことを検索していた。「ビヨンセみたいに踊る方法」とか「産毛をジェルで整える方法」とか「ディジー・ラスカルの〈アイ・ラブ・ユー〉の歌詞の全部」とか。

　それから、もっとこっそりと受けたレッスンもある。私は、アフリカ系アメリカ人たちが仕切っている、黒人の髪の手入れについて討論するネット上のフォーラムに、“are”を使うべきところで“be”を使うなど、かれらが使う文法や話し方を真似しながら紛れ込み、そこで数時間を過ごしていてもばれなかった。そのあいだに、"she does"と書かず、もっときっぱりと"she do"と書くようになっていた。

しかし、学ぶべきものとしては、これらは間違った種類の黒さだった。私はアメリカについて何も知らなかったし、こういった新しい文法や新しい単語を、耳で覚えたことはなかった。黒人であること、このパフォーマンスに加わることは、自分が生まれつきの黒人であると単に認識するのとは違って、単純ではない。私は意識的な実践として、それに取り組んでいたのだ。そして、こうしたことを認識すればするほど、どんどん自分が本物でないように感じるようになっていった。私はパフォーマンスをしていたのではなかった。ただ演じていただけなのだ。私が黒人らしさ《ブラックニシティ》を偽造していることを見えない力が明るみにだそうとしている、という激しい疑心暗鬼に私は襲われていた。

このようにオンラインのコミュニティに非常に幼い頃から出入りしていたことが、私にとっては、今の自分になるためのれっきとした方法だったと言えるのではないかと、検討してみた。子どもが引っ越し先の新天地のアクセントを身につけるのと同じようなことではないか、と。もちろん、実際はそううまくいかなかった。誰であっても、インターネットを使って、黒さにアクセスすることができるのだ。ファッションショーのステージを歩くモデルに黒人の髪型を取り入れる高級服メーカーから、黒人のダンスの動きを自分たちが発明したと主張する白人の若手ポップ歌手たちまで、誰でも黒人のパフォーマンスの技を真似ることができ、自分たちがその中に含まれているという思い違いをすることができる。私がある言い回しを理解できたからといって、それが主として黒人コミュニティで使われるものであったとしても、それが真に私のものとなるわけではない。それは、ある特定の空間とある特定の時間に根差し、そこで生まれたものなのだ。私は自分もそこに存在しているなどと、自分のことを不正確に描くつもりはない。かれらの生きられた経験が、かれらのオンライン上の言葉に生気を与え、それらがたまたま私のところまで伝わってきて、私の言葉に生気を与えている。そして、それが事実であるならば、私も自分の生きられた経験に、同じことをさせない理由はない。私も結局は、黒人なのだから。

黒人であることは共有されうる経験であるとはいえ、すべての黒人の経験が同じなわけではない。私は家族とは、ジンバブエ系であることを通じて、食事を通じて、音楽を通じて、黒人である経験を共有している。友人との関係では、新たなミレニアムのイギリスで若者であり、かつ黒人であることが共通の文脈になる。オンライン上の世界では、時として共有される経験があっても、自分がどこに属するかについてまだ答えを出せず、混乱している黒人の子どもであること、というぐらい単純なものだ。このぐらいで十分だろう。

本物の私とは、私がデフォルト状態で行なっているパフォーマンス、何も考えていない時の人格、誰も自分を見ていないと考えている時の人格である。それは時として、寝室で目をつぶってビヨンセのように踊ろうとしている人格であり、お墨つきを得ている曲だからという理由で、ディジー・ラスカルの〈アイ・ラブ・ユー〉を聴いている人格であり、カニエ・ウエストの曲の歌詞を全部覚えていて、その時は、それらが何を意味するのかを気にしなくていいので、曲のすべての歌詞を口にしている人格である。時として、彼女はこれらの人格のどれでもない。でも本物の自分は黒いままである。人びとがいる時も彼女は黒いままで、人びとがいない時も彼女は黒いままである。

私の黒さは、パフォーマンスであるとともに永続性《パーマネンス》であり、私がどういう行動をとるかにかかわらず、私につきまといつづける。そして、私につきまといつづけるもう一つの要素がある。それは、私がどのように黒さを経験するのかを左右している部分である。私は、ぎこちなさや困惑を感じながら、エスニック的には白人でもあるという特権をしばしば感じながら、黒さを経験しているのだ。そう、私の混合性《ミックストネス》は、私の黒さと同じぐらい、私が黒人として経験される際に大きな役割を果たしているのだ。

なぜなら、真実はこうだからである。黒人になるのに唯一無二のなり方があるわけではないし、私たち皆が共有する一組の普遍的な経験なども存在しないし、黒人たちが持つ、多種多様な個性と歴史とエスニックな背景を網羅するようなステレオタイプも存在しない。だから当時、ガイドがあれば、特に混乱した思春期の門外漢《アウトサイダー》には、天からの授かり物となっていただろうが、そういった混乱のすべてが、私の経験の一部になっているのだ。黒人になる道は一つではない。そんな道があるという考えを抱いて《エンターテイン》しまうことは、私たちがしてはならない最悪の行い《パフォーマンス》なのだ。

私の名前は私の名前

シメーヌ・スレイマン

九月一日、私は自分の名前を万年筆で机の上いっぱいに、トルコの文字で書かれた感じに見えるように書いた。頬骨のでっぱった痩《や》せた女教師は、まずはよく見てほしいという私の抗議を無視して、それをきれいに消してしまった——Şimenと書かれてあった。そんなことをしたいという気持ちがどこから湧いたのか自分でも分からない。両親は私の名前をそのように綴《つづ》ったことはないし、そう綴りたいと思ったこともなかった。しかし私は、同じクラスのインド系やナイジェリア系の子どもたちが「ボビー」や「ジギー」になり、彼らの遺産である真正な名前が改められるのを目の当たりにしていた。結局、平準化こそが帝国の背骨なのだ。しかし生き抜くとは大目に見ることである。あの子どもたちも、白人っぽいあだ名があれば、ジャングルジムで「パキ」と呼ばれる心の痛みが早く和らぐようになると知っていたのだ。

それから数年後に、ステップニーのバス道を入った路地裏にあった、労働者向けのカフェで食べたバングラディッシュ料理の、驚くべき味わいは忘れられないものだった。言うまでもないが、私たちが「インド」の食べ物だと思って育ってきたものの味は、三つか四つの国の料理の要素の寄せ集めで、イギリス人の好みに合わせて薄められていたのだ。今でもテレビやオンライン上で有名シェフたちが、ジョロフ・ライス[*1]やライス・アンド・ピーズ[*2]といった奥深い料理を「自己流」にアレンジしたものを試している。中には赤インゲン豆のかわりにエンドウ豆を使って料理を台無しにして、ジャマイカ系の視聴者を怒らせてしまう者さえいる。N・W・Aやソウル・オブ・ミスチーフやケンドリック・ラマーを流さねばならなかったはずの主流のラジオ局は、何年間ものあいだヴァニラ・アイスやエミネムやマックルモアを流しつづけ、今もそうしている。イングランドで文化が生き残るには、品質劣化が避けられないのだ。私の両親のような人たちにとってはこれは自明なことで、かれらは単純性と簡便性こそがイギリス化の根幹であると解釈していた。

両親はChimeneと書く私の名はすぐに「チムニー」と発音されることになるだろうと予想していた。学校で子どもたちが、思慮のない教師たちの前で、「チム、チムニー、チム、チムニー、チム、チム、チェルー」[*3]と歌うだろうと。しかし、私の名前は英語の発音の仕方に合わせられ、「シメン（Shimen）」と発音されることになった。そしてその音がそのまま文字に起こされるかたちで、私の名前は綴られた。家では、私の名前はシメーヌ（Chimene）と誕生日ケーキやカードの上に書かれた。出生証明やパスポート、銀行のカードの上には簡素に、シメンと書かれている。

＊1　西アフリカの多くの国々で食される料理で、肉や魚や野菜を炒めて煮込み、その煮汁で米を炊いたもの。
＊2　ジャマイカの伝統料理で、米と赤インゲン豆と少量の香味野菜をココナッツ・ミルクとスパイスを加えた水で炊いたもの。
＊3　ミュージカル映画《メリー・ポピンズ》で歌われる楽曲のひとつ〈チム・チム・チェリー〉の歌詞。

私の名前はトルコのものではない。何世紀も前、ピエール・コルネイユ[*4]は、スペインの男女、ロドリーグとシメーヌの苦悩の愛を描いたフランス劇『ル・シッド』を書いた。物語は基本的にロミオとジュリエットと同じである。私の両親はその名前の響きと、そしておそらく、それが文学と愛の世界に属するものであることが気に入っていた。私の名前がフランスのものだと気づかれることはめったにない。その名前は異国的で、私は異国の人間、私はこの枠内をぐるぐるするだけ。家族や友人にとっての私はシメーヌ――いくつもの文化の層に埋め込まれ、その名にまつわるロマンスが与えられる。国家にとっての私はシメン――私の差異はイギリス人には難しいものなのだろうと妥協する。

ある夕方、ヨガに行く私を父が車で送ってくれた。それは当時私が新しく始めた習い事で、フィンズベリー・パークの古い服飾工場の、壁のペンキを塗り替えたばかりの部屋の中、私たちは身体を折り曲げたりする長い髪の白人女性の後に続いて彼女の動作を真似ていた。

私が車から降りようとした時、父が言った。「君のおばあちゃんは昔ここで働いてたんだよ」

ここで私の母の母は、働く栄誉のみを人生に求めたトルコ系の女性たちと一緒にミシンに向かって服を縫っていた。数十年後に私は、祖先たちの足跡の上に下層住宅地の高級化《ジェントリフィケーション》というカーペットを広げるかのように、エクササイズする白い身体でいっぱいの部屋の床にヨガマットを広げていた。インストラクターが目を閉じ、「オウム」と声を出す口の形を作るのを笑ってしまったことを思い出す。他の人たちもそれに続き、物事の本質を理解せぬまま、それを口にすることが、かれらにはこうも簡単にできてしまうのか、と私は思った。

言葉と名前とそれらの音が、イングランドではぞんざいに扱われる。阻害されたコミュニティは、自分たちに対してふるわれたあらゆる暴力のことを、それらがまるで聖なるものであるかのように声に出すようになるが、ここではそのように言葉や名前や音が用いられることはない。私たちは口にするすべての言葉の中にトラウマを抱えている。例のインストラクターの口の中には、あの聖音をともに用いる三つの宗教は存在していない。霊性は借用できない。宗教は、私たちを育んだ文化に帰属するもので、家族なしには学習も複製もできない。インドのダルマなしの「オウム」はありえないのであり、それはイスラム教なしの「アッラー」がありえないのと、UKガラージ[*5]なしの「プル・アップ」が、ウータン・クラン[*6]なしに両手を合わせて作るWマークがありえないのと同じである。つまり、それが生まれてきた環境についての知識なしに、意味を持たせることはできないのだ。あの女性が語っていたのは、永遠や世界や真理についてではない。彼女が言ったのは、「これはみなさんを落ち着かせる発声で、集中するのを助けてくれます。今回はこれで終わりです」ということだった。「オウム」の意味はそんなものではない。

ブライアン・フリールの戯曲『トランスレーションズ』に、イングランドの兵隊の命でアイルランドの地名が書き換えられていく悲惨な場面がある。アイルランドの言語で「羊の穴」を意味するポール・ナ・クイーラフは、英語ではプールケリーになる。ドルーム・ドゥーブ――「黒い山の肩」の意――はドロームダフになる。意義のある言葉が何の意味も持たない音になる。ある言葉を、かつて自分が言われたように繰り返しても、その言葉の力を授けられはしない。私の名前がシメーヌと知らずに、私をシメンと

＊4　一七世紀フランス、古典主義時代の劇作家。
＊5　ダンス・ミュージックのジャンルのひとつ。一九九〇年代後半にイギリスで生まれ流行した。
＊6　アメリカのヒップホップ・グループ。

呼ぶように。

私の両親が生まれたキプロスでは、苗字の代わりに特徴やあだ名を使っていた。もじゃもじゃの顎ひげ、長い口ひげ、猫背、足を引きずる、大声といった目立った特徴がファーストネームにくっつけられ、ひげのアハメットや、気狂いハカンと呼ばれるのだ。ラストネームは、家系図上での自分の位置を意味するものとなる。ムスタファにハッサンという息子がいたとすれば、彼の名前はハッサン・ムスタファになる。そのハッサンにザリへという子どもがいたとすれば、彼女は父の名前をラストネームにし、ザリへ・ハッサンになる。

他界した大切な親戚の名前を子どもにつけることもあるため、名前と一緒に魂も循環する。亡くなったおばの名前をもらった女の子は、彼女の名の由来となった人に似てくると、皆が不思議がる。身振り手振りを交えてしゃべる様子など彼女のおばそっくりだと、皆が言う。水泳好きなところも、あの女《ひと》と同じだと。それは、霊的な事柄をさほど信じていない者たちの生まれ変わり説である。アフリカ系アメリカ人のコミュニティの「ジュニア」たちや「ジュニア・ジュニア」たちが、アイデンティティを保持することの重要性を認識しているのと同じことである。それは、父たちが殺されるかもしれないという心構えをしているコミュニティの習わしでもある。私の父と彼の父はその伝統を守りつづけた。一九六四年のある春の朝、スレイマンはまず拷問にかけられ、それから殺された[†1]。ある養豚農民の家屋までギリシア系の兵士たちに歩かせられた祖父の身体は、厳重に検《あらた》められ、切断され、真っ二つにされて冒涜された。彼の身体は、奪うことを覚えた者たちの所有物だった。私はこうした所有の感覚を、ガールフレンドに歩み寄る男たちの目に、招かれていないのに子どもの寝室に入っていく男たちの目に、半分吸いかけの――いや、たいていもっと短い――煙草のために茶色や黒色の身体を壁にたたきつける警察官のなかに見たことがある。それは、なぜ私たちが祖先を絞殺した縄をいまだに自分の首に巻いて歩いているのかを、いらいらするほど理解しない、白人の男たちと女たちの中にも見られる。同様に、私たちがなぜ白人たちは祖先の屈辱を首に巻いて持ち歩いていないのか理解できないわけであるが。

しかし伝統は、私たちのコミュニティ、――土地や故郷をアイデンティティの拠り所にできない者たち――が、不可避的に持つ特徴なのだ。私たちの親たち、その親たち、そのまた親たちは、名前以外に、言語以外に、私たちに残せるものをほとんど何も持たなかった。私たちは、コミュニティが残そうとした知識を継承してきたのだ。故郷に帰ることができない――あるいは、再びそれを奪われることになると待ち構えている――場合には、どこか別のところに故郷を再創造するすべを会得しなければならない。それは、母親たちのキッチンの窓台の上で存続する米や茄子や菓子の独特のにおいの中にある。それは、家族のあいだで定番となった呼び声、数十年前に初めて言われてから毎回の食事時に繰り返される「コフテが焼けたわよ！」の中に現れる。私たちは教えられてきた。頭に巻かれた美しいスカーフの下で悲嘆にくれるようにと。窓を締め切った奥の部屋で食事し、水を飲み、他の者が失った命に栄養を補給している様子を見られないようにするようにと。私たちは、かれらがお気に入りだった椅子の、結婚指輪の、そして首つり縄の相続人なのだ。

†1　キプロスの政情不安は、イギリス帝国がその島をオスマン帝国から奪って併合したことで始まる。自治を求めた反英闘争は植民地紛争から、島内のギリシア系とトルコ系のコミュニティ間の民族紛争へと変化した。一九六三年一二月二一日、ギリシア系政権がトルコ系への攻撃を開始し、それが一九六七年に停戦が合意されるまで続いた。

祖父の死から一〇年後、キプロスは真ん中で分裂した——南がギリシア系、北がトルコ系のものになった[†2]。祖母は戦争中に打ち捨てられて間もない一軒の家を割り当てられた。その戦争の最中、彼女の子どもたちとその伴侶たちは、その家中に散乱していた一五体ほどの死体を埋葬するという任務を負担したのだった。八〇年代のある猛烈に暑い午後、私はいとこたちと、ペンキを塗ったばかりの壁にサッカーボールを投げつけて、ドアの上のあたりに跡をつけた。その数センチ下にはいくつもの銃痕があった。居間のドア枠や、その隣の部屋の窓のまわりにはもっとたくさんあった。祖母の寝室の床の、擦り切れた赤いトルコ絨毯の下の大理石には、古びた血痕が広がっていた。私たちは、レモンの木の下に誰だか分からない男たちの足の骨を発見した子どもだった。私たちは、うまくいかなかったデートについて詳しく話すような口ぶりで、親たちが戦争捕虜になったことについて、皮肉なジョークを言うのを聞いていた子どもだった。

ある晩、私たちは祖母の家の前にあった塚を掘り返しはじめた。そこに死体が埋まっていると私たちは知っていた。せっせとスプーンで掘った。たぶん誰かは棒で掘っていた。そのように遊んでいる私たちの頭上に、親たちはコーヒーと、三日月形に切ったスイカを持ってきていた。子どもの面倒が放棄されていたわけではない。思い出してほしい。首都ではまだ通りに土嚢《どのう》が並べられていたのだ。「無人地帯《ノーマンズ・ランド》」[†3]では、主人たちが戸締まりのために帰宅できなくなって以来、家々の窓が開きっ放しになっていたのだ。戦争に対して、そのように「いつものことさ」といった反応を見せるのは、有害なことだ。今は私にもそれが分かる。しかし、私たちの家族と同郷の人びとに対する誓約も、そうした驚くべき世界に属していることから生まれてくる。それは、私がロンドンの街——その北、東、南——で、生まれ、教育を受け、育てられたにもかかわらず、私とイングランドの人びととのあいだにはない絆である。

国境線が敷かれた時、島では公文書作成が始まった。トルコ系の村々全部が焼き討ちにあうことも、生き埋めにされることも、サンダーラールやムラート・アガといった地域のように肉挽き機《ミンサー》でぐちゃぐちゃにされることも、もうなくなったので、トルコ系住民の生活の記録を取ることがより実際的な事柄になった。この時期に、父は家族の名字を登記せねばならず、灰燼《かいじん》の中から新しい名字――サヒトォグル（Şehitoğlu）――を生み出した。「サヒト」は殉教者、「オグル」は息子の意味である。レチェップ・スレイマンが彼の父の名前を背負うのは、これで二度目だった。

いや嘘だ。彼はそれを三度背負ったのだ。彼の肩の高い位置には、一三歳の少年が自分の皮膚にトルコ国旗の入れ墨をした跡があった。私たちの多くにとって、自分たちの民族《ナショナリティ》を誇ることは死刑判決なのである。父は当時一三歳の少年兵で、彼の母親と彼女の五人の子どものうちで唯一の稼ぎ手だった。茶色や黒色の子どもたちは、大人になるのを猶予されたりしない。一人の子どもを「一家の大黒柱」と呼ぶことが私たちにできるだろうか？　彼に自分の身体に標的となる印を入れないよう求めることが私たちにできるだろうか？　その印が原因で彼も殺され、家族を背負う責任とひどい悲しみから解放されるかもしれないのだ。約一〇年後、彼は二度目の戦争捕虜になった。彼は弟と、互いの腕に彼らの父親のイニシャルSのタトゥーを入れた。自分の祖先とつながる縄をたぐり、私は父とおじのものを模して初めてのタトゥーを入れた――その文字から出た弧を描く尻尾が、剣のように私の胸を突き刺している。

†2　一九七四年、ギリシア系キプロス人の民兵によって停戦が破られ、トルコの介入を招くことになった。以来、北キプロス・トルコ共和国が、トルコ以外からは国際的に認められていない主権的実体となった。

†3　一九七四年以降、国際連合が管理する緩衝地帯が存在している。

私たちが家族から受け継ぐのを待っているのは、骨董品や金銭ではなく、かれらの肌なのだ。

学生時代、友人たちが私の寝室に集まり、アルバム・ジャケットをじっくり見たり、ファミリーパックのチョコバーを食べたりした。白人の友人たちで、私には決してなれない、いかにもなイギリス人。そして私の寝室の壁の外には、厚く織られたラグが重ね合わされ、オスマン朝様式のランプの色とりどりのモザイク、頭に布《カーフィア》を巻いた威風堂々たる父の姿を描いた数枚の絵、ある壁面にはニカブ[*7]の襞《ひだ》のあいだから垣間見える母の美しさを描いた油彩画が掛かっていた。母はアンカラの建築群の複雑な意匠を丁寧に描画し、父はイスタンブールの空を背にしたモスク群の輪郭を厚い筆致の絵にしていた。ここは「安物屋敷《ハウス・オブ・シンズ》」だ、と誰かがからかった。みんな笑ったが、ジョークだったなら、どこが面白いのか説明してもらいたかった。私は尋ねるべきだったのだ。私はかれらにはっきり言わせるべきだったのだ。「馬は悲んでいるのではなく、単に真伸びした顔をしているだけ。[*8]ニワトリは向こう側に行きたかった。[*9]あなたの両親の文化遺産は私たちには奇妙で安っぽく見え、この国に属するものではないから」と。

トルコ風情が容赦なく漂うこの家は、私が何年にもわたって模様替えを母に頼む場所となった。私は、ごてごて飾り立てた壁を、色を塗った卵の殻や、シャンティイ・レースにしたらどうかと持ちかけた。凝った照明器具を取り替えてはどうかと提案した。私はイギリス風の家が、それが何を意味するにせよ、そういう風情のする家が欲しかった。私は内装を「シメーヌ」ではなく「シメン」っぽくしたかったのだ。結局、父はサヒトオグルの名を北キプロスの戦争に関わる書類に残し、ここロンドンでは市民生活をその植民地から遠ざけておく目的で、今一度レチエップ・スレイマンに戻った。私としては、私たちはもうずいぶん適応していたのだから、それをすっかり取ってしまってもいいのではないかと思っていた。

両親と私はずっと互いに異なる言語を使っていた。私たちはずっと異なるアクセントで話した。愛が翻訳の中で失われることは決してなかったが、この惑星についての私たちの不満はその中で失われていた。一〇歳の時、父と一緒に働いていたある男性が、自宅に父宛の電話を掛けてきた。

私が出ると、「お、掛け間違えたみたいだ。君みたいに話す子のお父さんが、あんな滅茶苦茶な外国訛《なまり》で話すはずないもんね」と彼は言った。

滅茶苦茶なのは、父が「ヘイトリッド《憎悪》」を「ヘイトリオット」と聞こえるように発音する、ということではない。そうではなく、私たちの言葉を、私たちの照明器具や神々を、私たちの名前を聞き分けられないほどひどく鈍い音感をした、白《ホワイトネス》さが存在していることが滅茶苦茶なのだ――そこではあらゆるものがラブラドール犬のいないところで吹く犬笛同然になっている。

私は、燃えさかる嫉妬を抱いていた学生時代の午後を思い返す。他人の領分に入ってきて、そこであのように居丈高な態度を取る権利が自分にあると信じられるとは、一体どういう気分なのだろうか？自分はジョークを言ったり、からかったりしても、顔を拳で、首を瓶で殴られることには、腕や手首を摑まれることには、建物から、陸地から、世界から放り出されることにはならないだろうと確信できている気分とは。実際に私は、この銀河から連れ出されてしまうことへの恐怖が非常に強かったため、自

＊7　イスラム教徒の女性が着用するベールの一種で、目以外の顔と髪を覆うもの。

＊8　馬が酒場に入るとバーテンダーが「どうして浮かない顔（long face）をしているんですか？」と聞いた、という定番のジョークを踏まえている。"long face"には「長い顔」以外に、「浮かない顔」「悲しそうな顔」という意味がある。

＊9　「どうしてニワトリは道を渡ったでしょう？」というなぞなぞを出して、洒落の効いた答えを期待させておいてから、「向こう側に行きたかったから」と当たり前の答えで、相手をずっこけさせる定番の（アンチ）ジョークを踏まえている。

分の名字の発音を大急ぎで作り直した。スレイマンのレの後を「エイー」と伸ばすべきだったところを、その二つの母音が風の中に消え去り、次の音から聞こえ出すように縮めて、「ソロマン」と聞こえるように発音した。何と言っても、スレイマンは殺された男の名なのだ。サヒトォグルは私たちが受けた罰を意味する名前なのだ。

私たちは、自分たちの生き方のせいで故郷を失い、父親を失ってしまうということを、その一方で、不動で永遠につづく、終身在職権と言ってよいほど脅かされる恐れのない白さ《ホワイトネス》が存在しているということを学んできた。私たちは地を這うカメレオンになり、黒い民族につけられた白い奴隷名に返事をし、コアコクノック――「高いマツの林」の意――ではなく、フィラデルフィアと呼ばれる場所への行き方を調べている。

「名字を英語風に変えなさいよ」。その年の始めに私がニューヨークに引っ越す前に、母はそう勧めてきた。「心配なのよ。あなたの名前が、どの宗派のイスラム教徒の名前なのかと思われるんじゃないかって」

祖母の家の外、山々と舗装道路と空のあいだに道路名の標識がある――セヒト・スレイマン・レチエップ・ソカック《通り》。夕方、祖母の沈んだ目が道の名前をじっと見ているのを、その向こうのオリーブの林、そのまた向こうの岩山、さらに向こうの珊瑚色の空、そして天国を眺めているのを見たことが何度もあった。標識に書かれているのは一人の男の生ではなく、私たちの名でもなく、私たちの肌でもない――むしろ彼の死だった。こういうことを言えば、祖母が亡くなって以来、来る日も来る日も私が、祖母のにおいを、しゃがれた笑い声を、その質素な家のペプシが詰まった冷蔵庫を恋しがっていたように聞こえるだろう——しかし、私は彼女の死をありがたいと思ったのだ。私は死後の生を信じる女ではないが、もしあるのなら、祖母が知っていた生よりも彼女にとって優しいものであってほしいと願っている。彼女の墓の位置を示していたコンクリート製の天板は、すぐさま恒久的な石版に取り替えられた。私たちは生い茂った草の中に打ち捨てられていた仮初めの天板を摑み、それについていた土を洗い落とした。私たちが決して忘れない光景がある——父が自分の母親の墓に立ち、彼女の墓石を、彼女の名前を腕に抱え、それを持って墓地を通り抜けていく。祖父の墓は島の「南」に残されたままで、それは別の惑星にあるようなものだった。結果として、そこにある祖母の墓石の前が、二人の死を悼む場所になった。そこには「エメトゥーラー・サヒトォグル、セヒト・スレイマン・レチェップの妻」と書かれている。私たちはどれだけの回数、どれだけの場所で、誰かの名を呼び、最後にはかれらが答えてくれると願うことになるのだろう?

理解してほしい——私たちは父親の名を背負ってはいるが、それと一緒に彼らの苦難まで抱えてはいないのだと。私たちは、両親やかれらの両親は持っていたと延々話されるような勇気をもって、ロンドンやニューヨークやベルリンで育ったのではない。そうした勇気もほとんど虚偽のものだ。かれらは獅子のように勇猛だったというのは、半分真実であるが、もう半分は、かれらの殉死のことなど意に介していない白人たちから承認のスタンプを押してもらう前に、自らの心痛を和らげようと努力する者たちがした作り話なのだ。私たちの祖先も恐れおののいたのだ。それを忘れてはならない。かれらにも恐怖という人間らしさを認めよう。自分の名前が重荷だと言うのを許してほしい。どのヴァージョンの名前もだ。私の名前のさまざまな組み合わせ——シメン・スレイマンやシメーヌ・サヒトォグル——について話す際、私の名前を構成する単語は四つだけでなく、数千に及ぶということを説明せずに済ませられようか？　私たちは怖くて死ねない殉教者にすぎないのだ。

自分のいくつものタトゥーと、それらが長年のうちに辿った経緯のことを考える。私が二番目に入れたタトゥーは、“Bismillah ir Rahman ir Raheem”《慈悲あまねく慈悲深きアッラーの御名において》という言葉で、祖母が別れる時によく使った祈りの言葉である。三つ目は、オスマン帝国のスレイマン大帝が使用した署名《トゥグラ》である。肩の高い位置にある四つ目は、それによって殺されることになるかも、救われることになるかもしれないとの望みをもって、父が自分の腕に血で刻んだトルコ国旗だ。

私はかつて祖母の家のベランダに立ち――オリーブの葉が焼けるにおい、背の高い草、マツの木――その道が何か違う名前で呼ばれていればと願った。ベランダから見たところ、電話線に風は感じられない。それは微動だにせず、道路名の標識から道の先へと伸びていた。

黄色

ヴェラ・チョック

私は黄色です。背が低く肌が黄色い女で、エスニシティ[*1]で言えば一〇〇パーセント中国系です。この国に長くいればいるほど、制度的な偏見に気づくようになりました。そして、私の中国系のエスニシティと、旧植民地のマレーシアにある故郷と、イギリスの市民権と、「アメリカン・ドリーム」を抱いた移民のような容姿とのあいだに生じる、さまざまな緊張をより感じるようになっています。

脚のない鳥がいるそうだ。その鳥はただただ飛びつづけ、疲れたら風の中で眠る。そして生涯で一度だけ地上に降りる……それが最期の時。

——ウォン・カーウァイ監督映画《欲望の翼》

＊1　言語や宗教、習慣や価値観といった文化的特性を共有する集団（エスニック・グループ）に所属しているという意識やアイデンティティのこと。

近年、「東アジア系（East Asian）」という呼び名をかなり頻繁に耳にするようになっていますが、私はぎこちなさを感じてきました。この文章を書きながらも実感しているのですが、エスニシティや家系の点から厳密に言えば、私は東アジア系になります。ただ、ある人たちが期待しているかもしれないようなかたちで、東アジア系であるわけではありません。

ちょっと待ってください。「東アジア系」？　実際、それは何なのでしょう？

ウィキペディアは、中国、香港、日本、朝鮮、台湾、モンゴルを東アジアとして、列挙しています。モンゴルは驚きでした。この文章の執筆中、私が質問をした人の中で、モンゴルに言及した人は誰一人いませんでした。ウィキペディアはヴェトナムのことも挙げていました。ヴェトナムは正確には東アジアに位置していませんが、「中国文化から影響を受けた」という意味で「東アジア文化圏」に含まれるとされています。ふむ。それならば、中国との文化的関係があるということで、シベリアやロシア領の外満州の一部も東アジアになるのでしょうか？　経済の世界には、「アジア太平洋（Asia Pacific）」や「東南アジア諸国連合（ＡＳＥＡＮ）」[†1]といった、そうしたおおまかな地理的領域にある国々でつくったグループがあります。誰が何にどのようなラベルを貼るのでしょうか？　マレーシアにいた子どもの頃、私は自分のことをアジア人と呼んでいました――私はアジア大陸の出身、ということでいいんですよね？

かれらこそ本物のアジア人だ。オリエンタルは本物のアジア人ではない。ただの中国人にすぎない。

――ヤフー・アンサーズ「なぜイギリス人はインド人をアジア人と考えるのか？」

中国は私を怯えさせます。私は中国のどの方言も話すことができませんし、中国の慣習に馴染みはなく、箸を使うのはそうせざるをえない時だけです。マレーシアに住む家族は、世界中に拡散した中国系ディアスポラ[*2]の一部です。もし中国を訪れることになれば、私の明らかな異質性のせいで恥をかくことになりはしないかと心配しています。イングランドにいると、中国の社会や政治の事情について公的な場で話してほしいと、時々頼まれます。でも、あるイギリス生まれの中国系女性の知り合いが言ったように、「中国なんてモザンビークやカナダと一緒よ――遠くの国。そこに住んでいる人たちと、私の見た目がたまたま似てるってだけのこと」なのです。私は隣の白人と同じぐらい、西洋文明なるものに中国が与えるかもしれない脅威のことを懸念しているのです。『キン・ポッドキャスト（Kin Podcast）』の第三回（「あ、クソっ！私白人じゃないんだった！」）のために収録したインタビューの中で、アナ・スーラン・マシン博士と私が話しているのは、誰かに思い出させられて自分の立場に引き戻されるまで、自分が背の高い白人の男――私たちは小さい頃からそうあることが、普通で望ましいことだと考えるよう

†1　ＡＳＥＡＮは、東南アジア諸国連合（Association of South East Asian Nations）の略称。インドネシア、マレーシア、フィリピン、シンガポール、タイの五つの原加盟国によって、一九六七年にバンコクで設立され、その後、ブルネイ（一九八四年）、ヴェトナム（一九九五年）、ラオスとミャンマー（一九九七年）、カンボジア（一九九九年）が加盟した。「アジア太平洋」は漠然とした用語で、通常は東アジア、南アジア、東南アジア、オーストラリア、太平洋島嶼国を指すが、太平洋東部の沿岸に位置する国々を含むこともある。

＊2　「撒き散らされたもの」という意味のギリシャ語に由来する言葉で、戦争や災害、経済危機や植民地主義などの結果として、元来住んでいた場所を離れ、別の場所で生きることを余儀なくされた人びとを指す。離散民。

になってしまっています——ではないことを忘れている瞬間があるということです。イングランドにいると、よく思い出させられます。自分は黄色いのだと。中国系なのだと。

私の夢に出てくるのはマレーシアです。ココナッツの木と赤道直下の熱気の国、マレー人たちの王国の歴史と、ポルトガルとオランダとイギリスの支配を受けた植民地としての過去を受け継ぐ国。私が郷愁を抱くのは、この東南アジアの国の山と海と匂いに対してです。私の口は、マレーシアのさまざまなものの形や音を語りたがっています。でも中華街でアジアを思い出させる何らかのものに心惹かれ、その空間の中国っぽさに見入ってしまっている時や、「東アジア性」や「中国人性」を勝手に押し付けられている時には、こういった分かりやすそうな役回りを甘受してしまえば、もっと気楽になれるのかもしれないと思ってしまいます。

中国系マレーシア人というのも、すっきりとした説明にはなりません。マレーシアは民族的に多様で、その人口はマレー系、中国系、インド系、そして諸々の先住民族から構成されます。マレーシアは、一九五七年にイギリスの支配からの独立を達成して以来、急速に変化している若い国です。子供の頃から私は、人種的ヒエラルキーになんとなく気づいていました。単純化すれば、さまざまな歴史的経緯の結果として、中国系は商業を支配し、マレー系は農業と政治を担い、皆がインド系労働者と先住民族を下に見ています。学校や映画やテレビで聞かされた甘美なプロパガンダは、マレーシアのことを安定して調和のとれた多文化的国家と持ち上げていました。私の親友たちは中国系ではなかったのですが、積極的差別《ポジティブ・ディスクリミネーション》*3（大学入試や奨学金の獲得、就職、住居購入などで便宜が図られることがあります）*4が私に不利に働いてしまうかもしれない年齢に近づいた頃、家族の一人はそっと私に、社会の中での自分の立場を見つめ直すように言ったのでした。私は異なる人種同士がぶつかり合う現実を経験しはじめてはいましたが、マレーシアでマイノリティだったこととは、私が今イギリスで感じていることとは、ぜんぜん違っています。

私はイングランドを故郷の延長と見ていました。両親はイギリス式の教育を受けていましたし、校長先生はアイルランド系の修道女でした。私はイーニッド・ブライトン[*5]を読み、真夜中に子どもがこっそりとる食事《ミッドナイト・フィースト》に憧れていました。私――ひどく日焼けしていたために皆からマレー人と思い込まれ、スリランカ人のベビーシッターにずっと世話されていたのでカレーの匂いがした、男の子っぽい中国系の女の子――は、ブリティッシュ・カウンシル[*6]に入り浸り、ＶＨＳカセットのシェイクスピア劇に合わせて台詞を口ずさんでいました。ですが、マレーシアがどんどんイギリスらしくなくなっていくにつれ、完全で至福で最高に自由な自分になるためには、イングランドの地を踏まねばならないと思うようになりました。

一九一四年、駒形丸という船に乗ったイギリス臣民たちは、〔カナダの〕ブリティッシュ・コロンビア州に上陸することを許可されませんでした。[*7]彼らが白いイギリス臣民ではなかったからです。肌の色と市民権の対立。黒対白の問題でありません。

＊3　社会の中でエスニック・マイノリティや女性が置かれる不利な立場を是正するために行なわれる処置。

＊4　マレーシアでは人口の約七割を占めるマレー系が、教育や経済の面で少数派の中国系に劣後しており、この状況を是正するため、さまざまな面でマレー系を優遇する「ブミプトラ」（土地の子）政策が取られている。

＊5　イギリスの児童文学者。

＊6　海外におけるイギリス文化の普及と英語教育の促進を目的とするため、一九三四年にイギリス政府が設立した非営利団体。

＊7　一九一四年、日本籍汽船「駒形丸」で英領カナダのブリティッシュ・コロンビア州に集団渡航した、約四〇〇人の英領インド人が、当時の人種差別的な移民法規のために、ヴァンクーヴァーでの上陸を拒否された事件。イギリス植民地で生まれ、「イギリス臣民」としての法的身分を持つインド人の「入国」を、同じイギリスの植民地であるカナダが拒否したことが問題となった。

イングランドに着いた時、ロンドンの巨大さに埋もれ、見られたり聞かれたりすることなしに、生活できる自由を感じたものです。しかし私が話を聞いてもらおうとすると、英語は私の第一言語であるにもかかわらず、人びとは困惑した表情を浮かべるのです。私の英語にマレーシアの訛がなくても、やはり彼らは困った表情をします。黄色い外国風の身体が妨げになるのです。

人間の言葉なんていうものは、ひびが入った大釜みたいなもので、星々の哀れみを誘おうと叩いてみても、その調べは熊を踊らせるだけ。

——ギュスターヴ・フローベール『ボヴァリー夫人』

エドワード・サイードは、よく研究されたテクスト『オリエンタリズム』で、私たちの「心象地理」の中に存在するものとしての、アジアあるいは「東洋《イースト》」について語っています。そこは「地理的、道徳的、文化的」に離れた場所で、そこからの私たちの距離こそが、そこについて知りたいという私たちの欲望を掻き立てると。イギリスではその地域の国々の出身者たちについての政治的に正しい呼び方として、「オリエンタル」の代わりに、「東アジア系」という語が用いられるようになっています。多くの人びとにとって、「オリエンタル」という言葉は、時間的にも地理的にも遠く離れ、異国情緒が充満したロマンティックな空間の中に私たちを留め置くものなのです。「オリエント」というのは、どこにあるのか、何のことか、路上で人に尋ねても曖昧な回答しか得られないでしょう。「オリエンタル」と冠されたスーパーマーケットでも、ある店ではトルコ製品が売られているかと思えば、別の店ではヴェトナム料理のソースが並んでいます。「東アジア」と言った時に、私たちがすぐさま頭に描くのは、黄色人たち、それもかれらが数多くいる様子かもしれません。例えば中国は一四億に迫る人口を抱えています。これはイギリスの二四倍です。「東アジア」に対する次なる直感的な反応は、突如として湧き上がる不安の感情かもしれません。黄色人から、戦争中の、あるいはかれら自身に向けられる残忍な行為を連想しはしないでしょうか？　ハラキリや、生まれてすぐに捨てられる女児、独裁者、秘密裏の核武装のことを考えてはいないでしょうか？　ひどい煙霧《スモッグ》が立ち込める光景や、平然とした環境無視のことを思い浮かべてはいないでしょうか？　架空の超大国イースタシアが「死の崇拝」あるいは「自己の滅却」なる政治イデオロギーを掲げる、ジョージ・オーウェルの小説『一九八四年』を想起してはいないでしょうか？　こういった類の連想が、それが妥当かそうでないかはさておき、私たちの脳裏を駆けめぐるかもしれません。

人種についての話をする時は、「黒」と「白」という言葉がよく出てきます。「茶色」も出てくるようになりました。多くの人たちが侮蔑的だと考える「黄色」という言葉を私が使うのは、そのように自分が見られていると思っているからです。それを使うのは、他人の人種を見分けることができないことはよくありますが、色は目に見えているからです。黄色を使うのは、私は黒くも白くも茶色でもないからで、小さな旗が必要だと感じているからです。あら、あのバンドが演奏しているこれは何という曲でしたでしょうか？　通りすがりの男たちが、中国語や日本語で卑猥なヤジ《キャットコール》を飛ばしてきます。現代映画の古典、キューブリックの映画《フルメタル・ジャケット》でヴェトナム人娼婦が叫ぶ有名な客引き文句を真似て、「ミー・ラブ・ユー・ロング・タイム」と言ってきます。時折それがタイ語訛で叫ばれるのは、私たちが皆タイの売春婦《セクシー・レイディー》たちのことを知っているからでしょうか？　タイ語訛とヴェトナム語訛との違いなんて、どのみち誰も分かっていない。そうではありませんか？

おや！　こういうセックスの話をしたせいで、「黄色人好き《イエロー・フィーヴァー》」や異国的な女性身体のフェティッシュ化について分析したいと思わせてしまったかもしれませんが、まあ落ち着いてください。まずはタイとヴェトナムが東アジアの国ではないことに気づいてください。厳密にいえば、それらはインドネシア、シンガポール、マレーシアなどと並ぶ、東南アジアの国です。あらっ、東アジアの出身ではない黄色人もいるようですね。私の考えでは、タイとヴェトナムは――両国の料理は馴染みがおありでしょう？――黄色に見える人たちの国です。ここに、ラオス、カンボジア、フィリピン、ミャンマーが含められるでしょう。ネパールやブータン、カザフスタンを含めるのは、どうでしょうか？　ハワイや太平洋諸島の住民も黄色っぽいです。その他の国々の先住民のなかにも、黄色く見える部族が結構多くいます。たとえば北極圏のイヌイットやボルネオ島のイバン系諸属の一部などです。このことに以前から気づいていた人はいらっしゃるでしょうか？　それは問題でしょうか？　私は問題ないと思いますが、それでよろしいでしょうか？　私たちは、こういった遠くの国々の基本的事実や、遠くの人びとの詳細について、ゆっくり時間をかけて考えることはありません。彼らが私たちの日常生活に関わってくることはないからです。しかし、です。かれらがさほど遠くないところにいるとしたら、どうなるでしょうか？「東アジア系」というラベルは、「オリエンタル」というタグよりは少し前進する助けになりました。それは、今日のイギリスにいる黄色人のことを話題にする際の真新しい呼び方のように感じられます。しかし中国系の人びとが住んでいた最古の記録は、一九世紀初頭にまで遡れるのです。黄色人たちは、イギリスの人口の相当大きな部分を占めてきましたし、もう長いあいだそうなのです。ウィキペディアが挙げるおおよその数字[†2]によりますと、イギリスに住むイギリス生まれの東アジア系は一〇〇万人を超えています。なお、黒人のイギリス人は一九〇万人（三％）、南アジア系は三〇〇万人（七％）です。東アジア系はイギリスで三番目に大きなエスニック・グループなのです。グローバル経済の近年の変化のために、最近ようやくイギリス内でも黄色人を見かけるようになっている、というのでしょうか？黄色い人びとは非常に存在感が薄く、声を発さない、ということなのでしょうか？

ピーター・アンドレのヒット曲〈ミステリアス・ガール〉が流れています……。

ノッティンガムのパブにいた、あの白人のイングランド人の老人は、なぜ私に近寄って、「中国人だぜ！」と店中に叫んだのでしょうか？　ブリクストンのあの黒人青年は、なぜ路上で私に中国語の単語をささやいたでしょうか？　これらの例が表しているのは、人種的な侮蔑なのでしょうか？　見当違いの性的な誘惑でしょうか？　女性に対する男性権力の誇示でしょうか？　あるいは、それらすべてが組み合わさったものなのでしょうか？

二〇一三年、フェイスブック上の出会い系アプリAre You Interested?を通じて[†3]行なわれた二四〇万件の異性愛者同士のやりとりが分析され、「アジア系以外のすべての男性がアジア系の女性を好んだ」こと

---

†2　「おおよそ」というのは、奇妙なことに、第一世代の移民が勘定に入れられてないからです。歴史的に、エスニシティに関するモニタリング調査の際、東アジア系は「その他」にチェックを入れるしか選択肢が用意されていなかったことも、データが曖昧になる一因です。

†3　ここでは「アジア系」という言葉を、アメリカ式に使用していることに注意。つまり、東アジア系と東南アジア系、そしてインド亜大陸の出身者が「アジア系」に含められています。インド亜大陸のみを指す言葉として「アジア」を使うのは、イギリス特有のことです。性的なフェティッシュ化に関する議論にとっては、アメリカ式の「アジア系」の定義のほうが有用であるように思われます。

が明らかになりました。すべての男性が、です。アジア系女性の身体のフェティッシュ化は、きわめて問題です。[†4] 性的な従順さと旺盛な性欲、そして寡黙さが、非常に巧妙かつ悪質に組み合わせられています。「映画の中のアジアおんな」（Asian babes in films）とグーグルで検索しますと（すみません！）、IMDb――映画とテレビ番組の主要なデータベースです――が作った「アジア系女性と白人男性のロマンス映画」というリストが引っかかりました。こうした映画のアジア系女性たちは、白人のボーイフレンドを引きとめようと一生懸命頑張るのですが、ほとんどが無駄に終わり、彼女たちの多くが結末で死んでしまいます。「映画の中のアジア系女性」と少し刺激を弱めた語句でググってみますと、やはり「ハリウッド映画におけるアジア系アメリカ人のステレオタイプ」というリストが出てきます。私は西洋や日本の会社が制作した伝統的[†5]で露骨なポルノ映画を観たことがありますが、そこに出ているアジア系女性たちは物静かとは正反対です。極上の快楽、もしくは暴力による極度の苦痛のために、彼女たちは叫んでいるのです。性的暴行の筋書きも珍しいものではありません。

　オンライン雑誌『エブリデイ・フェミニズム』の記事「『アジア系女性に向けられる性的感情《フェティッシュ》』がアジア系女性を危険に陥らせる五つの事情」は、初歩的ですが、正鵠《せいこく》を射たリストです。その記事によりますと、アメリカに住むアジア系女性の六一％が、人生でパートナーから身体的あるいは性的な暴力を受けた経験を持ち、毎年三万人のアジア系女性が人身売買で合衆国へ連れてこられています。[†6] 過失はそれらの女性たちにではなく、私たちに対する態度のほうにあるのではないかと私は推測します。ある東南アジア系の知り合いの女性は、モノのように扱われているという気持ちこそ、アジア系女性であることの核心のように感じると言っていました。

　無力さは、振り落とさねばならない特に重い負担です。どのような肌の色の男性に対してであれ、魅力的に思われようとすれば、私たちは小柄で柔和なことが求められます。冷淡で自動人形のようで女王様然とした魔性の女《ファム・ファタール》であるアジア系女性、というもう一つのステレオタイプがありますが、そうした女性にはあまりメールの注文が入らないようです。[*8] 私は昔ある時に「かわいらしい」服を着ることをやめました。年齢や見た目に関係なく、どんな白人男性と出かけても、私は話題にされ、見下されたからです。私は彼に付き添う女か、メール・オーダー・ブライドとみなされていたのです。白人のボーイフレンドと夕食をとるため彼に会いにいった私の友人は、レストランから出ていくよう言われました。店の者は彼女が客引きをしていると思い込んだのです。私はセックスについて肯定的な考えを持ち、合意を得ているものであるなら、性的な表現の自由を支持しますが、受動的なアジア系の身体を征服／植民

---

†4　私がここに挙げた例は、異性愛規範的《ヘテロセクシャル》な見方からのものですが、アジア系のＬＧＢＴＱ＋の経験や、それからセクシャリティとジェンダーと人種の絡まり合いについて検討すれば、私たちがどのように人を分類し、人と付き合っているのかについて、より多くの手がかりが得られるでしょう。

†5　「伝統的」といいますのは、フェミニズムやクイアの観点を踏まえて、あるいは倫理的に制作されたポルノと対比してのことです。

†6　そう、黄色人の女性たちについて得られるデータのほとんどは、アメリカのものなのです。英国では東アジア系の数といった基本情報すら見つけるのが困難であることを想起しておきましょう。おそらくこれは、英国で三番目に大きなエスニック・マイノリティの集団が、どのように見られているか（無視されているか）について、なにがしかのことを伝えています。

＊8　先進国の男性に貧しい国々の女性を結婚相手として斡旋する仲介業者があり、男性客はカタログ等から気に入った女性を選び、彼女のメールアドレスを業者から買う。実際に結婚に至り、先進国に渡る女性たちは「メール・オーダー・ブライド」と呼ばれる。

地化したいという暴力的な男性的欲望に警戒心を抱いています。特に男性が白人の場合はそうです。

アメリカのパフォーマンス作家クリスティーナ・ウォンについて見てみましょう。彼女が作るグロテスクですが、機知に富んだ喜劇的作品は、アジア系女性をモノのように見る傾向に混乱を生じさせ、同時に性的に不能だというステレオタイプを与えられているアジア系男性を性的な対象とみなすという実験を試みています。アジア系アメリカ人エディ・フアンの回想記『フアン家のアメリカ開拓記』は、家族で一緒に鑑賞できるアメリカ的なテレビドラマに改変されてしまっていますが、原作はもっとシリアスな本で、アジア系男性の性が描かれないという問題に正面から取り組んでいます。「俺たちはたった一つの役割しか演じることを許されていない。数の勘定はできるが、性的には不能な男という役割さ。《ロミオ・マスト・ダイ》を見ただろ！ ジェット・リーは絶対に女とヤらない！」

アジズ・アンサリ主演のテレビシリーズ《マスター・オブ・ゼロ》は、革新的な作品であると言っても過言ではありません。性生活を営むアジア系男性を、メディアの中で何回観たことがあるでしょうか？《マスター・オブ・ゼロ》は、アンサリが演じる人物がセックスの真っ最中という場面で始まります。彼の性的関係は、白人男性のものと同じく「普通」のこととして描かれますし、ケルヴィン・ユーが演じているアジア系の友人は、同シリーズ中で性的魅力にあふれる男性として描かれています。これはテレビ史上画期的な出来事で、こういう類のテレビ番組が私たちの心や頭を捉えるようになってくれればと願います。もし今日、英国のメディア上でアジア系を見かけることがあったとしても、かれらはほぼ確実に人種的なステレオタイプを助長しているはずです。セックスと権力は、私たちが世界を理解する際に中心的な位置を占めていますが、アジア系は男女ともに、権力の梯子のものすごく下のほうにいるのです。

私は内気な性格ですし、どうふるまえば社会的に、イングランド的な（笑）可愛い女子とみなされるのかを承知してはいますが、セックスについて議論せずにはいられません。私たちが個々の制約の中でどのように性的に魅力ある自己を作りあげ、それを演じているかを議論せずにはいられないのです。そうでないと、自分が孤立無援であるように感じてしまうのです。私は自分の肌の色とジェンダーのせいで、日々、過度に性的な対象として一般化して見られることから、屈辱――根拠のないものと分かってはいますが、拭い去るのは難しいです――を覚えさせられていますが、自分の恥をさらすという、これはこれで苦痛を伴う行為によって、この屈辱は緩和されるような気がするのです。私の身体は暴力の現場なのです。

この「リトル・チャイナ・ガール」に、外に出て、声を出して、あなたに「ベイビー、その口を閉じてなさい」なんて言うことができるでしょうか？[*9]（デヴィッド・ボウイのご冥福を祈ります）

［東洋の女は］自分で自分のことを語ったのではない（…）自分の感情や容姿や来歴を、自ら説明したのではないのだ。

――サイード『オリエンタリズム』

公然と私に中国性を投影してきた、パブにいた白人の老人や路上の黒人青年のことを覚えていますで

＊9　イギリスのミュージシャン、デヴィッド・ボウイがイギー・ポップと共同で作った曲〈チャイナ・ガール〉の歌詞からの引用。

しょうか？　彼らはどうやって、私が民族的には中国系であることを知ったのでしょうか？　さあ、皆さんのことは分かりませんが、私は「東アジア系」と聞きますと、「黄色い」と考えるだけでなく、「中国系」と考えてしまいます。たぶん中国の外で暮らしている中国系の人たちの数が非常に多い――五〇〇〇万人――ためでしょう。英国のほとんどの街には中華料理の持ち帰り専門店《チャイニーズ・テイクアウェイ》があります。中国系は、英国に住む東アジア系の約半分を占めています。ですから、路上で出会う黄色人は、民族的には中国系である確率が最も高いでしょう。中国系の相手を探している男性たちには朗報です！　ですが、人種のモニタリング調査においては、歴史的に黄色人は――中国系であろうが、そうでなかろうが――、十把一絡げで「その他」に入れられてきたため、英国でのかれらの生活に関するデータはわずかしかありません。そして、私たちは非常に物静かで、直面している人種差別的な虐待について声を上げもしない、ということなのでしょうか？

おい、見ろよ、ジャッキー・チェンだ！
あ、チンク[*10]！　何みてやがる？　チン、チョン、チン、チョン！

――黄色人がよく投げかけられる侮蔑的な言葉の数々

中国系の人びとが他のマイノリティのエスニック・グループよりも頻繁に、人種的嫌がらせ《レイシャル・ハラスメント》や物的損害を被っているとは知りませんでした（「第四次エスニック・マイノリティ全国調査」）。私たちがこういったことをテレビや映画で観ることはありません。人びとが憎悪犯罪《ヘイトクライム》に言及する時も、黄色人に対する暴力は頭に浮かばないのです。何の理由もなしに路上で撃たれたアフリカ系アメリカ人のことを私は考えます。路上で殴られて気絶させられたムスリム女性についてのドキュメンタリー映像のことを思い出します。英国中で中国系の人びとが嫌がらせを受けています。頻繁なだけでなく、繰り返しです――中華料理の持ち帰り専門店の従業員はカモにされているのです。たいてい、店主とその家族たちは、街で唯一の黄色人家族です。ＢＢＣの『ニュースビート』掲載の記事（二〇一五年一月）は、こうした憎悪犯罪がほとんど報道されないという問題を論じています。そこでは原因として、私たちが国中に散らばっていること、それから憎悪犯罪が法で裁かれることは稀で、たいていは証明するのも禁止するのもかなり難しいということが、挙げられています。私は次のようなことが理由なのではないかと思います。インターネットで簡単に見つけることができた、最も目をひき、最も引用に値する統計[†7]でさえ、それらの証拠が全体として何を指し示しているだろうかと、一歩引いて考えてみないかぎり、古くて退屈で取るに足らないものに思えること。そしてそれが中国系の人びとが英国に住む他のどのエスニック・グループよりも、深刻なレベルで恐怖と暴力を経験していることを定量的に、すなわち比率的に証明できていないことです。暴力は、私たち自身と同じぐらいの程度でしか可視化されていないのです。第二次世界大戦の戦争遂行に協力し、戦後リバプールに留まっていた約二〇〇〇人の中国人船員が、何の前触れもなしに「故国」に送還されたことなど、誰が知っているでしょうか？　この暴挙はきわめて迅速に、そして秘密裏に行なわれたために、かれらのイギリス人妻や家族たちは、自分たちは単に捨てられたのだ

---

†7　Sue Adamson et al., *Hidden from public view? Racism against the UK Chinese population*, Min Quan report, (The Monitoring Group, 2009).

＊10　中国系の人間に対する侮辱語。

と、数十年間も思い込んでいたのです。今ではこの出来事に関する記事がオンライン上に二、三ありますが、そもそもその出来事を知っていて探そうとしなければ、目に触れることはないでしょう。

白人にとって都合よく改竄された歴史《ホワイトウォッシング》、奴隷制や抑圧を取り巻く黒い闇のせいで、私は自分が肌の色を理由にした「本物の苦難」を経験しているようには、そう言う権利が自分に認められているようには感じないのです。そのかわり、私は別の種類のバッジをつけられ、それを喜ばねばならないというのです。「モデル・マイノリティ」[*11]というバッジをです。黄は、色として存在感が薄すぎるため、声高に叫べないのでしょうか？

黄色。英国にいる中国系、ヴェトナム系、日系、朝鮮系、タイ系、台湾系……あらゆる黄色い人びとを、一つにまとめるものは、何でしょうか？　ばらばらの文化でもなければ、私たちの現実あるいは想像の故郷でもありません。それは隠蔽された歴史、でっち上げられた性生活、他の人たちには見えていない暴力です。モニタリング調査の記入用紙では、私たちのさまざまな移民物語が、「その他」の欄にひとまとめにされていますが、私たちはここにいます。私にはあなたが見えています。

＊11　社会的な成功を収め、他のマイノリティの模範《モデル》となっているマイノリティという意味。アメリカ社会におけるアジア系アメリカ人に対して用いられることが多い。

ケンドー・ナガサキと私

ダニエル・ヨーク・ロー

記憶の劇ですから、ほのかな照明が当てられ、センチメンタルで、現実らしくはありません。記憶の中では、すべてが音楽に合わせて起こるように思われます。舞台袖のバイオリンが鳴っているのは、そういうわけです。

（テネシー・ウィリアムズ『ガラスの動物園』）

そのように、テネシー・ウィリアムズの『ガラスの動物園』の語り手、トム・ウィングフィールドは始めます。

とはいいましても、『ガラスの動物園』が上演されるどの晩にも、トム・ウィングフィールドは、観客たちを「アメリカの中産階級が大挙して盲学校に入ろうとしていた」一九三〇年代のアメリカ合衆国に、連れて行くわけですが、紳士淑女の皆様、私がお連れしますのは、一九七〇年代のイギリスでございます。多くの人びとが、喜びあふれる自由な国だったと信じている場所、政治的正しさ《ポリティカル・コレクトネス》を振りかざす連中が作った全体主義的な抑圧体制が、エスニック・マイノリティやゲイや障害者を馬鹿にしたり、女というのはセックスの対象か、クソババアのどちらかだという見方をしたりするのを少々困難にしてしまうという、スターリンさながらの凶悪犯罪を働く以前の場所であります。

一九三〇年代についてのトム・ウィングフィールドの記憶と同じく、私の心の中にある七〇年代についてのすべては、音楽に合わせて起こっていくようです。しかし、「舞台袖のバイオリン」ではありません。それは、卑猥なブリーフ一丁の姿のジミー・サヴィルとスチュアート・ホールが紹介し、ほとんど止むことのない性差別的な猥談と人種差別的な冗談のために、ゲイリー・グリッターとロルフ・ハリスが作ったサウンドトラックです。[*1]

若い読者の方々には、想像力を働かせてもらわなければなりませんが、そこはスカイTVやBTスポーツ[*2]がなく、サッカーの全試合が土曜の午後三時に一斉にキックオフとなり、生中継をテレビで観戦できる試合は年一度のFAカップ決勝だけという世界なのです。

イングランド西部に住む孤独な中国系ハーフの男子児童が、ケンドー・ナガサキという名の日本人極悪レスラーと思われる者の反則ばかり働く姿に、奇妙な「ヒーロー像」を見出す世界です。

ケンドー・ナガサキは私の同胞の「オリエンタル」(当時は容認されていた呼び方でした)でしたが、愚鈍でも従順でも寡黙でもありませんでしたから、ケンドー・ナガサキはすごいやつでした。

七〇年代、私たちは毎週土曜の午後、テレビで《ワールド・オブ・スポート》を観ていました。《ワールド・オブ・スポート》は、たしか「スポーツ関連オムニバス」番組として知られていました。その番組は土曜の正午頃始まり、主としてスキーやボウリングといったあまり目立たないスポーツ(けなしているわけではありません）と思われたものをずっと放送しつづけていました。そしてお茶の時間になると私たちは、笑えるほど原始的な技術でテレビの画面上に映し出されるサッカーの試合結果に熱心に見入り、その後《バジル・ブラッシュ》[*3]や《ドクター・フー》[*4]にチャンネルを回すのでした。《ワールド・オブ・スポート》は、ディッキー・デイヴィスと呼ばれる気取った話し方をする口達者な司会者が進行を務めていました。彼は想像しうる中で最も趣味の悪い七〇年代風の口ひげを生やしていまして、それが地球上の誰も大して興味を持っていないように思われる、このたくさんのスポーツに向けられた彼の尽きることのない、見たところ正真正銘の熱意を相殺していました。

とはいえ、《ワールド・オブ・スポート》を観ていた私たちの真の目当ては、レスリングでした。いつも後半の二時間枠の中で、次々と試合が放送されていたレスリングを観るのが、毎週土曜午後の我が家の恒例になっていました。

近頃ではプロレスは演出されたパントマイムで競技スポーツでは全くない、というのが通説になっているようです。私個人としてはこの通説を支持するつもりも、その誤りを証明するつもりもありませんが、「本物」だとされるオリンピック競技のレスリングをいつ観ても、私にはそれが、レオタードを着

＊1　ジミー・サヴィルとスチュアート・ホールはBBCの元人気司会者。ゲイリー・グリッターはロック歌手。ロルフ・ハリスは音楽家、俳優、テレビタレント。いずれも児童に対する性的虐待を働いたことで悪名高いイギリスの芸能人。
＊2　スカイTVとBTはイギリスに拠点を置く衛星放送事業者。それぞれスポーツ専門チャンネルを持っている。
＊3　アカギツネのバジル・ブラッシュ（手袋人形）が主人公の子ども向け番組。
＊4　ドクターと呼ばれる異星人が、地球の仲間とともに時空を行き来しながら難事件を解決するSFテレビ・シリーズ。

た二人の男がマットの上で、（素人目には）よく分からない「技」を披露して点数を稼ぐ退屈な取っ組み合いにすぎず、暴力と流血、そして、そう、私が観て育ったプロレスリングの劇場性を欠いたものにしか思えません。

そのスポーツは偽物だと公に白状したプロレスラーを、私は誰一人知りません。彼らが（ザ・マジック・サークル[*5]のように）ある種の「秘密保持契約」にサインしていることもありえますが、私が新聞やテレビでプロレスラーたちへのインタビューを観た際には、彼らは自分たちの仕事に何らかの「演出」があることを激しく否定していました。私が目にした二、三のインタビューでは、詰め寄る新聞記者にレスラーたちがヘッドロックやアームロックをかけて、そのスポーツが偽物かどうか、自分たちで確かめてみろと提案していました。もしどこかのプロレスラーがこれを読んでいらっしゃったとしても、身体を張った実演で証明していただかなくても、プロレスは本物の競技スポーツであるとのあなた方の言葉を、私はそっくり受け入れるつもりですので、どうぞご安心ください。

当時の私の年齢では、それが「リアル」であろうとなかろうと、どのみち少しも違いはなく、私は毎週土曜日になると、滑稽な呼び名がついた一流のプロレス選手たちの偉業に大興奮していました。ジャイアント・ヘイスタックス（彼は実際に巨人でした）ですとか、ビッグ・ダディ（でかい腹で相手にぶつかることだけが、彼の唯一の、しかし人気のある戦法でした）ですとか、ザ・ダイナマイト・キッド（名前からすると動きが素早くないといけないのですが……）ですとか、それから、まあ、ミック・マクマナスも入れておきましょう。

それが実際にはパントマイムだったにしても、そうでなかったにしても、そこには確実にヒーローと悪役がいて、大きなブーイングと野次が飛び交い、ひどく愉快なドタバタの無秩序が展開されました。

特に二人一組の「タッグ」で行なわれる試合はたいてい、滅茶苦茶なカオスになって、観客席で場外乱闘が起こり、観客がわめき叫ぶことになるのでした。それはスリル満点、気が狂うほど面白い、正真正銘のエンターテイメントで、田舎の陰鬱な冬の午後をずいぶんとしのぎやすいものにしてくれました。

ケンドー・ナガサキより前に、もうひとり「オリエンタル」がいました。短い期間だけ出ていた日本人レスラーでした。彼はずんぐりむっくりで、薄い口ひげを生やし、試合で一回も勝ったことがないようでした。レスリングの悪役が伝統的に常套手段とした「汚い戦法」を彼が使ったのは、完全にやられそうになっているのが痛いほど分かる時だけだったのですが、観客から容赦のない怒りを買っていました。私は彼の名を全く覚えていませんが、コメンテーター（観客と一緒になって彼を軽蔑し嘲笑しているようでした）からは、「オー、日本人が反則をしているぞ」といった具合に、単に「日本人」と呼ばれていました。

しかし、彼はケンドー・ナガサキとはまるで違っていました。

その当時、中国のものと日本のものは一緒くたにされていました。私は、私のことをチンクと呼ぶ白人の子どもでいっぱいの学校をやめ、私をチンクと呼び、「中国人《チャイニーズ》と日本人《ジャパニーズ》は汚い膝《ダーティー・ニーズ》をしてる」（韻を踏んでいるのが、お分かりでしょうか?）と唄ってくる白人の子どもでいっぱいの別の学校に転校しました。

ある時、私は歌を唄ってからかってくる白人の子どもたちに怒り、彼らを殴ったり、物を投げつけたりしました。このことと、私のことをチンクとかジャップと呼び、私の膝の清潔さに疑惑を投げかけて

＊5　イギリスの会員制マジック・クラブ。

くる白人の子どもたちをからかう歌を唄ったせいで、突然、私の世界は真っ赤な顔の白人の大人たちでいっぱいになり、かれらは私に、白人の子どもたちが私をチンクとかジャップと呼んでも、すぐにカッとならないようにしなければならないと、大声でどなるようになったのです。

私は白人たちに囲まれて成長しました。その学校には、私と私の兄弟のほかに、二人の黒人の子どもがいまして、彼らもやはり兄弟でした。彼らはゴッドフリーとジェフリーという名前で、私たち四人で、来る日も来る日も一日中、学校中の人種差別的ないじめの相手をしているかのようでした。

もちろん、こういったことに決して腹を立ててはならない、というのが、あらゆる「エスニック・マイノリティ」たちがイギリスで成長する過程で学ぶ金科玉条でした。怒ってしまえば、態度が喧嘩腰だなどといったあらゆる種類の非難を招き寄せることになってしまうのです。たまには私たちも、他のマジョリティの人びとにまじって、政治とかインフレとかバスが遅いことについて怒りをぶちまけることができますが、人種差別については「分別」のある態度を取らねばならない、ということを私たちはすぐに学ぶのです。

現在でも、「政治的正しさで興をさめさせる」私たちが「勝ち取った」「勝利」は、相応の犠牲の上に成り立っています。というのも、人の人種やジェンダーや性的指向や身体的障害をジョークのネタに使うのは侮辱的だと指摘すると、必ずといっていいほど、「お願いだから、ユーモアを解してくれよ」と懇願されるはめになるのです。

ほんの数年前のこと、テレビ司会者ジェレミー・クラークソンが、傾斜《スローピング》のかかった橋の上にいるビルマ人男性を指して、「スロープ」[*6]という人種差別的な中傷表現を使った（お分かりになりますか？）ことについて議論してほしいと、ＢＢＣラジオ４の番組に招かれたことが思い出されます。事前収録のインタビューのための事前打ち合わせ（真面目な仕事なのです）で、私はＢＢＣのジャーナリストから、特別扱いにくいのろまな家畜を野原へ出そうと追い立てているイラついた農夫を彷彿とさせる、圧迫感のある口調で攻め立てられました。繰り返し尋ねられたのです。「で、ダニエル、あなたはこれに憤慨していますか？」、「あなたは怒っていますか？」と。

このせいで私は困惑し、「怒れるエスニック・マイノリティ」に認定される資格が自分にあるのだろうかと突然不安を抱き、私は間を取りました。そのあいだ受話器の向こうで、そのＢＢＣのジャーナリストがイライラした様子でため息をつくのが聞こえていました。その時私は、ハマースミスにある（恥ずかしながら）プライマーク[*7]で買い物をしていまして、携帯電話にかかってきた電話に出ていました。ですからこの「怒り診断」がどれほどシュールに感じられたかを分かっていただくのは難しいです。最終的に私は、「簡単に言えば、私は単にジェレミーは馬鹿なのだと思います」と答えました。私のユーモアもない不十分な苛立ちに失望したかれらは、私の発言をディスカッションの最後の四五秒に割り当てました。私は、その役目を果たす前に、ハマースミスにあるお気に入りのインド料理レストラン（興味がある方のためにお教えすると、キング・ストリートにある「シルパ」というお店です）で、はきはきして落ち着いて聞こえるように話す練習をしました。そのあいだ、私を囲んでいたチャパティとチャツネは、首相とお友だちで、速度の出る車の運転を好み、もう口にしないように最大限の努力をすると言いながらＮワードを使う億万長者の、うんざりする悪ふざけに激怒させられることになるより、はる

＊6　アジア系に対する差別語で、目が傾斜している（つり目）というステレオタイプ化された身体的特徴を侮辱するもの。
＊7　アイルランドに本社を置き、ヨーロッパ各地で店舗展開しているファストファッションのブランド。

かに魅惑的なものであったことは疑いありません。しかしながら、七〇年代は「政治的に正しくない」ことの紛れもない絶頂期でありまして、そうした時代に、私はいささかトラウマ的な幼少期を過ごしたのです。それに私は、世界中の中国系の子どもたちが当時していたと思われる髪型をしていました。子どもの頭にボウルを被せ、その縁に沿ってぐるりと切ったような髪型です。人生は難しいものでした。五歳から一〇歳頃まで、私の「怒り」は重大な問題になっていました。チンクやジャップと呼ばれてカッとなったせいで、白人の大人たちにどなられた後、チンクやジャップと呼ばれた際に、私がそれほどまでに「攻撃的」になる根本的な原因を突き止めようとする他の白人の大人たちに、椅子に座らせられることになりました。私は白人の児童心理学者たちと面談し、かれらは私に錠剤をくれました——それはおそらく、腹を立てたり、人種差別的な呼び方を大声で何度もしてくる白人の子どもの集団に辱められたと感じたりするのを抑制する、脳内のセロトニンを増やすためのものでした。

この当時、私は「中国人」とも「日本人」とも呼ばれていたため、「日本」と「中国」は全く同じものなのだと考えるようになっていました。もちろん後になって、それらは二つの非常に異なる別々の文化で、両国は戦争をしたことさえあると学びました。私は時々、一人ぼっちの白人の子どもが運動場で、「イングランド人《イングリッシュ》、ドイツ人《ジャーマン》、説教しておくれ《ギヴィング・アス・サーモン》」（どうでしょう、原理は同じですが）と叫ぶ「エスニック・マイノリティ」の子どもたちの集団にいじめられている世界を夢想していました。

しかし、当惑した両親から教えられたように、私は「中国系」でした。正確さを期すなら、実際には中国系のハーフです。私は、自分の家族以外の他の中国系の人びとにほとんど会ったことがありませんでした。歴史のその時点においては、「東アジア系」という言葉がまだ発明されていなかったようで、私たちのような、おかしな眼の形をした、黄色というか、くすんだ茶色、ないしはオリーブ色をした人びとに対する総称は、「オリエンタル」でした──これは文字どおりには「東の最果て」を意味する滅茶苦茶な植民地主義的表現です。神秘的な「オリエント」が誕生したのは、オスマン帝国、すなわちトルコでした。その後、文明的な白人の男たちが、殺し、盗み、奪いながら、さらに東の世界に進出していくと、「オリエンタル」は「中」東に見出されるようになり、恐れ知らずの植民者たちがさらに東に進むと、「オリエンタル」はインドよりも東に存在する、すべての人とすべての物を包括するようになりました。「オリエンタル」には、竹とか横笛とか赤い夕日といったさまざまな意味が含まれています。その言葉は、絨毯の特徴を述べるためだけに用いられるべきでしょう。その言葉には固有のエキゾティシズムが込められていますが、それはウィルトシャー育ちの一人の少年が完全に体現できるものなのか、私には分かりませんので。アメリカでは、「アジア系アメリカ人」たちは「オリエンタル」と呼ばれることを拒否してきました。ここイギリスでは、(少なくとも)中国系はその呼称を肯定的に受け入れてきました。私たちは実利重視の考え方をする生き物のようですし、「モデル・マイノリティ」として知られているわけでも何でもありませんので。ですから、第二世代の移民経験の中のこの混乱期に、私は自分が「オリエンタル」であることを受け入れ、別の「オリエンタル」の中に一つの「ロール・モデル」を見出したのです。それがケンドー・ナガサキでした。

七〇年代のテレビにはほんのわずかな「オリエンタル」しか出てこないようでしたが、いっそ出てこなければよかったのにと思ったほど、出てきた者たちは私を悩ませました。「チンク」と「チャイナ」に加えて、私はいろいろな呼び名でからかわれるようになったのです。「ブルース」(当然、リーのことですが、家庭用ビデオが普及する以前の世界では、ブルースを実際に見かけることは稀でした)、「カンフー」(白人とアジア人の混血とされる武術の達人役でデヴィド・キャラダインが主演したテレビシリーズで、[*8]スローモーションの格闘のシーンのつまらなさは伝説的です）、「グラスホッパー」（上述の《カンフー》シリーズに登場する盲目で禿頭の師匠。回想シーンに現れて、滑稽なほど誇張された中国語訛のある話し方で、キャラダインに助言を与えます。当時、多くの白人たちは彼の訛を真似るのが大好きでした）、「ハワイ・ファイブ・オー」（ハワイを舞台にした、イギリスというよりアメリカ的な番組で、当然のように人畜無害なアジア系の脇役が出てきます）、「フー・マンチュー」（サックス・ローマー作の伝説になるほど人種差別的な漫画に出てくる中国人の悪役で、クリストファー・リーが主演した映画シリーズによって不朽の名声を得ました。シリーズのうちの一作が毎週日曜の午後に放送されていたように思います）、「ケイトー」（ピーター・セラーズ演じるクルーゾー警部モノの映画の、どの作品にも一〇分間登場し、文字どおり完膚なきまでに叩きのめされるキャラクターです。ある世代の白人男性の多くは、理解しがたいほどに彼を崇拝しているようです）。

当時はほんのわずかな「オリエンタル」しかテレビに出ていなかったことを踏まえれば、かれらの多くを白人たちが演じていたことも驚きでした。私は、中国系とは演技をしないものなのか、あるいは白人というのは、扮装したり、馬鹿みたいな格好をしたりするのが好きなのか、と思い悩んだことを鮮明に覚えています。私が世界で一番好きだったテレビ番組《ドクター・フー》でさえ、「イエローフェイス」の芝居に一役買っていたのでした。

イエローフェイスとは、東アジア人の役を演じるために俳優が使用する一種の舞台メークのことである。

（ウィキペディア）

一九七〇年代の《ドクター・フー》は、今日のスクリーンを飾っているものとは全然違う代物でした。感傷的なメロドラマ風のロマンスも、どうしようもないほど真面目くさった自己肥大欲も、表層的でけばけばしいCG映像も、仰々しく作為的な効果音楽もありませんでした。ダンボール製の舞台装置と、ラバースーツを着た男たちと、ぞくぞくするほど良くできた脚本（えっと……「たいていは」と付け加えておきましょう）、そして時空を往来する独立独行のアウトサイダー（学校でいじめられている少年にとって、これ以上に魅力的なものがあったでしょうか？）、それだけでした。

しかしながら、一つの決定的な点で、新しい《ドクター・フー》は、オリジナルの《ドクター・フー》より断然勝っています。現代版は、あらゆる種類の多様性に満ちあふれているのです。残念ながら、「オールド・フー」の登場人物はほとんど白人で占められ、ごく稀に、民族的なステレオタイプがほんのつかの間差し挟まれるぐらいでした。ありとあらゆる時間と空間を舞台にしていたわけですから、率直に言いまして、これは出来損ないでしょう。

一九七〇年代半ばのどこかで、〈ウェン・チャンの鉤爪〉という気味の悪いタイトルが付いた《ドクター・フー》のストーリーが、六週にわたって土曜の夜を賑わせました。立派な舞台や衣装で演出された、ヴィクトリア朝時代のサックス・ローマーへのオマージュ作品でしたが、同じストーリーの中で、おそらくテレビ史上最悪級の巨大ネズミと、最低級のイエローフェイスを呼び物にしていました。後者は、寡黙で、不吉で、不可解な（こうした単語が安易かつ頻繁に、一連の流れの中で使われるのは驚くべきこと

＊8　日本では《燃えよ！　カンフー》のタイトルで放送された。

です）ごろつきたち（適切な描写がこれしかありません）の一団として現れ、これを率いていたのが、上に座れそうなほどの馬鹿げた作り物のまぶたを付け、チーズの塊よりも黄色く肌を塗り、中国語訛と日本語訛をめちゃくちゃに混ぜ合わせた話し方をする——これにはヘンリー・ヒギンズ[*9]も全くお手上げだったことでしょう——ジョン・ベネットという名のイングランド人俳優でした。しかし、こういったことも、いまだにＢＢＣがどこかのウェブサイトのページで、ベネット氏の驚くほど馬鹿げた役作りに対して、惜しみのない賛辞を送っているという事実に比べれば、さほどのことではありません。そのページには、視聴者が知らなかったら、そのイングランド人の役者が実は中国人でないことを見破るのは難しかったかもしれない、との見解が載っています。視聴者たちが、中国人というものは、再利用したスケートボードから作られたまぶたをしていて、《スターウォーズ》のヨーダがケタミンを服用したような話し方をすると思い込んでいたのでないかぎり、そんなことはないと思うのですが。

　黒人の場合と違い、からかい返す「オリエンタル」のコメディアンは現れず、私たち「オリエンタル」には、「オリエンタル」なポップ・スターさえいませんでした。ロッド・スチュワートの〈ドゥー・ヤ・ティンク・アイム・セクシー?〉のビデオには、ベースを演奏する日本人の青年が出ていまして、その曲は、当時は永遠に思えたほどの長い期間、音楽チャートの一位を占めていましたので、この見た目はほとんど中国系と変わらない格好いいお兄さんが、《トップ・オブ・ザ・ポップス》に毎週登場してはいましたが。

　そういう状況だったのです。

　そこにケンドー・ナガサキが現れたのです。

　ケンドーは本当にすごい奴でした。プロレス用語でいう「ヒール」でした。そのスポーツの

「敵役《アンタゴニスト》」（この言葉は聖書にも出てくるそうです）は伝統的にそのような呼び名をされています。息を飲むほどの俊敏な身のこなしと、躍動感あふれる蹴り技と、見事な策略を巡らせた反則行為とのコンビネーションで、ケンドーは不運な対戦相手たちをいとも容易くやっつけ、全試合で勝利を収めました。ケンドーは（私の記憶の劇の中では）、龍と炎の絵柄と竹を模した書体の文字でびっしり覆われた、華麗なシルクの武道着を身にまとっていました。彼はしなやかで素早く、狡猾で抜け目なく、凝った方法でリングに上がり、観衆からのブーイングと怒号を楽しみながら、曲芸のような準備運動をしました。彼は観客たちを不遜な態度でからかいました（そして、必然的な勝利の後にも再び同じことしました）が、その振る舞いは、人種的ないじめを受けている児童には、ついに訪れたエスニック・マイノリティの反逆に見えたのです。

要するに、ケンドー・ナガサキはどこまでも汚くて悪い詐欺師で、観客や視聴者、コメンテーター、他の対戦者は、これ以上にないほど彼を嫌悪していました——ただかれらも、この悪魔のような「オリエンタル」が、卑劣で露骨に汚い戦法を使って、連戦連勝を重ね、あらゆる関係者がどれほど望もうとも、彼は絶対にやられはしない、という事実を非常に楽しんでいるように見えました。

ところで、「ケンドー」というのは、古来の剣術の流れをくむ日本の武道の一種のことで、「ナガサキ」はもちろん、第二次世界大戦末期にアメリカが落とした二番目の原子爆弾「ファットマン」によって、議論を呼ぶほどまで壊滅させられた都市として永遠に名を残す日本の都市のことです。ですから、その

＊9　バーナード・ショーの戯曲『ピグマリオン』（映画《マイ・フェア・レディ》の原作）に登場する言語学者。人びとの話し方や訛から、その出身地や階層を割り出すことを得意とする。

名は、全く意味が通らないだけでなく、おそらく人びとの感情を害するものでした。ですが、これは一九七〇年代、私たちが公的な助成金をもらっている小児性愛者たちをテレビで観ていた時代の話であることを思い出してください。

ですから、ケンドー・ナガサキとは、いかがわしい名前をしたやくざな悪党でした。そしてケンドーは、派手な東洋趣味のコスチュームのひとつとして、マスクを被っていました。（当然ながら）アジア人型の目のかたちにスリットが入っていたそのマスクは、彼の顔を全部覆い、彼をさらに悪役っぽく見せていました。レスリングには、マスクをしたレスラーたちに関する奇妙なルールがありまして、彼らがそのマスクを取るのは、リングの上で敗れた時だけ、ということになっていました。

しかし、そんなことはケンドー・ナガサキには決して起こりませんでした。彼は誰よりも素早く、（デヴィド・キャラダインの出来損ないのスローモーションとは違う）「本物」のカンフーができ、レフリーの目を盗んで、ささっと小さなパンチを巧みに叩き込み、対戦相手がリングから落ちた後も戦いを続け、必要とあらばレフリーをのしてしまうことさえ上手にこなしました。国中の他の全員（ともかくレスリングを観ていた人びと）が、ケンドー・ナガサキを軽蔑しているように見えましたが、私はこの東洋のマスクマンのことを、テレビに出ている人の中で、うっすらとではあれ、どことなく親しみを感じることができる唯一の肯定的なロール・モデルとして、ひそかに応援していました。

それから何年にも思われた時間が経った後、その運命の日が訪れました。

ケンドーは（ミック・マクマナスか、別のつまらない善玉レスラーに）負けてしまったのです。そしてそれは、単なるＫＯではありませんでした。ケンドー・ナガサキのようなレスリングの「偉人」に、その真に栄光ある無敵の治世の幕を引かせるには、全部で「二度のピンフォール」が必要だったのです

——ピンフォールとは、レスラーが対戦相手の両肩をマットに押し付けたかたちで、三秒か五秒間（どちらか忘れてしまいました）抑え込む動作のことです。しかしこの日のケンドーは、裏をかかれ、当てをはずし、戦いあぐねていました。イカサマでは劣らず、少々姑息な手段を使いながら、最後まで食い下がってはいましたが。

しかし彼は倒れ、もう一度、マットの上に押し付けられ、レフリーはカウントを終え、初勝利の歓喜に観衆はどっと沸きました。

そして、観客が大きな歓声をあげる中、悪名高きケンドー・ナガサキのマスクを、勝者が剥がす瞬間がやってきたのです。

ケンドーがひざまずき……

一本の手が彼のマスクを引っ張りました。私は覚悟を決め、見事なまでに不屈の表情を浮かべるケンドーの、誇らしいアジア的な顔を拝むことになるのだと、心を慰めていました。

その手がケンドーのマスクをさらに引っ張り、どんどんめくりあげていき……

マスクが剝ぎ取られ……

現れたのです……

白人の男が。

！！！？？？！！！？？？！！！

憎たらしい白人の男がもうひとり。いいい、

青い目をしたブロンド髪の白人。

童顔の金髪の白人男。

そして中国系ハーフの少年は、啞然としたまま、テレビを切りました。

ご注意ください。ウィキペディアやユーチューブなどをちらっとでもご覧になれば、私がおそらくケンドーと、東アジアをテーマにした別の覆面レスラーを混同してしまっていたことがお分かりになるでしょう。そのレスラーは「カン・フー」という想像力豊かな名をしていまして、今見ると失望するほど野暮ったく見えるケンドーよりも、はるかに華麗な格好をしていました。それからケンドーが、試合途中にビッグ・ダディーの手でマスクを剝ぎ取られ、金髪ではなく、茶色の髪をした禿かかっている白人であることが露わになる様子を写した動画も出てきます。

全く混同ばかりでございますが、『ガラスの動物園』と同じで、これは「記憶」の劇なのです。

エスニックな「記憶」の劇。

舞台袖でバイオリンは鳴ってはいません。

機会の窓

ハイムシュ・パテル

四歳の時、僕は寝室の窓から跳び出そうとした。

死のうとしたのではない。学校生活が僕の幼い楽観主義を社会的不適応とHB鉛筆の海の中に沈めてしまう前に、すべてを終わらせようとしたのではない。僕はミュータント・ニンジャ・タートル[*1]になろうとしていたのだ。

僕はそのアニメに夢中になり、ベビーシッターのジャッキーの家で同じビデオを何度も繰り返し観ていた。僕がどれほどその番組を気に入っているかを知った彼女は、ビデオテープを貸してくれ、母は家事をこなすあいだ、僕をじっとさせておくのにそのテープを使っていた。

ある午後、台所仕事をしていた母が僕に呼びかけた。返事がない。リビングまで様子を見に行くと、

＊1　アニメ・シリーズ《ティーンエージャー・ミュータント・ニンジャ・タートルズ》の主役たちで、突然変異で人間になり、得意の忍術で敵と戦う四匹の亀。

ビデオは再生中だが、僕の姿はどこにもなかった。母はもう一度僕を呼んだ。返事なし。二階へ上がった母は、窓台の上でしゃがみこみ、今にも跳ぼうとしている僕を見つけたのだ。

この姿がどのように映ったかは分かるが、四歳といえど、その高さから地上に跳び降りたらただでは済まないと十分理解できるだけの物理の知識はあった。ちゃんと考えてあったのだ。僕の寝室の窓の下には玄関ポーチの屋根があり、その屋根は平らで、僕の体重に耐えるぐらい（きっと）頑丈だった。

脚本は出来ていた。

僕たちの準備は万端。監督が今にも「アクション」の声をかけようとしていた。そこに、後ろから手が伸びてきて、僕の襟首をつかみ、ぐいっと部屋のなかに引っ張り込んだのだ。

すぐにビデオはどこかに行ってしまい、僕の寝室の窓には鍵がかけられた。

二〇一二年一二月、僕はラニーミード・トラスト[*2]の招待を受け、ロンドン・サウスバンク大学で開かれた、イギリスの映画と放送メディアの中の人種に関する公開討論会に参加した。《イーストエンダーズ[*3]》に出演するようになって五年になっていたため、僕がその問題についてどのような意見を持っているか、駆け出しの若い役者たちは聞きたがるだろうと、主催者たちは考えたのだ。その夜のイベントが進むにつれ、僕はどんどんと自分の力不足を感じるようになっていった。他の登壇者たち（そこにはリズ・アーメッドという方も含まれていた）は、雄弁で博識だった。僕は自分には特に言えることがないように思った。蚊帳の外に置かれているような気分だった。その夜から数年のうちに、人種というテーマは避けられないものになったが、そうなるべくしてなったのだ。レニー・ヘンリー[*4]が二〇一四年に行なった英国映画テレビ芸術アカデミーでの講演と、ダニー・リー・ウィンター[*5]の「アクト・フォー・チェンジ・プロジェクト」が、不均衡の是正を目指す運動の急先鋒に立っていた。僕は自分がいる業界の中のそのように大きな溝にどうして気づかないでいられたのだろうかと、不思議に思いはじめた。それは僕自身にも直接的な影響を与えていたはずなのに。

それは僕が育った場所に関係があると思う。ケンブリッジシャーの田舎は平穏ではあっても、この上なく多文化的な地域というわけではない。そこで僕が暮らすようになった経緯を話そうとすれば、僕が生まれるずっと以前から始めなければならない。

一九六〇年代、それまでにケニアに定住していた多くのインド人たちが、ある者は保有していたイギリスのパスポートを活用し、またある者はますます厳しくなる移民法規から逃れるため、英国へ移り住みはじめた。僕の祖父（僕がいつも呼んでいるように呼べば「ダダ」[*6]）は、ナイロビに住み、ラムソン・パラゴンという名の会社で働いていた。彼は工場の生産現場で事務用品を作る仕事をしていた。一九六八年までに長男と次男と長女は結婚して英国に移住、祖父母と末の娘、そして父がケニアに残っていた。祖父はラムソン・パラゴン社にイギリスへの異動の希望を出し、上層部から承認された。

かくして一九七〇年、祖父の異動先の工場があるケンブリッジシャーのセント・ネオツというのんび

＊2　人種的不平等の是正を目的に、研究調査や政策提言などを行なっているイギリスのシンクタンク。
＊3　ロンドン東部の架空の街ウォルフォードを舞台に繰り広げられる下町の人間模様を描くBBC制作の連続ドラマ。一九八五年の放送開始以来、三〇年以上続く長寿番組。
＊4　イギリスのスタンダップ・コメディアン。ジャマイカ系移民二世。
＊5　イギリスの俳優、作家、活動家。
＊6　グジャラート語で父方の祖父のこと。

りとした町で、一六歳の父は暮らすことになった。僕の家族は図らずもセント・ネオッツの多文化主義の先駆けとなった――父が覚えているかぎり、かれらは近隣で唯一の、おそらく町全体で見ても唯一の南アジア系家族だった。父と家族の皆は疎外感を覚えていたに違いないと僕は推測した。だが違っていた。父には、そういった心持ちになった覚えが全くないという。大都市の移民コミュニティは隔離され、排外主義《ゼノフォビア》の矢面に立たされていたが、セント・ネオッツでは誰も、コミュニティに入ってきた僕の家族を問題にしていなかったようなのだ。このようにイギリス社会に温かく受け入れられたという、青年時代の父の肯定的な体験が何年にもわたって余韻を残し、数十年後の僕自身の体験を方向づけることになったのだ。

英国の厳しい冬のあいだ、祖父と祖母は寒さを避けてインドに帰った。一九七六年に、ダダがバスで乗り合わせた一人の幼い少女に目をとめたのも、こうした旅行の最中のことだった。少女が友だちに話しかけ、声をあげて笑い、ほほ笑むのを、ダダは見ていた。ダダは毎日のように彼女の様子をうかがい、彼女は誰なのか、どこの家族の出なのかと考えた。ダダはいろいろと聞いて回り、やっと探り当てた。運のいいことに、かれらには共通の親類がいたので、ダダはお互いにとっての親戚に結婚の申し出を託し、その少女に伝えてもらった。僕がいつも呼んでいるように呼べば……母さんに。

しかし両親が対面するまでには、ずいぶん時間がかかった。

申し出を受け取った時、母はインドで学生をしていて、父は英国で学生をしていた。このため一度目は、二人とも結婚に承諾しなかった。その後、一九七八年一一月に母の家族が英国に移ってきて、この少女こそ息子の完璧な伴侶であると強く確信していたダダは、また連絡を取りはじめた。

折よく、共通の親類の結婚式があり、両家族は僕の両親を婚礼の最中に引き合わせようと目論んだ。

初日、計画は無残にも失敗する。誰も父と母にお互いに注意して相手を探すように言っておらず、結婚式の撮影係を任されていた父は、新郎新婦の人生で最も幸せな日のために完璧な写真を揃えることで頭がいっぱいだった。それで二日目、両家族は再度試み、今度はちゃんと両人にお互いから目を離さないように伝えた。しかし残念ながら、いざとなるとどちらもそうすることができず、二回目の挑戦も失敗に終わった。

焦れたダダは、皆を連れて、ロンドンの母の家に出向く決断をした。

到着して、それぞれの紹介が済むと……いずれ僕の母になる女性と僕の父になる男性は、二人で話すようにと一つの部屋に押し込められた。蓋をあけてみれば、二人は四五分間も話し込んだのだった。どういう基準から見ても、かなりの長時間である。

一九七九年一月までに二人は婚約した。どうしてお互いのことをいいと思ったのかと、二人に尋ねたことがある。

「さあね」と父は言った。

「だめだめ、真面目に答えて」と返す。

「期待してたことが全部かなったんだ。一緒にやっていける人を見つけたのさ。何かピンときたんだ」

「母さんは？」

「あなたのお父さんの前にも、結構たくさんの男の人に会ったのよ」と母は説明した。「後から考えると、私はいつも我を張ってて、期待されたとおりのことをしたことなんてなかったわ。でもお父さんは違ってた。いろんな点でね」

それは本当で、母は彼女の世代の少女に期待されていたことに逆らっていた。彼女の父親は彼女によい教育を与えたが、それは当時のインドの少女には稀なことだった。このことは、母の意志の強さと相まって、僕の人生の進路に絶大な影響を与えることになった。

父は結婚に同意したが、もう一年残っていた学業を終えてからということを条件にした。だが、一九七九年四月一九日には、二人は法律上の結婚を果たし、一年後の一九八〇年の四月二七日にヒンドゥー式の婚礼が執り行なわれ、その後、母はセント・ネオツの家に引っ越した。父は勉学の甲斐あって歯科技師の職を得て、母も保険仲介会社に仕事を見つけた。二人の共同生活が始まったのだ。

次の一〇年間には多くの変化が起きた。一九八三年に姉が誕生。それから一九八五年、父の義理の兄が、高速道路A1号線を二六キロ北上したソウトリーという村で売りに出ていた店舗の話を父にした。自分も商店主だった伯父は、その店を買わない手はないと両親に助言した。熟慮を重ねた末に、二人は店をする決意をした。

二人がそうしたのは、自分たちの人生をコントロールし、自分たちの運命の主人になるためだったのだろうか、と僕は考えた。しかし母は言う。二人に与えられた機会を捉え、できる中で最善のことをしただけだ、と。その時点の両親には、面倒をみなければならない姉がいたが、二人は裕福な事業主になって、子どもたちに何不自由のない暮らしをさせる、といった理想の将来像を抱いていたわけではなかった。二人はただ一歩一歩足を踏み出し、前に進みながら学んでいった。唯一確かだったのは、一生懸命働けば働くほど、その分報酬が増えるということだった。

一九八六年、二人は実家から店舗の上の階のアパートに引っ越した。父は歯科技師の仕事を続け、九時から五時まで働いた後、夜は母が姉の世話と家事に手を回せるように、店番を母から引き継いだ。こうした勤労精神は僕の人生の基礎になっており、両親がどれほど懸命に働いたかを知っているおかげで、僕はいつも謙虚でいられる。母は僕に利益が初めて一〇〇〇ポンドを超えた時のことをよく話す。二人は人生でそれほど多くの現金を物理的に見たことがなく、二人の金であるにもかかわらず、それをどうすればよいか全く分からなかった。それで現金をビニール袋で包んだ。

「オーブンに隠しておくべきじゃないかしら」と母は提案した。

「そうだな、でもそこに入れたのを忘れて、焼いてしまうかもしれないよ」と父は返した。

結局、二人はそれをコンロの下の引き出しに隠すことにした。


一九八九年、父は歯科技師の仕事を辞め、終日、母と一緒に店で働くこととした。商売は繁盛——二人の懸命な働きぶりは報われていたのだ。

一九九〇年は、両親にとって相反する感情に揺れた年だった。八月に祖父が他界。その二ヶ月後に僕が誕生した。その頃には、家族はソウトリーの一軒家に引っ越していた。僕はそこで人生の最初の九年を過ごした。かなり孤独な生活だった。学校の友だちは近くに住んでおらず、その地域に知り合いは一人もいなかった。そこで孤独に過ごした時間こそが、僕の想像力に火をつけたのだった——外の世界の欠落を埋め合わせようと、僕は頭の中に想像の世界を作り出したのである。家の敷地内の車道でサッカーをしている時も、ウェンブリー・スタジアム[*7]で試合をしているつもりだった。《トイ・ストーリー》を観た後は、かつて僕の様子を見るのに使っていた古いベビーモニターで、おもちゃたちが息を吹き返すのかどうか観察した（残念ながら、そうはならなかった。おもちゃたちはそれぐらい利口なのだ）。そ

＊7　ロンドン北西部ウェンブリーにあるサッカー専用のスタジアム。

のうち友だちがやっとできると、それが僕の役者としてのキャリアの始まりになった――僕は自分がマイケルという名のアメリカの子どもであると、友だちに信じ込ませたのである。この演技は、しばらく続けられた。一人の子は本物のアメリカ人だったが、彼でさえ騙されていた。なぜそんなことをしていたのか分からないのだが、この小芝居を始めてすぐに、僕たち家族は引っ越してしまった。かれらはその後も気づかずじまいだったと思う。

僕たちが引っ越したのは近くの別の村で、そこに父と母は一階が店舗になった一軒家を購入したのだ。村は三五〇〇人ぐらいの結びつきの強いコミュニティで（五〇〇〇人いたソウトリーとは全く対照的だった）、すぐに村の全員と友人、もしくは顔見知りになった。店舗は二年以上も閉められたままだったため、店を再開したというだけで、両親はとても好感を持たれた。店の常連は家族ぐるみの友人になり、僕は教会の礼拝に出席し、村のクリケットの試合でプレーした。毎年恒例の村のおとぎ芝居に出たことは、僕が役者としての自信を持つ大きな後押しとなった。

その村は父と母にとって、インドを後にして以来、最も故郷に近いと感じられる場所だった――二人とも元々グジャラート州の小さな村の出身である。六四〇〇キロも離れた国に移住したにもかかわらず、二人はまた小さな村を故郷と呼ぶようになったのだ。一方で僕は、自分にとっての故郷は何を意味するのかを探し求めていた。その時点では、故郷とは、田舎の小さなコミュニティで……エスニック・マイノリティがあまりいない場所を指していた。

だがインドの文化は、僕の子ども時代の大きな部分を占めつづけた。よその人がいないところでは、母は僕にグジャラート語だけで話したので、僕はその言語を学んだ。ボリウッドを通じて僕は映画を覚え、その音楽は僕の子ども時代のサウンドトラックになった。ヒンドゥー教も僕の家庭の中心にあったが、それは僕のアイデンティティの中で、僕を葛藤させつづけた側面のひとつだった。僕はヒンドゥー教徒として育てられ、自分でもヒンドゥー教徒としてのアイデンティティを持っているし、僕の最も古い記憶のいくつかは間違いなくこの宗教とつながっている――線香のにおいや、リビングの祭壇で朗唱した祈りの言葉の勉強。とはいえ僕は、ヒンドゥー教、そして現存する最古の宗教として知られているそれの哲学的な詳細について多くを知らない。驚いたことに、母も同じように感じているという。

インドで育った母は、信仰はとても個人的な事柄だったと述懐する。それぞれの家庭は、ヒンドゥー教の基本教義は守りながらも、特定の神を特に重んじていた。母が覚えているかぎり、村の寺院《マンディール》でコミュニティ全体での礼拝が行なわれたのは、ナヴラトリやホーリー、ディーワーリーといった年に一度の祭礼行事の時ぐらいだった。母が経験的に知っているヒンドゥー教は、非常におおらかな多神教で、人によって意味するものが異なる宗教だった。そうは言っても僕は、成長していくにつれてその伝統の多くが、自分のリベラルな物の見方と衝突するようになったことを自覚している――結婚式や葬儀や祭礼で男女の席が離されることや、ある年齢までに結婚することを女子が期待されることだ（これは複数の宗教に共通するが）。こういった類の事柄のために、僕は自分の信仰の妥当性に疑問を持つようになった。

僕が通ったほとんどの学校の民族構成は、僕の村のものと大差なく、特にGCSEとAレベル[*8]の勉強のために最後に落ち着いた学校ではそうだった。僕は全校で二人だけのインド系の一人で、学校全体の

＊8　GCSE（General Certificate of Secondary Education）は義務教育終了時（一六歳）に受ける全国統一試験。Aレベルは大学進学希望の学生がさらに二年間の教育（シックス・フォーム）を受けた後に受ける大学入学資格試験。

けだった。

生徒の中に多様性は全くなかった。僕にとってはこれが普通の経験だったので、それを問題だと考えたことはなく、実際に問題ではなかったと思う——それは地元の人口構成を非常に正確に反映していただけだった。

ティーンエージャーの頃、僕はまわりに頑張って溶け込もうとし、出来るかぎりのことをした。その年頃には皆そうであるように、僕は同級生が観ているもの、聴いているものを後追いした。だから、アークティック・モンキーズやミューズ、カサビアンといったバンドに引きつけられたし、《ドクター・フー》や《ハリー・ポッター》、《ロード・オブ・ザ・リング》を観たし、シェイクスピアやベルトルト・ブレヒトも勉強した。一方で家にいる時は、あいかわらずボリウッド音楽を聴き、ボリウッド映画を観ていた。姉は姉で大学で独自の文化的啓示を得ており、ニティン・ソーニーやニラージ・チャグ[*9]の音楽を僕に紹介してくれた。だが、僕の他には誰も、こういった音楽を知らなかったので、かれらの興味を引くことは全くなかった。

僕が観て大きな影響を受けたヒンディー語の映画《ラン・デ・バサンティ》[*10]について学校の誰かに話したことを覚えている。僕は彼にDVDを貸したかったのだが、彼は特に関心がない様子だった。同様にニティン・ソーニーの音楽を誰かに紹介しようとした時も、軽く話を合わされただけで流されてしまった。振り返って考えれば、自分の中でインド文化の参照点になっているものが、このように拒まれたことがきっかけで、きっと僕は自身のアイデンティティのその側面を隠しはじめるようになったのだろう——僕が社会的に成長する上で重要でないならば、それは何の役立つのか？　そのどれについて話をしても、ぽかんとされ、ぎこちなく会話が終わってしまうだけだった。それはだんだんと僕の生活の中の非常に個人的な部分になり、めったに他人と共有したり話したりしなくなった。今でもそうである。

僕は常にちょっとしたアウトサイダーだったが、今となってみれば、卵か先かニワトリが先かという問題みたいなものである——生来こういう性質《たち》なだけなのか、幼い頃の疎外感が僕をこのようにしたのか、どちらか分からない。いずれにしても、学校で過ごしたティーンエージャーの年月の中で、そうした気性が多少強まった。幾人かの友だちはできたが、一緒に面倒を起こしながら成長していくような仲間は見つからなかった。僕は身をひそめて静かに自分の勉強を続けた。僕が快活になれたのは演劇のレッスンの時だけだった——演技は、僕が自信を持ってやれた唯一のことだった。現実の生活において、僕が何者であるかは関係なかった。舞台の上では僕は何者にもなれたし、それを上手くできているように思えたからだ。他の皆は《ダウンタウン物語》[*11]を観たことがあるが、僕は観たことがないという場合も、僕がその芝居で役を演じる支障にはならなかった。文化的背景の違いは、そこでは何も影響していなかったように思う。これこそ、僕が最初に演技に惹かれた理由である——物真似をしたり、窓から跳び出したりする僕の性向が、そこでもむしろ積極的に促された。僕は何でもなりたいものになることができた。

Aレベルの勉強が始まる直前の夏、《イーストエンダーズ》で役をもらったことで、僕の人生は一変した。役者としてだけでなく、一人の人間としての僕に対して、全世界が開け放たれたのだ——生涯の友だちができ、自分の家族以外の家族に受け入れられているという気持ちにようやくなれるようになっ

＊9　いずれもイギリス生まれのインド系ミュージシャン。
＊10　インド政府の不正に対して立ち上がる大学生の姿を、イギリス人女性の視点から描いた二〇〇六年公開のインド映画。
＊11　一九七六年公開のイギリス映画。原題は*Bugsy Malone*。出演者がすべて子どもで、禁酒法時代のニューヨークでの二つのギャング団の抗争を描くミュージカル・コメディ。

た。自分が好きなことをして生活していけるという事実に、僕はとても幸せを感じた。長年憧れていた俳優たちと一緒に仕事をし、イギリス社会という織物に縫い込まれた番組の一部になった――ケンブリッジシャーの小さな村の出の少年にはとんでもない栄誉だった。

《イーストエンダーズ》に出るようになってからも五年間は、村に住みつづけた。この期間、家族と家庭のそばを離れなかったおかげで、僕は地に足をつけたままでいられた――ロンドンに引っ越すまでは、両親を助けるために新聞配達をしていた。仕事以外は、僕の生活に大した変化はなかった。二〇一二年にロンドンに引っ越したが、スクリーン上の人種という問題と初めてぶつかったのがこの頃だったのは、妙に当を得ている気がする。ロンドンは僕に、多文化主義がどれほど素晴らしいものになりうるかを、そして、僕たちはそれをテレビや映画でどれほど不誠実にしか描けていないのかを悟らせてくれた。同時に、僕はスクリーン上に描かれる多様性の中で自分が担ってきた役柄について分析するようになった。《イーストエンダーズ》のマスード一家は、厳密にはパキスタン系のイスラム教徒だが、南アジア系の家族一般を描いたものと広くみなされていると思う。かれらの信仰と、その信仰がかれらの生活にどのように影響しているかに関しては複雑な事情があるが、グジャラート系のヒンドゥー教徒である僕も、自分の役柄とマスード一家が関わる物語にいつも親しみを覚えた。また、その家族によって代表されていると感じている、さまざまな南アジア系の背景を持った人びとがいることも承知している。しかし、タムワールを演じるにあたって、僕が一番気にいっていたのは、彼の独特の性格がエスニシティや宗教とは全然関わりのないものであった点だった――彼は他の皆と何も変わらないのだ。おそらくこのせいで僕は、社会の中のある大きな集団を自分が代表していることを忘れていたのだ。

最近、僕たちのメディアがどれほどの影響力を持つものとなりうるかを、改めて思い起こさせられることがあった。パリ同時多発テロ事件直後の月曜日、その二ヶ月前に撮影してあった回が放送された。その中で僕が演じるキャラクターは、ガールフレンドにコーランの一つの章《スーラ》を読み聞かせ、イスラム教徒であるとは、彼にとってどういうことを意味するのかをこう説明する。「人びとに対して親切であれ……そして、かれらを愛せ」

週末の出来事の直後であったことから、このシーンは多くの視聴者の琴線に触れたようだった。

以上が、僕が役者になった理由である。役者を始めたのは、突然変異で二足歩行になった亀の真似をしたいと思ったからだった。それは日々の生活の単調さから逃避するすべになり、そして今僕は、それを一つの責任だとみなすようになっている。ストーリーテリングとは、僕たちが住む世界についての僕たちの理解を最も強く促進する方法であり、僕たちのメディアはこうした物語を伝える手段である。イギリスは地球の隅々からやって来た人びとで溢れ、それぞれが語るべきたくさんの物語を抱えている。人種や文化、エスニシティが、物語の重要な部分であることもあれば、そうでないこともある。

自分の家族がここ英国に辿り着くまでの詳しい経緯を発掘し、僕はかれらの物語がどれほど豊かな故国の文化と伝統で彩られているかを発見したが、根本的には、それは愛と人生についての普遍的な物語だった。僕の出自《ヘリテージ》は、本来的に僕のエスニシティに結びついているとはいえ、それが形成しているのは、社会の中で僕が演じている役割のほんの一部分にすぎない——日常の僕は、二一世紀イギリスの多文化的な住民にまぎれる一つの顔にすぎないのだ。さまざまな大陸から人びとが持ち寄った贈り物を僕たちが分かち合い、そうした文物がイギリス社会という織物の一部になっていることを、公立学校の指導要領から主流メディアに至るまで、あらゆるところで認めるようになれば、世界についての僕たちの理解にパラダイム・シフトを起こすことができるだろう。

初めて友だちがうちに泊まりに来たのは、僕が六歳ぐらいの時だったはずだ。友だちのアダムがやって来て、朝方まで寝ずにあれやこれやと話をした。やっとそれにも飽きた頃、僕は寝室の窓から外を見やって、目を奪われた。

鍵をかけられてしまったあの同じ寝室の窓から、僕は初めて日の出を見た。美しかった。

ニシュ・クマールは困惑するイスラム教徒か?

ニシュ・クマール

二〇一二年九月一八日、私は家で座っていました。よくあることです。仲間内では「ボブ・ディランの雑学を言う」と「眠っている」と並んで、「家で座っている」が私の代名詞になっています。その月のあいだはのんびりしようと決めていました。八月にエディンバラ・フェスティバルで、初舞台となるスタンダップ・ショー《ニシュ・クマールって誰?》の連続公演を行ないました。ある批評家が「コメディ・ショーだ」と形容したショーです。脚本作りとその実演で、体力的にも精神的にも金銭的にも、私はすっからかんになってしまったので、九月中は数週間の休みを自分に与えて、それから、コメディアンだけで食べていくという夢、あるいは妄想を支えるために、新しい事務仕事を探すことにしました。この月の私の目標は、そのへんに座り、サッカー・クラブを経営するコンピューター・ゲームをすることでした。これは何よりも運動からかけ離れた行為かもしれません。サッカー選手になりきるゲームよりも質《たち》が悪いでしょう。そっちには少なくともつらい運動をしている疑似体験がありますから。私がするゲームに求められるのは、空想のサッカー選手たちを監督することだけなのです。しかしながら、誰にも趣味は必要で、それが私の趣味なのです。

ともかく、私はその朝、マンチェスター・ユナイテッド監督フィリアス・Q・スーパーフライ（自分の名前を選ばせてくれるのです）として、虚構の選手席に舞い戻るつもりでラップトップを開き、さっとフェイスブックを確認することにしたのです。友人のコメディアンのジャック・バリーが私のウォールに書き込みをしていました。舞台でも会話でもインターネットの中でも、ジャックはいつも笑わせてくれていましたから、私はワクワクしながらそれをクリックしました。彼の書き込みは次のようなものでした。

「これを君に見せるのは僕が初めてなのか分からないが、ミーム[*1]のウェブサイトを見てたら、さっきこれが出てきた。どうやら君はアメリカの怒れるイスラム教徒らしいぞ」

ご想像のとおり、私は全く困惑しました。彼のメッセージの下には、『クイックミーム（Quickmeme）』というミーム・サイトへのリンクが張ってありました。このリンクから自分の顔写真に飛んだのです。これにはびっくりしました。自分の顔を拝むことになると予想していない時は、びっくりするものです。なぜ双子はお互いが近くにいても何でもやれるのか、私には全く分かりません。その写真は宣伝用に撮ったもので、さっき触れましたエディンバラでのショーのポスターに使っていました。その上に「困惑するイスラム教徒（CONFUSED MUSLIM）」とタイトルが付けられていました。また、写真の上下の縁に沿って、黒で縁取りされた白の書体で、次のように書かれていました。

「キリスト教徒どもが我らの預言者を侮辱したのは腹立たしいが、イエスも預言者だから侮辱はできない」

この時点で、私の困惑は戸惑いから軽いパニックに悪化しました。こんなことが起こるとは知らされていませんでした。これが一体何を意味しているのか、全く見当もつきませんでした。そもそも「ミーム」とは何なのか、私は全く知りませんでした。私は、現代文化の多くのものに対して頑なに無関心なままでいることを誇りにしています。ですので、私が知らないのは、自分が非常に理知的で、こんなナンセンスに関わっていられないからなのだ、と強がろうとしましたが、現実問題として、これはおそらく私自身の知性が危険にさらされている兆候なのです。多音節の単語を使いすぎる私の癖と同じぐらいに危険な兆候なのです。[*2]

ミームとはインターネット上の人びとがお互いに画像を共有し、一つのテーマの下に、その画像につけるキャプションをいろいろと変えていくものである、と私のフラットメイトが手短に説明してくれました。それから彼は、ある「驚いた男」の写真と、その男がなぜ驚いているのかを推測している、さまざまなキャプションを見せてくれました。

しかし問題は、次のことです――私はイスラム教徒ではないのです。私の両親は二人ともインド生まれで、宗教上の区分で言いますと、父は自分をヒンドゥー教徒と考え、母の方は「そうすれば四方八方から守ってもらえる」と言って「すべての神」に祈りを捧げています。神様を騙せるとは思えないと、私は母を諭そうとするのですが、母は抜け道を発見したと確信しているのです。ですが私は、誰かが私

＊1　模倣を繰り返しながら、インターネットを通じて拡散される流行り言葉や画像、動画などのこと。ここでは、既存のイラストや写真を流用し、その上に文字を書き込んだり、キャプションを足したりして作る「ネタ画像」のことが話題にされている。

＊2　ジョージ・オーウェルが随筆「政治と英語」（一九四六年）で、多音節の単語の多用は現代英語特有の傾向で、愚劣な思考を導く、と書いていることを踏まえてのジョークと思われる。

のことをイスラム教徒と考えたからといって気を悪くしたことはありません。気を悪くする理由がないのです。正直に言いますと、人びとが私のことを「喜劇の天才、舞台と銀幕のスター」（要出典）として名高い、かのニシュ・クマール様であると認識しなかったために、気を悪くしたことはありますが。

そう勘違いされることに、私は慣れているのです。おそらく皆さんもご存知と思いますが、インドには膨大な数のイスラム教徒がいますので、ヒンドゥー教徒が多数派であるからといって、人びとがあるインド人のことをイスラム教徒と思い込んだとしても、別に奇想天外なことではありません。ですが私は、すごい確率で勘違いされるのです。私の家族はインド南部のケララ州の出身で、そこはヴァスコ・ダ・ガマがポルトガル派遣隊を率いてきた一六世紀にまで遡れる、長い移住の歴史があります。この移民たちが、私の顔の上にバラバラに軟着陸したかのようなのです。私はどこのものか全く判別できないような顔をしています。私は普段から、自分のエスニシティ（インド系）ではなく、ありとあらゆるエスニシティの人間と勘違いされるのです。

私を知らないほとんどの人は、私が中東の出身だと思い込みますが、かれらがアメリカ税関で働いていたり、かれら自身が中東の出身者だったりしなければ、別に問題ではありません。ロンドンにいると、一年に数回は誰かが私に近寄ってきて、アラビア語で話しはじめます。かれらは不慣れな異国の地で、言語と文化を共有する人間を見つけて、懐しさと心強さを覚えたのでしょう。ですが、私はかれらの夢に水を差さねばなりません。以前は「私はアラビア語を話しません」と言っていたのですが、今は「私はインド人です」と言うようにしています。それはただかれらに、アラビア人のくせに、アラビア語を習得する努力を怠ったやつだと思われたくないからです。私はアラビア人と思われても気にしませんが、怠け者であると思われたくはありません。

ですから、人びとが私のことをイスラム教徒と考えたことは、必ずしも驚くべきことではありませんでした。それはとても頻繁に起こることで、私はそれを問題と思っていないのです。

しかし、このミームは全く別問題です。

これは何を意味しようとしたものなのか、私には見当もつきませんでした。一人のイスラム教徒から別の教徒に向けられた故意のジョークだったのでしょうか？　そもそも、イスラム教でもイエスは預言者のひとりである、と知っているということは、その宗教の教義に関する初歩的な知識がそれなりにあるわけです。そういった類の知識は、あまり人種差別主義者と結びつけられることはありません。そうした連中は、細部に注意を払わないことで知られていますから。あるいは、これは単なるイスラム嫌い《イスラモフォビア》で、そこに私の顔が貼り付けられている、ということなのでしょうか？　もし背後で私が関わっていると、人びとが考えたらどうしたらよいのでしょう？

三つの可能性が考えられましたが、いずれも芳しいものではありませんでした。

一、作ったのはイスラム嫌いの人間である。ゆえに私は人種的な侮蔑を受けており、しかもそれは正確ですらない。人種差別よりも悪い唯一のものは、不正確な人種差別である。それは私と、実際のイスラム教徒たちを傷つけている。

二、イスラム教徒同士のあいだで故意になされているジョークで、筋違いなことに、私は巻き込まれてしまっている。

三、人びとが次のように考える。これには私が関与していて、一種の非白人の人種差別的コメディアンとして、全然風刺が効いていないボラット*3のようなものとして、自分のキャラを再設定しようという試みの一環であると。

私が物事を考えすぎていると思われるかもしれません。私としては、考えすぎは、コメディアンとして不可避なものであると申し上げたい。それはこの職業につきものの危険なのです。もしボクサーであればば顔にパンチを食らい、もしコールドプレイのメンバーであれば容赦なく嫌われるのと同じことです。実際には、そのミームのことなど誰も気にしませんでしたし、誰かの目にも留まることさえありませんでした。しかし、だからといって、そのよい男（私のことです）が、狂気の街に向かう神経症の列車に乗り込むのを止められはしませんでした。

私の懸念の核心にあったのは、友人たちとジョークを言い合える素晴らしさはお互いの意図を理解している点にある、ということでした。友人をからかう時にも、その友人とのあいだでは世の中についての価値観や見方が共有されているのです。これこそが、コメディアンが舞台上で苦心していることです。私たちは自分たちの個性や信念をはっきりとさせることによって、観客の皆さんに信用してもらい、私たちが論争的な主題についてジョークを言う場合でも、何か根拠があって言っているはずで、単に粗野な発言や、偏見の表明ではないだろうと思ってもらえるようにしているのです。

しかしインターネット上では、ジョークはつながりがなく、文脈から切り離されているように見えます。

コメディにおいて文脈は極めて重要なものです。ジャーナリストや観客はよく、いちばんお気に入りのジョークは何かと質問しますが、多くの場合、それは誰がそのジョークを言うか次第なのです。歌ではなく歌い手が大事ということです。スタンダップ・コメディアンが話す素材は、その人間の舞台上でのアイデンティティと本質的に結びついています。アメリカのリメイク版《ジ・オフィス》のエピソードの一つ〈多様性を祝う日〉ほど、この問題を見事に要約しているものはありません。劇中、〈スティーブ・カレル演じる〉憐れな上司マイケル・スコットは、オフィスでクリス・ロックの独創的なネタ「ニガーVS黒人」[*4]を披露したために、人種的多様性の大事さを学ぶセミナーで槍玉に上げられます。白人のアメリカ人がそのネタを一言一句正確に繰り返せば、どのような環境でも問題になるということに、ましてや自分が上司である環境では一層問題になることに、スコットは全く気がつきません。イライラした彼は言います。

「なんでクリス・ロックはそのネタがやれて、みんな面白いとか、画期的だとかいうのに、俺がおんなじネタを、おんなじお笑いの間のとり方でやろうとすると、会社に苦情が出されるんだ？　俺が白人でクリスが黒人だからなのか？」

このシーンは文脈と意図の重要性を、同じテーマに関する冗長なブログの書き込みや〈あなたが今お読みなっているものを含めた〉評論文を何千と集めても勝てないほど見事に要約しています。

ちなみに、アメリカ版《ジ・オフィス》は「第二シリーズでやっと良くなった」と言うのが今時の流

＊3　イギリスの俳優サーシャ・バロン・コーエンが同名のテレビ番組、映画作品で演じたキャラクター。同シリーズでは、カザフスタン国営テレビのレポーターという設定のボラットに扮したコーエンがわざと、ばかばかしい振る舞いや差別的な発言をすることで、人びとから人種や宗教に関する言動や、政治や経済に関する論争的な意見を引き出していく。

＊4　アメリカの黒人コメディアン、クリス・ロックの有名なネタで、無知で怠惰な「ニガー」を非難する品行方正な「ブラック・ピープル」の言動を過激に模倣することで、黒人コミュニティ内の分断と差別を風刺している。

行りになりましたが、全く馬鹿げています。第一話はイギリスのオリジナル版をそのままリメイクしたものなので、いい出来ではありませんが、第一シリーズの残りは——前述のエピソードを含めて——素晴らしいものです。エッセイの途中で、このエッセイ以外は信用に足る素晴らしい本の途中で、わざわざ二〇一三年に終了したシチュエーション・コメディについて話すのは変だということは承知していますが、私にはそれが強調する価値のある重要な点だと思えるのです。ともかく、ここでお伝えしたいのは、文脈が大事であり、スティーブ・カレルは偉大である、ということです。

そんなわけで、今や私は「困惑するイスラム教徒」なのです。どこかに通報したかったのですが、通報先がありませんでした。『クイックミーム』は単に場を提供しているだけのサイトで、誰がそれを最初に作ったのかを追跡する手段はありませんでした。インターネットの匿名性は本当に問題です。それは「荒らし」の文化を促進します——自分の名前を添えないなら、誰に何を言うのも簡単です。だからこそ、「KINGOF69ING」は報復を恐れることなく、どんなに憎悪に溢れた不条理な言葉であろうとも、好きなだけ吐き出せるのです。私の事例では、誰かが私の顔を盗むことができ、私はそれに対して何もできないのです。映画《フェイス／オフ》でジョン・トラボルタの顔を盗む前のニコラス・ケイジのような気持ちになりました。[*5] いや、反対だったかもしれません。ちゃんと覚えていませんが、どっちがどっちだったにせよ、善玉の方の気持ちになったわけです。

いずれにせよ、それは宣伝《パブリシティ》用の写真だったわけですから、誰もが使えるパブリックドメインに入れられてもおかしくはありません。しかし正直言って、こういうことを私たちは意図してはいませんでした。「どんな宣伝もいい宣伝」と言われますが、「自分の名前が掲載されていない宣伝や、自分が程度の低い憎悪犯罪の犠牲者か犯人のように仕立て上げられている宣伝」も、その「どんな」に含められるのか、私には分かりません。もし含まれているというなら、この言い回しを発明した人の、素晴らしい先見の明に、私は敬意を評します。

作成者を追跡するすべがありませんでしたので、かれらはどうやって私の写真を手に入れたのかをはっきりさせることにしました。「困惑するイスラム教徒（Confused Muslim）」という語句をグーグル検索し、「画像」のタブをクリックすると、私の顔写真が出てきました。それから私は、逆のことを調べようと、画像をクリックしました。そうすると、エディンバラで私が行なったショーについてのある批評に飛びました。そこには、私が「普段からイスラム教徒（Muslim）にもユダヤ人にも勘違いされる（confused）数少ない人間の一人」と自分を表したショーの台詞が引用されていました。ちなみに、検索に引っかかった他の写真は、オミッド・ジャリリ[*6]とイエス・キリストのものでした。なんという偶然でしょう。私はずっと自分のことを、かれら二人のちょうどあいだにいる存在と見ていたのです（というのは、もちろんジョークですので、オミッド・ジャリリの熱烈なファンから怒りのメールをもらうのは御免こうむります）。以上から分かるのは、もし他の馬鹿が「困惑するユダヤ人」というミームを作って、バランスを取ろうとしていたら、そこでもまた私のクソいまいましい顔が使われるかもしれない、ということです。

＊5　一九九七年のアメリカ映画。監督はジョン・ウー。J・トラボルタ演じるFBI捜査官アーチャーが事件捜査のために、N・ケイジ演じる凶悪犯トロイの顔を自分に移植するが、逆にトロイもアーチャーの顔を盗み、両者の姿が入れ替わる。互いに顔を取り替えた宿敵同士の死闘を描いたアクション映画。

＊6　イラン系イギリス人の俳優、スタンダップ・コメディアン。

私はそのミームを自分のフェイスブックのウォールとツイッターのページ、それから、友人たちと私のコメディーの共感者たちに送りました（私は自分に「ファン」がいるという考え方がどうもしっくりこず、かれらのことを私のユーモアを積極的に楽しんでくれているというよりも、大目に見てくれている人たちと考えたいと思っています）。

私はかれらが、信じられない、腹立たしい、と反応してくれるのを期待していました。しかし、私の期待はすぐに裏をかかれることになりました。インターネット――少なくとも私が使っているそのごく小さな部分は――は、受け身でいるのではなく、そのミームをすっかり書き換えて、台無しにするという作業を始めたのです。人びとは「これはニシュ・クマールという名のコメディアンである」とか「困惑するイスラム教徒のミームの人は、イスラム教徒ではない」といったものを投稿しはじめました。二、三の友人は、そうした投稿を使って私に借りを返させようとしました。「ニシュ・クマールは私に五ポンド借りている」。残念ながら、投稿はすべて匿名でしたので、私にはその五ポンドが誰のものなのか知りようがなく、返済のしようがありません。もしかしたら、友人のエドが私に送り続けてくる「お前は俺から金を借りている」というテクストが、そのことと何らかの関係があるのかもしれません。とはいえ、きっと分からずじまいになるでしょう。いずれにせよ、私はすでにその五ポンドをお菓子に使ってしまっているのです。

私はそのミームを作ったやつのことをよく考えます。やつらはひどくイラついているのではないかと、私は想像します。猫についてのミームを作ることの素晴らしい点は、猫は普通インターネットをしませんし、友人たちに「ウィスカーズ氏[*7]はこの写真の使用を許可していない」といったことを書かせて、そのミームを台無しにしたりしない、というところにあります。もし猫たちがそんなことをしようものなら、私の顔が盗まれたどころではない、もっと大きな騒ぎになっているでしょう。

何の報復もありませんでした。少なくとも私の家族が心配していたような類のものはありませんでした。母に話した時、彼女は私がアメリカに入れなくなるのではないかと、私に言いました。私は母に、おそらくＣＩＡは容疑者を探すために、クイックミームをくまなく調査するなんてことに時間を使いはしない、と伝えなければなりませんでした。そうでなければ、グアンタナモ湾[*8]は猫たちと〈チョコレート・レイン〉[*9]を歌った連中で溢れかえってしまうだろう、とも。前向きな言い方をすれば、もしＣＩＡがそんなことをするなら、《HOMELAND》[*10]の第二シリーズはもっと面白いものになっていたはずです。

父は、そのミームが宗教的過激主義勢力を怒らせるのではないかと心配していました。私は、かれらは世界中のありとあらゆるものに腹を立てるのに忙しくて、私のことなど気にしているひまはない、と父に伝えなければなりませんでした。怒らせないかどうか私が本当に心配した唯一の人たちは、普通のイスラム教徒たちでした。テロリズムとは何の関係もないにもかかわらず、自分たちの時間を使って、

＊7　元来は頬ひげを意味する言葉だが、任意の飼い猫を指す愛称として用いられる。

＊8　キューバ南東部に位置する湾で、湾の南部一帯をアメリカが永久租借し、軍事基地を置いている。基地内に設置された収容キャンプには、アフガニスタン戦争およびイラク戦争中、「テロ」への関与を疑われた大量の「容疑者」が収容された。

＊9　アフリカ系アメリカ人のテイ・ゾンディが作詞作曲した曲。二〇〇七年四月に本人が歌う動画がユーチューブに投稿されると、すぐに世界的な注目を浴びた。その後、多くの人がこの曲をカバーし、ネットに投稿するのがブームになった。

＊10　アメリカのテレビドラマ・シリーズで、アルカイーダやタリバンなどテロ組織と戦うＣＩＡ局員たちの姿を描いた社会派サスペンス。

自分たちとは何の関係もない狂信者たちの行動への報復に対処している人びとです。友人のテズ・イリヤスは、最近のイスラム教徒の大きな会議でそのミームについて話し合われたが、私は大丈夫だと保証してくれました。ただ、そうした会議の話をする時、テズはいつもほほ笑んでいるので、そういう会議が存在すると嘘をついているのではないかと、私は疑っています。それで彼になぜ笑っているのかと聞いてみると、「会議で聞いたあるジョークを思い出したんだが、君はそこにいなかったから分からないだろうよ」と、なかなかもっともらしいことを言うのです。

そのミームは、二〇一三年にエディンバラで行なったショー《ニシュ・クマールはコメディアン》のインスピレーションの元になりました。そのショーは、ほとんどの批評家が同意したように、「ニシュ・クマールの別のコメディ・ショー」でした。コメディ業界の内には、二回目のショーの台本を書くのが最も難しく、それはミュージシャンたちが「セカンド・アルバム症候群」と呼んでいる現象である、という合意があるのですが、このことは、コメディアンが皆、自分たちもミュージシャンぐらいカッコよくなりたいと、陰では思っていることを証明してもいます。皆の一致した意見では、私はそのミームに相当助けられたのであり、友人の一人は「インターネットがお前のためにショーの台本を書いた」と主張しました――この意見に異議を唱えるのは難しいと分かりました。皮肉なことに、私がショーでその話をしたせいで、仮に私がこの大きな口を閉じたままにしていた場合よりも、おそらく多くの人びとが、そのミームの存在を知ることになってしまいました。私はどうにかこうにか、インターネット上で起きた小さな事件をそれなりに、安物のデイブ・ゴーマン[*11]程度ぐらいには成功したコメディ・ショーに仕立て上げたのでした。

例のウェブサイトを訪れれば、まだそのミームが存在しているのが分かるでしょう。それは、私が「困惑するイスラム教徒」だった奇妙な短い期間の記念碑として存在しています。そこは物事を放置したままにするには一番いい場所なのではないかと思います。そのミーム自体に「乱雑にされた《コンフューズド》」と名前がついているのですから。いい感じに話が初めに戻って、オチらしい言葉が言えました。正直、残りの文章は、あまり必要ないような気がしています。いずれにせよ、きっと編集で完成版の本からは削除されていると思いますが。

＊11　イギリスのスタンダップ・コメディアン。演出やテレビ、ラジオの脚本執筆など多才な活動で知られる。著書『グーグル大冒険!!』（中山宥訳、ランダムハウス講談社、二〇〇六年）が日本語に訳されている。

テレビに映る黒人像と自分なりの「黒さ」

レニ・エドー＝ロッジ

わたしはちょうど白《ホワイトネス》さについての本を書き終えたばかりである。それは一つの政治的な力としての白さに関する本だった。白さはどのように、わたしたちの思考の上に毛布のように覆い被さり、わたしたちの中に染み込み、わたしたちを組み伏せ、わたしたちを黙らせるのかを論じた本だった。わたしは白さについて部外者の視点から書いた。大学教育を受け、上品な話し方ができ、比較的恵まれた特権を得てはいるものの、白さの独占条項からはずっと閉め出されてきた者としてだ。政治的な白さの解剖は、人種差別がイギリスでどのように作動しているかを理解するために、非常に重要である。白さはしばしば不可視で中立的で無害という立ち位置を取るが、それはわたしたちが行なうあらゆる交流を汚しているのだ。

しかし、わたしは困っている。わたしは二分法が嫌いなのだが、非常に多くの時間を使って、白い顔をじっと見つめてきたために、自分の黒《ブラックネス》さについてじっくり考えなければならない気になってきたのだ。

ある全体としてのわたしの黒さについてである。支配的なマジョリティと対立するものとして定義された黒さでもなければ、黒さを貶めることに余念がない人種的な力によって、望まれない「他者」として構築された黒さでもない。わたしの黒さについてじっくり考えたいのだ。人種関係法の恩恵を受けた公共組織が掲げる、薄っぺらな平等性と多様性のために作られたＢＡＭＥ［黒人、アジア系、マイノリティ・エスニック］という言葉に含められている黒ではない。そうではない。黒人の民衆によって定義される黒さ。メラニンの称揚。わたしが世の中を理解できた範囲で、わたしに分かったのは、わたしは自分が白人でないと確信しているから、わたしは黒人である、ということだけだった。

これから、わたしは黒さについて話したい。

わたしたちがそれをどう表象してきたかについて。わたしたちはどのように自分たちのことを、他人の眼を通じて理解するのかについて。わたしが子どもだった頃には、黒人の主導で生み出され、黒人が手にできた、黒さについての肯定的な表象は、イギリス諸島では見つけられなかったということについて。そういったものは、アメリカ合衆国から輸入されていた。グローバル化が起きていたのだから、こうしたことはわたしたちのポップ・カルチャーのあらゆる側面に当てはまることではあった。しかし、黒さについていえば、アメリカ中心的なメディアは、イギリスでの黒人の存在を見えなくさせてしまったのだ。

それは一種の強制退去で、イギリス史に対する黒人の貢献についてのイギリスの集合的忘却と連携して起こった。わたしが学校で習った黒人史は、アメリカ合衆国についてのものだった。一九五五年一二月一日、ローザ・パークスはバス前方の座席を譲ることを拒否したために逮捕され、それがアラバマ州モンゴメリーでのバス・ボイコットを起こす一連の出来事のきっかけになったと、わたしは学校で習った。しかしそれから一〇年足らず後に、ブリストルで同じようなバス・ボイコットが起きたことは習わなかった。[†1]その場所は、わたしたちがモンゴメリーでの事実を学んでいた南ロンドンの息の詰まるような教室から、西に約一〇六マイルしか離れていなかったにもかかわらず。大西洋の向こうに位置づけられてしまっていたイギリス黒人の歴史は、わたしには《シンプソンズ》ほどの現実性しか持たないものだった。それは悲劇だった。

家系上の出自《ヘリテージ》について、わたしは信じられないほど強い感覚を抱いていた。自分がナイジェリア系移民の三世であることは、拡大家族の親戚一同が、決して忘れさせてくれない事柄だった。わたしは自分がどこから来たかを知っていたが、自分が今いる場所について理解するのに苦労していた。わたしは自分をどこかに位置づけたかったのだが、わたしが見つづけていた黒さに関わる遺産は、すべてアメリカのものとみなされていたのだ。

九〇年代に子ども時代を過ごしたわたしは、ソーシャル・メディアが流行り出す前に、普通の女の子が寝室で自分のメディアを自作したり、ブログやユーチューブのチャンネルを作って、黒さは美しいと同級生に再確認させたりするようになる前に、大人になった。

わたしが頼りにできたのは、テレビだけだった。わたしの生活は隔絶されていた。母と暮らしていた小さな公営住宅の部屋を飛び出しても、すぐ近くの学校と、たまに保育士のところに行くぐらいだった。わたしは南ロンドン郊外の、三〇人クラスの中で唯一の黒人の子どもだった。クラスメイトの白人の女の子たちが、わたしに肌が黒いせいでしゃべり方まで黒いと分からせようとしてきたことを覚えている。わたしたちがクレヨンと画用紙を出すたびに、美術教師がクラス全員に「きれいな青い目」を描くよう促したことを覚えている。まわりのすべてがあまりにも真っ白だったので、遅かれ早かれ、自分も白くなるのだろうと信じるようになっていた。身近な環境の中で、わたしは人間の物語からそっと閉め出されていたのだ。

わたしには、黒さを見つける必要があった。ロンドンで生まれ育った、背が高くやせっぽちのナイジェリア系の女子に、なんとなく関係がありそうな黒さを。それは、放課後や土曜朝に観るテレビの中には見つからなかった。幼い頃は、自分に似ている人たちの表象を通じて、自分自身を解釈するものである。そして、そうしたキャラクターが自分に似ていたとしても、別の大陸にいて、別の文化を持っている場合、一種の認知的不協和を招くことになる。

わたしがテレビで初めて見た黒人家族は、《ベルエアのフレッシュ・プリンス》[*1]の家族だった。八〇年代後半から九〇年代前半に育った多くの子どもたちにとって、バンクス一家は、あらゆる黒人たちが目指さなければならない黒人家族の見本だった。かれらは裕福な上位中流階級で、身なりがよく、信じられないほど立派な教育を受けていた。かれらはジェフリーという(黒人の)英国人執事まで雇っていた。それは英国の黒人家族は言うに及ばず、当時のアメリカにおける大多数の黒人家族の生活のリアリティからも完全に逸脱していた。その番組が最初に放送されてから二〇年後の今日でも、アメリカの白人世帯は黒人世帯に比べて平均で一六倍の財産を所有している。当時も、アメリカでは黒人の中流階級が増加傾向だったとはいえ、バンクス一家は全くの幻想だった。だが、それは問題ではない。なぜなら、気

---

†1　若い労働者ポール・スティーブンソンが主導したブリストルのバス・ボイコットは、バスで黒人を雇うのをやめるという、肌の色を理由にした非公式な差別的措置への反応として、市全域でバスの利用をボイコットするものだった。

＊1　一九九〇年から一九九六年までNBCで放送されていたウィル・スミス主演のテレビ・シリーズ。

軽なエンターテイメントとは本来、現実のつまらなさからの逃避を助けてくれるものだからである。《フレッシュ・プリンス》は、人種と同じくらい、階級についても語っていた。ドラマの核心は、下層階級のウィルが上流階級の一家と生活をともにすることから生じる、誤解や行き違いを見ていくことだった。ウエスト・フィラデルフィアからロサンゼルスにあるベルエアへ。ウィルの親戚たちと彼の友人ジャズの諍《いさか》いから、執事ジェフリーの射すくめるような視線まで、最も大きな笑いを提供していたのは階級だった。

わたしは《フレッシュ・プリンス》と同じく、少し前の世代のものだが、《コスビー・ショー》[*2]のハクスタブル一家のことについても、少しは知っていた。わたしに分かるかぎりでは、設定は本質的に同じだった。ロサンゼルスではなくブルックリンに拠点を置いているハクスタブル一家もまた、ステレオタイプから外れた裕福な黒人家族だった。《フレッシュ・プリンス》と同じで、番組は親しみやすく愛すべき家父長制と、伝統的な家族的価値観を描き、そしてイソップ童話の一冊から得られるより多くの道徳的な教訓を各話の最後で提示した。しかし、わたしが観ていたアメリカ黒人のキャラクターたちは、肯定的に黒さを描いていたが、複雑であることを許されてはいなかった。皆、心底善人だった。かれらが誤った振る舞いをすることがあっても、それは決して悪意によるものではなく、家族内でどんな不和が生じたとしても、エピソードの最後までには解決されることになっていた。黒人主導で制作されたこの番組はおそらく、黒人たちを一枚岩的に表象していた、つまり怠惰で無教養で愚かなものと表象していた、それ以前の番組に応答していたのだろう。それらは、わたしたちに何らの人間性を認めない、単純で狭隘《きょうあい》で二項対立的な物語だった。それゆえ、黒人が主導した当時の番組が、その正反対をやったのは、予想できる（そして理解しえる）ことだった。

わたしがテレビで観ていた黒人の核家族――成功を収め、保守的なキリスト教の教義に従った道徳心を持ち、教養があり、裕福な家族――は、二三分の放送時間中だけは耐えなければならない、ちょっとした試練や苦難に見舞われることがあったとはいえ、深くお互いを愛し合っていた。わたしには理解できた。黒人に扮した劇場の役者から、白人が顔を黒く塗って行なうミンストレルショーまで、黒さについての人種差別的な描写が、数世紀にわたって続けられた後なので、黒人の番組制作者たちは、できるだけ黒人たちを印象よく描きたかったのだ。人びとをがっかりさせたくなかったのだ。成功する黒人家族の増加を促すには、まず、そうした家族を番組で描かねばならないと、おそらくかれらは考えたのだろう。《コスビー・ショー》の二〇〇回近い放送分の脚本は、ビル・コスビー自身によって書かれ、一方、伝説的なテレビ・音楽プロデューサーのクインシー・ジョーンズが、《フレッシュ・プリンス》の制作指揮を執っていた。

しかし理解できるとはいえ、こうした防衛的な反応は、過去のあからさまに人種差別的な描写と同じくらい、二項対立的で単純化されたものだった。さらに二、三〇年間の、抑圧的なステレオタイプとの戦いがあってはじめて、黒人のキャラクターたちには、複雑性と人間性と、時には率直な平凡さが与えられるようになった。それは、白人男性のキャラクターの描写には、何世紀も前から、与えられていたものである。

無論、こうしたテレビ番組の中の（保守党支持者とはかぎらないが）保守主義的で、裕福で、成功を

＊2　一九八四年から一九九二年まで、アメリカのＮＢＣで放送されたビル・コスビー主演のシチュエーション・コメディ。

収めた黒人家族をもてはやすことは、あからさまな世間体政治《リスペクタビリティ・ポリティクス》にすぎない。これが、黒さについてのこうした作り物の肯定的表象から導かれる論理的結論だった。そして、今となっては汚名を被っているが[*3]、当時は広く称賛されていた黒人家長ビル・コスビーが、二〇〇四年に開催された全米有色人地位向上協会（ＮＡＡＣＰ）の式典で「パウンド・ケーキ」[*4]演説を行なった時ほど、それが明白になったことはないだろう。

　この演説で、彼は保守的な文化評論家としてのキャリアを始めることになったのだが、《コスビー・ショー》が元々、コスビーのスタンダップ・コメディーの寸劇に基づいていることを考えれば、世間体が彼の作品に一貫するテーマであったことは驚くにあたらない。

「紳士淑女の皆さま」と、コスビーは観客に語った。「これらの人々は事態を収拾し、門戸を開き、われわれに権利を与えてくれたのでした。しかし今日、われわれの街の公立学校には、中途退学者が五〇％もいるのです。われわれが住む地域には、刑務所に入っている男たちがいます。夫を持たずに妊娠したからといって、もはや恥ずかしい思いをしなくていいようです（拍手）。未婚の子どもの父親になることから逃げようとしたとしても、もはやその少年は恥さらしとみなされはしないようです（拍手）。

　もし少女を孕ませてしまったとしたら、逃げなければならないというのです。家族にひどい恥をかかせてしまうから、と。昔は、妊娠した少女は南部に行かねばならず、それから母親が彼女に会いに行ったものです。そしてその母親が子を授かったことになったのです。母親が子を授かった、と言いました。少女が授かったのではないのです。母親が二週間で子を授かったのです（笑声）。われわれは親の仕事をしていないのです。紳士淑女のみなさん、これらの人々の声を聞きましょう。かれらは何が間違っているかを教えてくれます。堕落した格好をしている人たちがいます。これは何か間違ったことが起きている兆候ではないでしょうか（笑声）」

常に保守的な伝統主義者であるコスビーは、あらゆることで黒人を非難し、普通なら、気取った夕食パーティーの閉まった扉の向こうで聞かれるようなレトリックで捲《まく》し立てた。「そうした人たちはアフリカ人でありません」と彼は語った。「かれらはアフリカのことなど、これっぽっちも知りはしません。シャニカだのシャリグアだのモハメドだのといった名前と、身につけたガラクタ全部と一緒に、みんな刑務所に入っているのです」

「さあ、私が言いましょう。かれらがわれわれに何をしてくれるかではないのです。大事なのは、われわれが何をしないか、ということです。五〇％が中途退学しています。見てください。われわれは内向的な移民を育てているのです。かれらは無知になろうと懸命に頑張っているのです。英語が話されてはいません。かれらは歩いていきます。怒っています」

コスビーのパウンド・ケーキ演説が明らかにしていたのは、世間体政治が持つ階級憎悪だった。世間体政治とは、もし黒人たちが節度を守り、身なりを整え、正しく行動するならば、人種差別主義者たちはすぐに劇的に心を入れ替え、人種差別的な習わしをやめるだろう、という断固たる信念である。世間体政治は、（かれらが本来持っている温厚な人間性に訴えかけるように、わたしたちが変化しなければならないと言って）人種差別主義者の門番たちに信頼のすべてを置き、貧困と差別の重圧の下で暮

＊3　二〇一〇年代半ばから、コスビーに性的暴行の被害を受けたと、彼を告発する女性が数多く現れていることを指している。

＊4　「パウンド・ケーキ一切れ」を盗んで、警察に撃たれる黒人がいる、という演説中の一節から、こう呼ばれる。

らし、もがき、なんとかして生計を立てようとしている、黒人たちのことを全く信頼しないのだ。貧困とは選択肢を狭め、限定するものである。人びとはその制限の中で働くしかない。人びとがそうしなければならないことが問題なのではない。貧困自体が問題なのだ。

さて、ロンドン出身のやせっぽちの子どもは、保守的なアメリカの文化的レンズを通した黒さばかりを見て幼年時代を過ごした後、どうすれば、イギリス的な黒さを主張していくという問題に取り組めただろうか？　わたしは長年にわたって悪戦苦闘し、少しばかりの本物らしさを探し求めた。最後には、髪の毛を全部切り、最高の髪が生えてくるのを願い、生えてきた毛がきつい巻き毛になるのにまかせ、時間をかけてそれに慣れていった。テレビで見た可愛らしい、肌の色の薄いアメリカの黒人女性の容姿に近づこうと、自分の中で消去しようとした部分もある。一枚岩的な黒さについて書くのは気が進まない。黒さは、実際にはそんなふうに存在してはいないと、分かっているからだ。だからわたしは自分独自のものを探求しようと決めたのだ。移民であるということは、よい移民であろうが、わるい移民であろうが、二つの故郷を股にかけるということである。本当はそのどちらにも帰属していないと知りながら。それは、自分がそこにいたという確信が得られるまで歴史を発掘しながら、さまざまなバージョンの黒さを消費し、同時に、現在と未来に向けて、自分自身の黒さを作っていくことである。自分にできる何らかの方法で、自分独自の黒さを作れるかどうかは、自分次第——いろいろと異なるバージョンの黒さを全部試着してみて、しっくりくるまで、それらを仕立て直していけばいいのだ。

「よい」移民を越えて

ウェイ・ミン・カム

昔、母は時々興奮した様子で、私と妹たちをキッチンに呼ぶことがあった。

「どうしたの？　何かあった？」と私は尋ねる。

「見て！」彼女がテレビを指差すと、中国系の誰かが出ている。

「オーマイゴッド」と妹が不満の声を上げる。「お母さんはどうしていつもそんなに興奮するの？　かれらは中国系よ。だから何？」

私たちは互いの呆れ顔を見交わしてから、毎度毎度ほんとにわけが分からないと困惑しながら、東アジア系の同胞であれば誰でもセレブのように観ている母を放って、ぞろぞろと本とゲームボーイに戻った。

一〇年経って、母の興奮はもっと驚きに近いものなのだと思えてきた。私は、私たちがイギリスの文化的景観から長いあいだ省略されていたということに気づき、自分に似た顔をテレビの画面上に見た時の、ショックと好奇が入り交じった感情を認識するようになった。それは英国における自分たちの存在を確認できる稀少な機会なのである。見てと母は言っていたのだ。私たちはここにいると。

そのように感じられることはあまりない。

英国に住む中国系は、表向きには成功を収め、イギリス社会に同化し、自立できていると考えられていることから、「隠れた」あるいは「不可視の」コミュニティと呼ばれてきた。[†1] アメリカでは、私たちは「モデル・マイノリティ」と呼ばれている。西洋の一般通念によれば、教育、食、医薬、金融、その他あらゆる分野で、私たちは上手くやっているというのだ。

ジャーナリストというケイティ・リーのキャリア選択は、使い古された月並みのステレオタイプに合致してはいない。

「父は私が学校で一生懸命に勉強することを望んだわ」と、パリの自宅からスカイプごしに私ににっこり笑いかけながら、彼女は言う。「父は、私が大きくなったらお金をたくさん稼ぐようになってほしかったの……」。私たちは二人して親の心配性のことをクスクス笑いはじめた。「私が銀行員とかではなく、大してお金を稼がないジャーナリストになったことを父は残念がったわ」

ケイティは国際的な報道機関フランス通信社（ＡＦＰ通信）で働いて五年になり、ロンドンから香港に移り、またヨーロッパに戻ってきた。彼女の履歴書の学歴欄にはこう書かれている。グラマー・スクールを優秀な成績で卒業、ケンブリッジ大学卒、ロンドン大学シティ校大学院修士課程「ブロードキャスト・ジャーナリズム」コース修了。ヴェトナムとイングランドのハーフである彼女は、アジア系なのは半分だけなので、自分の経験はそこまで厳しいものではなかったと断わりを入れた。そう釘を刺されたものの、彼女の観察は非常に親近感を覚えるものだった。

「子どもだったけど、『タイガー・マザー』[*1]の本が流行る前から」と彼女は言う。「漠然と気がついていたわ。アジア系の子どもということで、一生懸命学校で勉強することが期待されていて、自分の父親と同じぐらい、一般社会からもそういう期待を抱かれてるって」

ああ、エイミー・チュアの『タイガー・マザー』。勤勉で、生まれながらに聡明で、寡黙な東アジア系というのは、流布したステレオタイプであるが、チュアの子育て回想録をめぐる大騒ぎは、中国系の教育上の成功に向けられた西洋人の畏怖の念の下に、異国的に見える文化に対する深刻な不安があることを明らかにしている。「厳格な中国系の母が最高なのか？」[†2]といったBBCニュースの見出しは、そうした子育ては創造性の欠如を導くという主張とぶつかり合い、人びとはチュア家の子どもたちは友だちのいないロボットになると予言する。

この件についてケイティはよい印象を持っていなかった。

「あれは既存の物語にとてもぴったりはまったのよ。かれらが元々漠然と抱いていた物語に」と彼女はため息をつく。「分かるでしょ。［こういう］親たちは子どもにいい成績を取らせるためなら何でもする。かれらはほんとに残酷、異国風で、非常に奇妙で、私たちの振る舞い方とは全然違っている［といった漠然とした考えよ］」

†1　'Chinese diaspora: Britain', *BBC News.* http://news.bbc.co.uk/1/hi/world/asia-pacific/4304845.stm
†2　'Are strict Chinese mothers the best?' *BBC News.* https://www.bbc.com/news/magazine-12249215
＊1　中国系アメリカ人の大学教授エイミー・チュアが、中国式のスパルタ教育で二人の娘を育てた経験を綴った回想録。二〇一〇年にアメリカで出版されると大きな反響を呼び、子どもの将来を第一に考える教育熱心ぶりが称賛される一方、そのあまりにも厳格な教育法が子どもの人格や自主性を否定していると批判を集めた。以下の邦訳が刊行されている。『タイガー・マザー』（齋藤孝訳、二〇一一年、朝日出版社）。

私たちは二人とも、子どもを思い通りにしようとする強引な子育ては、東アジア系の人びとに限ったものではないと見ていて、彼女は「多くの白人の親も同じようなことをしていると思う。私が頭に来るのはこの点ね」と言う。

うまく溶け込む。社会的に上昇する。称賛される——のは、人びとがあいつらは上手くやりすぎていると心配しはじめ、そして、あいつらは外国人だと思い出すまでのことである。このことを、おそらく最も見事に示したのは、二〇〇五年にロートレッジから出版された教育学の研究書で、そこでは幾人もの教師たちが子どもたちの成功の原因を、本質的に「中国的」な性質に求めながら、同時に、こうした性質が「閉鎖的」で、「子どもたちの個性を否定し」、西洋の文化的な考えに対立するものであると示唆しているのだ。[†3]

ここには政治的関係も一定の影響を及ぼしている。私が中国の経済的台頭の話を持ち出すと、ケイティは頷く。

「イギリスは今、アイデンティティの危機を経験しているんだと思う。『タイガー・マザー』のようなものへの反応は、『この人たちは誰なの?』、『ここを乗っ取ろうとしているの?』と言っているようなものなのよ」

それは英国が中国系の人びとに対して抱いている矛盾をはらんだ見方についての鋭い分析であり、その分析にジャーチー・ホウも同意する。

「レッテルは簡単に剝がされるものです。マイノリティのコミュニティの方はそれをどうこうできません。それは国際的な政治環境と関係しているのです」と彼が言うのは、モデル・マイノリティというステレオタイプについての私の質問に対してである。「あらゆることが変化しえますので、レッテルが示しているのは単に、コミュニティがいかに脆弱であるかということでしょう。といいますのは、今日はモデル・マイノリティでありえたとしても、明日にはそうではなくなっているかもしれないのですからね」

ジャーチーは、中国系コミュニティの政治過程への参画と、その社会的立場の向上を目的にする非営利組織「英国華人参政計画《ブリティッシュ・チャイニーズ・プロジェクト》」のプロジェクト・マネージャーである。私が彼と、同プロジェクトのアドバイザーであるコーハン・チョウ、そしてメディア・ディレクターのジュン・キット・マンに会った時、かれらは私を会議室に通し、テーブルを隔てて席についた。非常にビジネスライクで、私がジャーチーに投げかけた質問の多くは、以前にも尋ねられたことがあるものなのだろうと感じた。

成功していると言われるマイノリティではあるが、中国系の政治参加はイギリスで最も低いレベルにある。二〇〇六年、選挙委員会は三〇パーセントの中国系イギリス人が、選挙人名簿[*2]に登録されていないことを発見した。

「理由は非常に複雑です。中国系は内気で控えめであるとか、かれらは声を上げ、自由に意見を述べるのに慣れていないとかいった「人びとが言うような」単純な話ではありません」と、かすかな疲れをのぞかせながらジャーチーは言う。「私たちは多くの中国系の候補者を抱えていますが、残念ながら、か

†3　Louise Archer and Becky Francis, *Understanding Minority Ethnic Achievement in Schools: Race, gender, class, and 'success'*, (Routledge, 2006), 44.

＊2　イギリスでは、投票の資格を有する者が、その権利を行使するためには、居住する自治体で選挙人登録をする必要がある。

れらのほとんどは当選が確実な選挙区の候補者に選ばれません。このため、かれらが勝利するチャンスは劇的に減少します。今まで［選挙のために］登録したことがない、もしくは投票したことがない中国系について見るなら、言語の壁がいつも第一の理由になります」

彼は続けて、大多数の人たちが飲食業界で長時間働いていて、政治にかかわる時間がないこと、そして中国系の人びとが他の形態の雇用から排除されてきたという醜悪な歴史について話す。

少し間をとってから、彼は非常にきっぱりと言う。「これらすべてが相互に関連した原因なのであって、単純な文化として考えられてはならないのです。私は誰であろうが、そのような意見を持つ人には強く反対します」

投票人登録の少なさが示唆している、より広い社会に市民として参加することへの関心の欠如を一層悪化させているのは、警察不信の蔓延である。二〇一三年、英国華人参政計画は、中国系コミュニティと警察との関係についての報告書を公刊したが、それによれば、犯罪を通報しなかった者の四三・八パーセントが、無為と無関心の理由として、「犯人が捕まえられるとは思わない」、もしくは「届けを出して無駄だと思う」を選んだ。[†4] 回答者からの発言には、犯罪を通報した後の警察の対応があまりにも遅いというものがあり、また憂慮すべきことに、「多くの人びとは、警察がかれらに安全を感じさせるという責任を果たしていないばかりか、むしろ警察が『脅威』であると感じていた」。[†5] どれもこれも、幸福で満ち足りたコミュニティであるようには聞こえない。

かれらの懸念が真剣に受け止められているように感じるかどうか、ジャーチーに尋ねると、彼は苛立ちながら言う。「私の友人の女性がアパートで強盗に遭いまして、友人みんなで警察に通報したのですが、かれらは『その地区をパトロールしている警官がいないので、できることが何もない』と言ったのです」。

彼は続ける。「それで結局、一時間後にやっと警察が来たのですが、それは私たちが五〇人以上で、同じ事件のことで電話をしたからなのです」

二〇〇九年に民権《ミンクウアン》が作成した、中国系に対する人種差別に関する目を見張る報告書から、大して何も変わっていない。ザ・モニタリング・グループ[*3]のプロジェクトのひとつである民権の調査を促すきっかけとなったのは、二〇〇五年にウィガンにある自身の持ち帰り料理店の外で、ミ・ガオ・ファン・チェンが二〇人の白人の若者から暴行を受けた末に殺害された事件だった。この事件における捜査官の対応は、組織的人種差別《システマティック・レイシズム》の典型だった。「〔彼は〕殺害が人種差別に起因するものであったことを否定し、〔ミ・ガオのパートナーである〕ジャーさんの警察の無能に対する非難を『全くナンセンス』とはねつけた」[†6]

また人種的嫌がらせ《レイシャル・ハラスメント》についての度重なる警告があったにもかかわらず、捜査官は「予測不可能」な殺人だったと説明した。[†7] 民権の報告書は次のように記している。「エイリーン〔・ジャー〕は孤立無援のままである。その上、民族的出自が彼女に悪く働いているように思われた。中国系である彼女はステレオタイプのせいで、自立的であり、他の殺人犠牲者の家族には提供されるような支援を必要としていな

†4 All-Party Parliamentary Group on the Chinese in Britain, *Chinese Community and Policing Report 2013*, (British Chinese Project), 16.
†5 *Chinese Community and Policing Report 2013*
†6 'Girlfriend blames police as "racist" killers jailed', *The Guardian*. https://www.theguardian.com/uk/2005/dec/17/ukcrime.race
†7 'Takeaway murder teenagers named', *BBC News*. http://news.bbc.co.uk/2/hi/uk_news/england/manchester/4424766.stm
＊3 一九八一年に西ロンドンのサウソールで設立された、反人種差別運動を展開する活動家や弁護士のグループ。

いと決めてかかられたのである」。[†8]裁判の直後、彼女は英国を去っていった。
この事件は、中国系が被る人種的虐待に対する警察の無関心を示す極端な例であるが、報告書はそれが決して稀な事例ではないことを明らかにし、「おそらく、他のマイノリティ集団が経験しているよりもはるかに高い水準の、人種的な暴力や嫌がらせがある」と述べている。[†9]
当然のことながら、イギリスの中国系にとっての問題は、露骨な虐待だけではない。二〇一一年にジョセフ・ラウントリー財団に提出された不平等に関する報告書は、「不平等の水準もきわめて高い。資産の面で中の上のレベルであるにもかかわらず、貧困率が大人でも子どもでも平均以上である」[†10]。しかし、コミュニティ全体が繁栄しているという幻想を、積極的に受け入れるべきものと考えている東アジア系の人間も一部にいる。こうした態度を要約しているのが、二〇一四年に『スペクテイター』誌に掲載されたクラリッサ・タンの文章で、そこで彼女は「イギリスは多くの困難を抱えているが……人種差別はそのうちのひとつではない」と自信満々に宣言した。
彼女は続けて言う。「事あるごとに人種差別を嘆くことの危険は、それが本当の問題を隠蔽してしまうことである……教育水準局のある調査官は最近、労働者階級の白人児童が見過ごされ、他のエスニック・グループと比べて表象されていないという問題を提起した……」
二〇〇四／二〇〇五年に卒業した中国系男性は、学業では最上級の成績を収めていながらも、白人の卒業生に比べて二五パーセント少ない報酬しか期待できないといった事実については、もちろん一言も触れられていない。[†11]
その特殊な障壁は、彼女が無視している多くのもののひとつにすぎない。

「私はこの国で歓迎されてきたし、受け入れられてきた——野暮に聞こえるかもしれないが——私はこのことを感謝している」と、彼女は記事の末尾で言っている。[†12]

「モデル・マイノリティの問題について言えば」と私は言う。「私が話す人の中には、『ああ、それはよいものです！』と考える人もそれなりにいるでしょう」

ヴィッキは寿司をすっかり放ったらかしにしている。

「いいえ、それはちがうわ！　そう思ってる人は、『それは積極的人種差別《ポジティブ・レイシズム》だ』と考えるようだけど、これは私が今まで耳にした中で一番滑稽な表現ね」

ヴィッキは出版業界で働いている。私たちは日曜日のチャイナタウンの日本料理店に座り、次々と際限なくテーブルに運ばれてくる皿の合間を縫って会話していた。

---

†8　Sue Adamson et al., *Hidden from public View? Racism against the UK Chinese Population*, Min Quan report, (The Monitoring Group , 2009).

†9　Sue Adamson et al., *Hidden from public View?*

†10　Lucinda Platt, 'Inequality within Ethnic Groups', *JRF Programme: Poverty and Ethnicity*, (Joseph Rowntree Foundation, 2011), 14.

†11　'Britain has major problems – racism isn't one of them', *The Spectator.* http://www.spectator.co.uk/2014/02/how-racist-is-britain/

†12　Yaojun Li 'Fiona Devine' Anthony Heath, 'Equality Group Inequalities in Education, Earnings and Employment', Equality and Human Rights Commission, (2008), Executive summary, iii.

「東アジア系を同質的な塊のように扱っているのよ」と彼女は続ける。「私たちはみんな、個々別々の人間。それを分かってもらうのが、なぜこんなに大変なんだろ？」

私は「モデル・マイノリティ」という表現が間接的に示唆する、ばかばかしい二分法に言及した。彼女は頷く。「そう。『東アジア系は寡黙で勤勉だからモデル・マイノリティだ』なんて口にするのは、黒人はどうもうるさくて怠惰だと［言外に］言っているのと同じことよ」

ステレオタイプと戦わなければならないと感じているかどうか、ヴィッキに尋ねてみる。彼女は少しのあいだ考えてから、「職場では自分で思ってたよりもずっとずけずけと物を言ってるわ。仕事のことについてはね。そうしないと『物静かで、思慮深い［というステレオタイプ］』を強める結果になると分かっているから」。私は頷き、理解を示す。出版業界で働く東アジア系はほんのわずかだ。「ステレオタイプと戦うには、私はもっともっと自分本位になっていかないといけない。私は女だから、特にね。意固地だと思われるぐらいのほうがいいのよ」

それはどれほど大変なことなのだろうかと考えていると、彼女は言う。「それは自分で積極的に選んだことなの。ずっと昔に選んだことだけど、出版で働くようになってから、より一層気を強く持つようにしたわ。そこは、とっても白い産業だから」。彼女は肩をすくめる。「いずれにしても、私はとってもずけずけ物を言うわ。うわべだけのことでは全然ないのよ。自分の中の自己中な部分を出しているだけ。必要にかられてね。だって嫌じゃない……」

ヴィッキは数秒黙った。「ステレオタイプ的な見方をされないようにと、考えておかないといけないことは、ほんとにいっぱいある。でも私の努力が功を奏しているのかどうかは分からないわね」

思慮深い、寡黙、内気……いろいろなものが私たちにつきまとってくる。私たちがスカイプで会話している最中に、ケイティ・リーの頭に浮かんだのは、不平を言わないのは美質であるという考えだった。「面白くないのは、モデル・マイノリティであるというこの考えと、本質的に寡黙であることが結びつけられていることね」と彼女は言う。「ただ身を引いて、物事の不平を言わず、どんどん金を稼ぐ。寡黙なことが、素晴らしい長所だとみなされてる」

他の誰かをだしにした人種差別的なジョークを言う人の権利のことになると、特にそうである。私たちがチャットをした前の週、《ザッツ・ファビュラス！》の日本人のデザイナー役に、白人俳優のジャネット・タフがキャスティングされたとの発表があった。この決定が激しい怒りを巻き起こしている中、各新聞がこの騒動に関する（東アジア系ではない者が書いた）意見記事を掲載した。『ガーディアン』紙のヘレン・ルイスは、なぜドラッグはイエローフェイスほど悪いものと考えられてはいないのだろうかと書いた。『テレグラフ』紙は、ブラックフェイスが「基本的には人種差別的」であることは何とか理解していたが、《ザッツ・ファビュラス！》のイエローフェイスはある国民を物真似しているだけだと断じた。「いかなる国も風刺を免除されはしないし、そうあってはならない」と同紙は結論づけた。

静かにしろ。不平をやめろ。おれたちの楽しみの邪魔をしないでくれ。そう過敏になるなよ。お前たちは普段は静かじゃないか？

ケイティは落胆してため息をつく。

「イエローフェイスの件は、ほんとにいい例ね。以前、何人かのコメディアンが、どこの訛だったら真似しても問題ないかと話しているのを耳にしたことがあるわ。彼らが言うには、『そうだな、どう考えても、ジャマイカの訛はやれないけどさ、中国のやつだったら全然オーケーだと思うぜ』って、いやいや、だめよ！」

「私は働き者だとみんなが勝手に期待してきます。プロフェッショルだとかなんとか。これは頭のいいオタクというステレオタイプのせいで、だから勤勉な働き者だとみなされるのだと思います」

Eメールをじっと見て、私はにやつく。数週間前に私がレベッカ・イップのブログを見つけたのは、彼女のユーチューブ・チャンネルを通じてだった。両方ともAsianchemnerd[*4]と名付けられている。彼女の家族は香港出身だが、彼女は化学の博士課程に進むために、一年前に英国から香港に移った。そうした理由について彼女が書いている文章（「人種差別主義者たちと一緒に、なかなかひどい中学時代を過ごした」）を読んだ後、私は彼女に話ができないかとEメールを書いたのだ。

「英国生まれですが、エスニシティは中国系ということで、皆が私をよそ者と見ていました」と彼女は返事をくれた。意外なことではないが、学問の世界でも彼女は組織的な偏見から逃れられていない。「一般的に、教授たちは大体白人の男性です。私たちは白人男性よりも頑張って、自分たちの能力を証明しなければならないと感じています」

彼女は、英国で起きたある人種差別的な事件のことを話してくれた。彼女のインド系のボーイフレンドが巻き込まれた事件である。「私は自分の子どもを安全な場所で育てたいのです。子どもたちが歓迎されていると感じることができ、自分たちの人種を理由に尻込みすることなく、潜在能力を存分に発揮できると感じられるような場所で」

英国にはかれらを尻込みさせるものがいつまでも残るだろう、と彼女は言う。

彼女が撮った春節の動画を観ながら、私は考える。どれほど多くの人たちが、彼女のように、よりよいものを見つけようと、この国を去っていったのだろう?

「他のところにはもっといい仕事の機会があると僕も思うよ。ただ、僕個人としてやりたいことを言えば、イギリスで働きたいんだ。僕はイギリス人だから、ここで働きたい」。「チャイニーズ・エルヴィス」としても知られるポール・コートニー・ヒューは、映画館カーゾン・ソーホーのカフェで、たまに必要になると呼ばれる中国系俳優として生きることの実情を私に教えてくれている。

イギリスの黒人俳優たちが続々とアメリカに行って、潜在能力に磨きをかけていることに私がふれると、彼は頷く。

「そうだね、わずかだけど、そういうことは東アジア系にも見られる。エレイン・タムは向こうで必死に頑張ってる」。彼は満足げな口調で次のように付け加える。「彼女は、僕が出た《ドクター・フー》のエピソードの主要な登場人物を演じた。だから、中国系が二人出てたわけだ。彼女にはニューカッスルの訛があるんだけど、これがすっごくいいんだ、ほんとに。それで僕にはヨークシャーの訛がある」

中国系イギリス人が仕事を求める他の場所として、彼はシンガポールと香港に言及する。

「あっちはもっとカンフー的というか、スタントができる連中向きだね。たくさんのシンガポール人がシンガポールに戻ってるよ。そっちのほうが［英国よりまし］だっていう理由で。あっちで働く権利を持っている連中はみんな、頻繁に戻ってるみたいだね……」。彼はシンガポールで働いている幾人もの

＊4　「アジア人の化学オタク」の意。

俳優の名前をすらすらと挙げる。「エイドリアン・パンは一五年ぐらい戻ってきてないかな。彼を責めてるんじゃないよ。彼は単に忙しいだけで、僕らのほうはここでクソみたいな仕事を必死でかき集めているわけさ」

とてもさりげなく、彼は《ホビット》に出ていたある俳優と一緒に演劇学校に行っていたことを話す――私は一瞬ぽかんとして彼を見ていると、彼はその映画の予告編で昔のクラスメイトを見た時のことを思い出して、しかめ面をする。

「イギリスの［中国系］俳優の大多数は――ベネディクト・ウォン以外ね、彼は本当に別格だから――白人の同業者がみんな得てきた機会を得られなかった」と言う。「だから八〇年代に、僕たちは同等の才覚と潜在能力も持っていたかもしれないけど、それを伸ばすチャンスがなかったんだ。僕らはただただそこに座って、くすぶったまま、どこにも行かず……」。彼はカーゾン・カフェのメニューを摑み、人びとが中国語訛と呼ぶものを真似て、ウェイターを演じる。「オウオ、ワタシタチ、コウ、シャベル、チュゴクゴノ、メニュ、ヒトツ、イルカ?」私がたじろぐと、彼はメニューをコーヒーテーブルの上にぴしゃっと置いて、「こういうことを僕たちはやってきたんだ。だから僕らは、本来そうあるべきほどには、専門的ないい仕事ができないんだ。これは、同等の機会を得られなかったことの予期せぬ結果だね」。ポールはまたメニューを取り上げ、憤慨して言う。「置いてけぼりを食わされないためには、必要以上に、優秀でなければならないんだ。女の人たちが言うだろ。まわりと同じぐらいを維持しようとすると、もっときれいにならないといけなくなる、って。僕らが苦しんでいるのもそれと同じことだと思う」

「僕らは税金を払ってるんだから、何かを得る資格があるわけで、それが公平というもの。僕らもくそったれのＢＢＣに受信料を払っているんだから、僕らの誰かが《イーストエンダーズ》に出るのを見る資格があるはずなんだ！　イーストくそったれエンダーズは、三〇年もやってるんだから、そこに中国系の家族が出てこないとおかしかったんだ……少なくとも一回くらいは……六ヶ月間とかでもさ」

＊＊＊

こう考えているのは彼だけではない。このエッセイを書くために私が話をした全員が、イギリスのメディア上でステレオタイプに則っていない東アジア系を見ることがないことについて、苛立ちや困惑を口にした。《カジュアリティ》の不法移民から《シャーロック》の三人組まで、イギリスのテレビ・映画の台本（あるいは本）を書いている人間は誰一人、中国系イギリス人をイギリス人として想像することができないようだ。私たちはフー・マンチュー式の悪役でなければ、たいていは白人男性の助けを必要としているか弱い女性か（《シャーロック》のジェンマ・チャン）、もしくはコメディの素材なのだ。《ハリー・ポッター》で名声を得たケイティ・リューング――私たちが知るうちでおそらく最も有名な中国系イギリス人俳優――ですら、最近、自身の役柄が非常に限定されていることについて不満を表明した。「だんだんと、何らかの中国語訛を要求する台本を見ると、ちょっとひるむようになっている」と、『ヘラルド・オン・サンデー』紙のインタビューで彼女は語った。

報道されることは稀であるにせよ、ニュースでの扱いはまだましということでもなく、犯罪行為か、そうでなければ、たいてい教育に関連するモデル・マイノリティの物語についての意見、という両極を行ったり来たりしている。

私たちは人間として見られていない。私たちが複雑性を持った個々人として扱われていないからだ。

私たちを表す特徴は、概して、私たちの異邦性なのだ。教育についてのニュース報道にさえ、文化的に異質な他者に対する恐怖や、国内的にも国際的にも圧倒されてしまうのではないかという恐怖が通底している。モデル・マイノリティとは、永久に保護観察に置かれるということを暗に意味している。「黄禍《イエローペリル》」への敵意が静まる気配はない。

特権的な立場が、よそ者として見られるという絶えず存在する危険からの保護の役割を果たしてくれる場合、それにしがみつくのは簡単だが、「よい移民」の神話に沿った振る舞いは、本当の平等に、いや受け入れにすらつながりはしない。「モデル・マイノリティ」の箱から抜け出し、その地位の向こうに人間性と自由を見通すことこそ、長期的にみれば正しい道なのだ。

「そんなのだめだよ！　お話は白人についてじゃないと」

ダレン・チェティ

数年前、私は東ロンドンで小学二年生のクラスを教えていた。私は、多文化的な絵本と資料をたくさん収集し、適当と思われた時にはいつでも、その蔵書をクラスで共有するようにしていた。生徒たちに自分で考えた物語を作文させた際、主人公に家族の中の誰かの名前をつけてはどうかと私は提案してみた。私はかれらに自分自身の背景を活用してほしいと思ったのだが、「人種を問題にする」のではないかと心配してもいた。物語を聞かせ合う段になって気がついたのだが、私の提案に従ったのは一人の男子だけで、彼は主人公に自分のおじの名前をつけていた。彼は最近ナイジェリアから来たばかりで、クラスの皆に向けて自分の物語を読み上げたいと熱心に希望した。しかし、彼が主人公の名前を読み上げた途端、イギリス生まれで、コンゴ系を自認する別の男子が朗読を遮った。「そんなのだめだよ！」と彼は言った。「お話は白人についてじゃないと」

少し話を戻したい。

私は二〇年近く、多人種的で多文化的で多宗教的なコミュニティにあるイギリスの小学校で、四歳から一一歳までの子どもたちを教えてきた。その歳月の中で、有色の子どもたちが[†1]、学校で物語を書くように求められると、いつも「伝統的」なイングランド風の名前を持ち、英語を第一言語として話すキャラクターを主役にした物語を書くことに気がついた。私が教鞭《きょうべん》を執ったどの学校でも事情は同じで、ほとんど例外はなかった。しかしそのことが、これらの学校の教師たちによって議論されているのを、あるいは私が長年出席している作文に関する講座の中で取り上げられているのを聞いた覚えがない。

私は自分が気づいたことについて話し合いを始めようと試み、多少は成功したものの、声高に意見を言う少数派の教師たちの反感を買うことにもなった。ある時、「子どもたちが肌の色を意識していない《カラー・ブラインド》のに、なぜ君は人種を問題にするんだ?」と尋ねられたことが思い出される。

この質問には、子どもたちが「肌の色を意識していない」という思い込みが含まれている。そして、この思い込みは、一つの信念に由来しているように思われる。つまり、私たちは人種問題が乗り越えられた《ポスト・レイシャル》世界で暮らしているわけだから、子どもたちは、特に二一世紀の多民族的な都市の教室の中では、人種的アイデンティティに全く重きを置かないだろう、という信念である。もしも子どもたちが、キャラクターたちの人種[†2]が多様で、そこに一貫性が見られないような物語を書いていたならば、子どもたちは肌の色を意識していない、という主張にも一理あると言えるかもしれない。しかし、人種を意識しない態度の最も強弁な支持者であっても、あらゆる人びとが白人で……そしてイングランド系であるなどと主張しはしないはずだ。かれらが主張するのは、人種はもはや問題ではない、ということである。だが、もしそれが真実であるなら、なぜ幼い有色の子どもも、幼い白人の子どもも、白人のキャラクターについてしか書かないのだろうか?

物語は白人についてのものでなければならない、と言った男子は心の底からそう思っていたのだと、私は確信している。実際、その後クラスで議論したのだが、誰は物語に出てきてよくて、誰はだめなのかについて、子どもたちは非常に曖昧な意見しか持てていなかった。私はこれに驚き、困惑した。なぜ生徒たちは自分たちのために、さまざまな背景を持つ子どもたちの物語を書くことができなかったのか？　なぜかれらが書くキャラクターはいつも白人なのか？　文化的に多様な読書教材を与えようと私は努力してきたにもかかわらず、物語は誰についてのものでも全く構わないということを、子どもたちがはっきりと分かっていなかったのはなぜか？

当時の私は、自分が何に直面しているのかを認識していなかったのだと思う。

もしあなたが教師なら、あなたのクラスで次のことを試してみてほしい。生徒たちに、子ども向けの本に出てくる好きなキャラクターを二五人書き出させる。それからかれらに、それらのキャラクターのうちの何人が、白人であるか数えさせる（ジェンダーや身体障害など、他のパターンでも試してみるといい）。もし教師でなければ、誰でもよいので知っている子どもに聞いてみてほしい。あるいは本屋の店員に、黒人の少年やミックスの少女やイスラム教徒の子どもが主人公の絵本を見せてほしいと頼んでみるといい。私は一度これをやってみたことがあって、明らかにパニックになっていた店員が本探しを

†1　本稿で私は「白人以外」と人種的にみなされる人びとを指す言葉として、「有色の子どもたち（children of colour）」や「有色人（people of colour）」を用いる。アメリカ合衆国発祥のこの言葉は、英国でも盛んに用いられるようになっている。他の言葉としては、「黒人、アジア系、エスニック・マイノリティ（Black Asian and Minority Ethnic: BAME）」、「人種的にマイノリティ化された人びと」、「グローバル・マジョリティ」がある。

†2　私は人種を社会的に構築されたものと考える。また、それは「ナンセンス」であるが、私たちの生活に影響を与えているものである以上、話し合わねばならない問題であると述べる、ゲイリー・ヤングに同意する。

大いに助けてくれた――しかしわずかな本しか見つからなかった。
　レターボックス・ライブラリーのような書店は、伝統的に児童文学の中で表象されることが少なかった人びとを主役にした本を取り揃えようと尽力し、そのサーヴィスは多くの親や教師から高く評価されている。しかし当然のことながら、書店は出版されている本を売ることしかできない。そして私は、出版業界で働く人びとや作家から話を聞いて、イギリスの一部の出版社が、私があの二年生のクラスに見て取ったものと同じ困惑を共有しているのではないかと考えるようになった。すなわち、有色人を主役に据えた物語の扱いや、物語の中での有色人の扱いについて、確固とした意見を持てていないのではないかと。

　ある南アジア系の作家は、幅広い層にアピールするために、本の表紙に載せる彼女の名前を変えてはどうかと助言されたことがあると話してくれた。別の作家は、「社会問題《イシュー》」を扱う本を書くのでなければ、売れる部数が少なくなるので、表紙に載せる主人公を黒人にしてはならないと助言されたという。こうした助言の根拠の有無はともかく――本を買う白人は、黒人のキャラクターが主役になっているという理由で、本当に買うのを控えるのだろうか？――人種と売れ行きについてのこうした関心が、イギリスでは「肌の色は意識されていない」とか「人種問題は乗り越えられている」といった意見に水を差すものであることは、間違いない。

　それだけでなく、こうした事情から、私が教師としてＢＡＭＥの子どもたちに向けて、物語はかれらのような人びとについてのものであってよいと実例をもって示すのに使える本がわずかしかない、ということになっているのだ。

　チママンダ・ンゴズィ・アディーチエ[*1]は、ナイジェリアにいた七歳の時に書いた物語が、彼女が読んでいた類の物語を元にしたもので、「肌が白く、目が青く、雪の中で遊び、リンゴを食べる」キャラクターたちを主役にしていたと述懐している。アディーチェによれば、これは創作実験や旺盛な想像力だけの問題ではなく、「私が読んだことがあった本では、どのキャラクターも外国人だったので、私は、本とはその性質上、外国人が出てくるものでなければならず、自分が個人的に同一化できない事柄についてのものでなければならないのだと、信じ込むようになっていた」からだった。[†3] 私たちは物語を読むことを通じて非常に多くの事柄を学ぶ。善と悪の対決とか、恐怖に立ち向かうとか、森にはしばしば危険が潜んでいるとかいった物語の慣例などだ。問題なのは、物語の中の子どもは肌の白いイングランドの中産階級ということが、こうした慣例のひとつであった場合、読者が自分の人生は主題には適さないのだと学び取ってしまうかもしれないことである。アディーチェはこれを「シングル・ストーリーの危険」と形容している――「多様」であるように見えながらも、ステレオタイプに依拠し、それゆえ想像力を限定している物語にもこの危険は及んでいる。

　児童文学を専門とする大学教授ルディーン・シムズ・ビショップは、ここで問題になっている事柄を考えるのに役に立つ、便利な比喩を提供してくれている。彼女は「よい文学は文化と民族の境界線を越えて届き、人間である私たち全員を感動させる」[†4] ことを認めながらも、子どもたちにとって本は、鏡と

---

†3　'The danger of a single story,' Chimamanda Ngozi Adichie, TED talk. https://www.ted.com/talks/chimamanda_adichie_the_danger_of_a_single_story/transcript=en

＊1　ナイジェリア・イボ族出身の作家。邦訳された著作に『半分のぼった黄色い太陽』（くぼたのぞみ訳、河出書房新社、二〇一〇年）、『男も女もみんなフェミニストでなきゃ』（くぼたのぞみ訳、河出書房新社、二〇一七年）などがある。

窓両方の役割を果たすことになると主張している。「窓」は、私たちがそれまでに見たことがなかったかもしれない世界の光景をじっくりと見る機会を提供してくれる。こうした窓は、私たちを現実逃避の幻想に連れ出してくれるかもしれないし、私たちがそれまでにしたことがなかった人生の見方を提供してくれるかもしれない。これは、作家や教師そして物語を大切にする私たちには馴染みのある、そして極めて重要な考えである。しかしシムズ・ビショップは、本はまた、いくつかの点で私たちの人生を「鏡」のように反映すると付け加えている。そして、支配的文化に属する子どもたちは本を鏡として持ちやすいが、歴史的に「無視されてきた――もっとひどい場合には、馬鹿にされてきた」子どもたちはそうできない。このことは「かれらが成長していく社会的文脈の中で、かれらが評価される」程度について、重要なメッセージを伝えてしまうことになる。窓が障壁にもなりうることを認識した上で、シムズ・ビショップはその後「本は読者に一つの生きた経験を提供することができるということを示すため」、ガラスの引き戸という考え方を追加している。[†5]

ヴァーナ・ウィルキンスが、最初は作家として、その後は出版人として、タマリンド・ブックスを設立した動機は、すべての子どもたちが、読んでいる小説《フィクション》の中に自分たちを見いだせるような物語が不足していることへの懸念だった。ウィルキンスは彼女の息子が、自分の顔を「薄ピンク色」に塗った自画像を持って帰宅した日のことを回想する。彼女が覚えている息子との会話は、次のようなものだ。


「これがあなたなの？」とやんわりと尋ねた。

「そうだよ」と自信満々の答えが返ってきた。

「あなたはそんな色かしら？」

「違うよ。先生はみんなに『肌色』を使うように言ったんだ！」

「まあ、そうなの。じゃあ、かわいい茶色のクレヨンがあるから、今から一緒に塗り直しましょうよ」

「だめ！」と彼は言った。「その色じゃなきゃだめなんだよ。それは本に使うんだから！」[†6]

私の教室での話は、ウィルキンスのこの会話の話と驚くほど似通っているが、二〇年以上も後に起こったことなのだ。私はタマリンド・ブックスが児童図書出版に及ぼした多大な影響を過小評価するつもりは全くないが、ウィルキンスがしているような仕事が、たとえばウィー・ニード・ディヴァース・ブックス《私たちは多様な本を必要としている》が訴えているような類のキャンペーン活動が、児童図書出版にはもっともっと必要であるとの私の意見に、彼女もきっと賛同してくれると思う。ウィルキンスは、「社会問題」についての本と彼女が呼ぶものではなく、黒人の子どもたちの日常を表象するような本に焦点を当てる決断をした。そうすることにしたウィルキンスには十分な理由がある。しかしこれが意味するのは、彼女と息子の話や私とクラスの話のような、幼年期と人種差別と芸術について考えをめぐらしてみるように、私たちを誘う物語はどれほどよく書けたものであっても、タマリンドからは出版されない、ということである。

人種差別を何らかのかたちで取り扱っているとしてよく推薦される本が、その問題を扱っているのは、

---

†4　Rudine Sims Bishop, 'Reflections on the Development of African American Children's Literature', *Journal of Children's Literature*, 38:2, (Fall 2012).
†5　同右
†6　Verna Wilkins, 'The Right To Be Seen', Patrick Hardy Lecture, October 29th, 2008.

隠喩や動物の寓意を通してであると、私は別のところに書いたことがある。[7] たぶんこれにはいろいろな利点があるだろうが——特に有色の子どもたちをこれ以上犠牲者として描写するのを避けられることは利点である——このために人種差別が存在する世界を生き抜いている有色の子どもたちの描写を見つけるのが難しくなってしまっている。かなり話題になった事例は、J・K・ローリングの『ハリー・ポッター』シリーズである。この読み物は、包摂性と寛容性を強く訴え、人種的純粋性や抑圧といった難しいテーマに挑戦していると広く考えられている。こうしたテーマは、魔法使い、巨人、妖精といった幻想的なキャラクターを通して探求されている。しかし、ホグワーツ魔法魔術学校の教師や生徒の中には、有色人はほんのわずかしかおらず、なぜそうなっているのかについて明確な説明はない。つまり、寓意のレベルで人種差別について非常に多くを語る物語が、同時に有色人を周縁的に描き、その周縁化を探求していないのである。

マロリー・ブラックマンは『ノーツ・アンド・クロッシーズ』[2]シリーズによって、人種差別を扱うことを避けずとも、子どもに向けた説得力ある物語が書けることを示す一方、人種差別以外にも有色の子どもたちについて語らねばならない物語がたくさんあることを実証した。二〇一四年、「子どものためのローリエット」[3]の大役の一環として、ブラックマンは、児童文学の登場人物の多様化は、すべての読者の利益になるとはっきり述べた。スカイニュースの記事（記事の元のタイトルで彼女の発言が誤って引用されたため、この記事自体がニュースになった）では、ブラックマンは次のように述べたと引用されている。

小説《フィクション》の中に逃げ込んで、他の人びと、他の文化、他の生活、他の星のことなどについて読みたいと思うこともあるでしょう。しかし、自分が読んでいる本の中に自分自身を全く見いだせない場合、非常に重要なメッセージを受け取ることになると思います。それは「ええと、君はここにいてもいいけど、本当にここに属しているの？」と言われているようなものだと思うのです。†8

明らかに、すべての人が同意したわけではなかった。しかし、オンライン上で人種差別的な中傷を受けながらも、ブラックマンは決して沈黙しないと明言し、主流の新聞各紙は児童文学と多様性と周縁化に関する記事を掲載したのだった。†9

そういった周縁化が、子ども向けの本だけに限られた問題とは思えない。私が教えた子どもたちは、

---

†7　Darren Chetty, 'The Elephant in the Room: Picturebooks, Philosophy for Children and Racism', *Childhood and Philosophy*, Vol. 10, No.9, (2014).

†8　'Call for more ethnic diversity in kid's books' *Sky News.* https://news.sky.com/story/call-for-more-ethnic-diversity-in-kids-books-10392101

†9　'Malorie Blackman faces racist abuse after call to diversify children's books', *The Guardian.* https://www.theguardian.com/books/2014/aug/26/malorie-blackman-racist-abuse-diversity-childrens-books

＊2　ノーツ・アンド・クロッシーズは、三×三の格子に二人が交互に○と×を書き込み、先に三つ並べるのを競う遊び。二〇〇一年に出版されたシリーズ第一作『ノーツ・アンド・クロッシーズ』は翌年のチルドレンズ・ブック賞を受賞、『コーラムとセフィーの物語――引き裂かれた絆』（冨永星訳、ポプラ社、二〇〇四年）のタイトルで日本語訳が出版されている。

＊3　英国で優れた業績をあげた子ども向けの本の作家あるいは画家に授与される称号で、選ばれた作家や画家は二年の任期のあいだに、子どもと本のための活動を行なう。

本だけでなく映画やテレビからも物語を学んでいた。私が教えてきた生徒のあいだで、何年にもわたって人気だったあるテレビ番組は、イングランドの、まさに私たちが住んでいる地区を舞台にしていた。一九八五年に放送が開始された際、《イーストエンダーズ》はインナーシティの現実と多様性を描いていると称賛された。

企画者で製作者のジュリア・スミスは「私たちは生活を作っているのではなく、映し出している」と宣言した。また彼女は次のように述べた。「私たちが目指そうと決意したのは、写実主義的で偏りなく率直に語るドラマで、真実味のある文脈の中に、同性愛やレイプ、失業、人種偏見などについての物語を含めようとしたの。私たちは何よりもリアリズムを求めたわ[†10]」

二〇〇九年、ＢＢＣは《イーストエンダーズ》で、「ドゥーフ・ドゥーフ（doof doof）[†11]」が流れ、気になる終わり方をする最後の《クリフハンガー》場面を担当したキャラクター一〇〇人のリストをまとめた――不正確な表現だが、要するに誰が物語の主軸を担ったかを指している。ＢＢＣのウェブサイトが言うには、「やはりインパクトこそが完璧なクリフハンガーの核心である[†12]」

二〇一一年の国勢調査によれば、インナー・ロンドン東部の各自治区は、四五から七一パーセントのあいだのＢＡＭＥ人口を抱えている。では、東ロンドンを舞台にリアリズムを追求したこの番組中、最もインパクトを与えたとされた登場人物の、上から五〇人のなかにＢＡＭＥは何人いたか？

〇人である。

私が教えていた子どもたちの多くは《イーストエンダーズ》を観ていた。かれらは、機会のあるごとに、最新のストーリー展開について話していた。ドラマの筋書きについて学びながら、かれらは自分たちや自分たちの両親のような見た目の人間は、「脇を固める役」で「主役」ではないと学び取っていたかもしれない。おそらくここから、再びオーディエンスの問題に立ち戻らされることになる……こうした物語は誰のために制作されているのか？　事の是非はともかく、製作者たちは視聴者について、どういった想定を抱いているのだろうか？

トニ・モリスンはエッセイ『白さと想像力』で、「事実上すべてのアメリカ小説《フィクション》の読者は白人として位置づけられてきた」と論じている。[†13] イギリス黒人の児童文学を専門とする大学教授カレン・サンズ＝オコナーは、イギリスに来た西インド系作家たちについて、「作家になるために、かれらは自分自身の物語を語らねばならなかった。だが、出版される作家になるために、かれらはほとんどが白人であるイギリスの読者に受け入れられるようなかたちで、物語を語らねばならなかった」と述べている。[†14]

では、子どもたちが教室で書いた作文の読者は誰だろうか？　これはおそらく複雑な問いだと思う——だが、非常に字義的な意味で受け取れば、読者は教師である。教師は生徒たちが書いたものを読み、読みながら、かれらが理解したいと願ったり、望んだりしている事柄について教える。

---

†10 Christine Geraghty, *Women and Soap Opera: A Study of Prime Time Soaps*, (Cambridge, Polity Press, 1991).

†11 「ドゥーフ・ドゥーフ」とはドラマ各回の最後に、テーマ音楽のように挿入されるドラムの音を指している。

†12 'Who has the most doof doofs?', *BBC*. https://www.bbc.co.uk/programmes/articles/1wZjwgr7519fmWF6m10wgz1/who-has-the-most-doof-doofs

†13 Toni Morrison, *Playing in the Dark: Whiteness and the the Literary Imagination*, (Harvard University Press, 1992), xiv. 〔『白さと想像力——アメリカ文学の黒人像』大社淑子訳、朝日新聞、一九九四年〕

†14 Karen Sands-O'Connor, *Soon Come Home To This Island: West Indians in British Children's Literature*, (2007), 140.

二年生のクラスでの経験を振り返った後、翌年私は——五年生を教える中で——勇気を出して実験をしてみることにした。授業で一度、子どもたちに自分と同じ民族的、宗教的、言語的背景を持つキャラクターについて書くように——私が時々かれらに、文頭に副詞を入れてみることや、道徳的なジレンマを扱ってみることや、トリコーロン[*4]を使ってみることを求めるのと同じように——要求したら、どうなるだろうか？

まず私たちは、とりわけ言語、家族の移住、肌や髪といった身体的な特徴、宗教、趣味、服装の点から、自分たち自身のことについて議論した。それから、私は子どもたちに、これらの点の全部でなくてよいから、いくつかの点で自分と似ているキャラクターを書いてみるよう求めた。私は子どもたちに、この一連の作業の手本を見せながら、それまで自分が、作文の授業の際に「伝統的」なイングランドの名前や白人の登場人物を、デフォルトの設定として頻繁に使いすぎていたことを実感した。今では自分自身の経験を活用し、家族のメンバーを合成した登場人物を創造したり、クラスでの読書の際にみんなが気に留めた作文テクニックのいくつかを適用したりするよう心がけている。

そしてかれらは書いた。明らかに、かれらの多くがこの授業を楽しんでいて、多くの生徒がそれまで書いた中で一番の出来の文章を生み出した。以下に二つの例を示したい。

バン！　パウラ校長先生の部屋に向けて飛び出した時、僕の頭は恐怖でいっぱいだった。退学の恐怖！

パウラ先生は背の低い細身の若い白人女性で、赤い血色のよい頬をしていた。彼女は違反と不正を嫌う厳格な女性だった。黒い髪をなでつけていると、心配で僕のなめらかな唇はかさつき、薄茶色の顔は赤らんでいった。

マイケル

マルヤム・パテルは一二歳の女の子。両親はインド人だが、彼女はイギリスで生まれた。彼女はとても信心深い人間である。でもマルヤムは、信心深くあるためにはスカーフを着用しなければならないとは思わない。彼女は自分のまっすぐな赤毛が好きだ。彼女の髪は血のように赤い。彼女は自分の焦げ茶色の髪が嫌いだったので、髪を染める決断をしたのだった。彼女はサッカーが好きで、応援しているクラブはリバプールである。いつかリバプールの女子チームでプレーしたいと思っている。

ナビラ

ここで大げさな主張をすることは控えておきたい。だが私は子どもたちから、物語への感情的な関わりがより大きくなったことを感じるし、マイケルのドラマティックな一人称の書き出しとナビラの人物描写の両方に、作者の声の萌芽を感じる。ナビラが書いているのは、ムスリム少女についての「シングル・ストーリー」的なステレオタイプではない。彼女はもっともっと興味深いものを書いている。文中に見られるのは、私がしばしば出会うような、特徴を並べた短いリストではなく、正真正銘の性格描写である。それだけでなく、この九歳の作文には、相当な洞察が見られる——そしてそれは、彼女が

＊4　修辞法のひとつで、長さの等しい意味のはっきりした文を三つ並列する技法。「来た、見た、勝った」など。

小説《フィクション》を読んできた自分の経験を活用しているとともに、自分自身の人生を創作のインスピレーションの源泉として用いているからこそのものだと思われる。描写にすぐれた彼女の文章は、さまざまな児童文学作家の描写を詳しく検討した授業の後に書かれたものである。その授業では、単に主人公の外見を描写するだけでなく、その思考や思想信条を含めるというアイデアが出てきていた。彼女の教師として私は、登場人物の描写に、いろいろな構文を用いるように気をくばらせ、彼女自身の経験や、彼女がよく知っている人びとの経験を活用するよう勧めてみた。

私はここで専門知識を説いているつもりは全くない。教育経験から私が得た物語を共有しようとしているのだ。多くの点で、私は表面をなぞっただけなので、もっと深く考えたいという方々のために、このエッセイには他の人たちの声を盛り込もうとした。私は、ただ単に多種多様な物語を教室で提供することから、自分自身の背景を活用した作文の手本を見せ、生徒たちに同じことをしていいのだよ、と合図を送ることへと自分の指導法を発展させた。私は時間を取って生徒たちと議論し、そうすることで、肌の色や髪の質感を描写する時に使う言葉遣いを向上させ、教室内に多様性があること、私たちが書いている物語の中には多様性が欠けていることを認識させてきた。私は、作家たちがキャラクターの思考や感情を掘り下げ、それによって物語が具体的で印象深いものとなり、私たちに人間として共感を抱かせるものになっていることを示す事例を子どもたちと共有した。教師は常にこういうことをすべきだと言っているわけではなく、試しにやってみて、その結果を――できれば教えている子どもたちと一緒に――検討してみてはどうかと提案しているだけである。

この問題について初めて書いた時、コメントをくれた多くの人たちは、かれらも感じてはいたものの、口にしていなかったことを私が明らかにしたという言葉や、私のおかげでかれらがそれまで気づいていなかったことが理解できたという言葉をかけてくれた。あからさまに苛立った、あるいはただ否定的な反応を示した人もわずかばかりいた。だが、多くがかれら自身の物語を、教室という環境や児童文学に対する――かつての子どもとしての、親としての、教師としての――不満の話を口にしはじめたのだ。おそらく、こうした話をする中で、省略や不在という敵と戦う中で、私たちは主人公になり、自分たち自身を――シングル・ストーリーを越えた――もっと豊穣で多層的な物語の中に書き入れていくことができるのだ。

ナビラと話している時、それまでインドという出自《ヘリテージ》についてや、ムスリムの登場人物を書いたことがなかったと、彼女は話した。そうしてはならないと誰も彼女に言ったことはない。しかし同時に、それまで誰も、彼女にはっきりと、そうしていいと許可を与えなかったのだ。その後彼女は「マルヤム・パテル」についての長編をさらに二作書き下ろした。第三作は、マルヤムのインドへの旅を描いている。掛け値なしに、これは本当によく書けた作品である。

＊本章の旧版は、メディア・ダイヴァーシファイドに掲載されている。[†15]

---

†15 'You can't do that! Stories have to be about White people', *Media Diversified.* https://mediadiversified.org/2013/12/07/you-cant-do-that-stories-have-to-be-about-white-people/

帰郷の途について

キエラン・イェイツ

祖国《ホームランド》へ帰る八時間の旅路の途中、私は窓の外を眺め、長年数えきれないほど読んできた、ディアスポラの帰郷物語のことを思う。私は海が千の常套句《クリシェ》を喚起してきたことを考える。欠けたところのない全体であるという感覚を抱けないことについての、バラバラに切り刻まれた小片のようにしかアイデンティティを経験できないことについての常套句を。外を見ていると、私たちが自分たちの経験を、ディアスポラの劇的物語ですでにいっぱいの文学目録に加えようとする理由が、急にはっきり分かるようになってきた。ラシュディ[*1]の「想像上の祖国」から、ナイポール[*2]の「サトウキビ、そしてまたサトウキビ」、そして、それぞれに言及される風で膨らむサリーまで、キプリングの時代に戻ったかのような異国趣味《エキゾティシズム》が文学に溢れてきたことは皮肉である。しかし、どんな作家にとっても、自身の故郷を再発見するために海を越えることの詩情には抗し難いほどの魅力があり、そしておそらく自身の故郷を擁護する機会をめったに与えられなかったそうした作家の多くにとって、青々と茂るジャングルとミルクと蜂蜜が香る空気という、極彩色のユートピア的な情景を描く誘惑はあまりにも強いものだったのだろう。だが、断片化した世界には、もっと微妙なニュアンスを許す余地があるのだから、現実的に、私たち自身と私たちの旅路について最も真に迫るかたちで示してくれるのは、壮麗な常套句ではなく、こうした帰郷の経験の細部であることは明らかだ。

前回パンジャーブに帰ってから八年になる。最後に帰った時は学生だったため、結婚やキャリアについての質問をかわせたが、今では私も公式には大人なので、あらゆることを吟味の対象にされるだろう。トルコ上空を通過しながら私は、リビングやキッチンで開かれる親族の法廷で、次々に投げかけられる質問を回避する一番いい方法は何だろうかと思案する。私は山々を見下し、四〇年以上前に祖父がこの経路を逆方向に、ボーイング七四七に乗ってロンドン・ヒースロー空港を目指していた時のことを考える。

祖父を受け入れたイギリス、私が故郷《ホーム》と呼ぶその場所は今、排斥の時代を迎えている。二〇一五年には、多くの移民コミュニティに対する気が滅入るような攻撃が見られ、「イギリス的価値」を堅持するという攻撃的なレトリックが突如として政治・経済的な政策になった。キャメロン首相は言語能力が乏しいとして特にムスリム女性を槍玉に上げ、タブロイド・メディアは毎日のように難民を悪者扱いする。イギリスの最善の利益のために献身していることを証明するように促すレトリックが、私が故郷と呼ぶ

＊1　サルマン・ラシュディ。インドのボンベイ（ムンバイ）出身のイギリス人作家。
＊2　V・S・ナイポール。旧イギリス領トリニダード島出身のイギリス人作家。トリニダードには、一九世紀前半の奴隷制廃止後、黒人奴隷に代わる砂糖プランテーションの労働力として、インド亜大陸から多数の移民がイギリスによって派遣された。ナイポールはそうした南アジア系移民の子孫である。

場所を、概して私のような見た目をしている人びとにとっては、あまり安全だと感じられないものにしている。

スピーカーからヒンディ語と英語の両方で、シートベルトを外してよいというアナウンスが流れる中、私は、言語の悪者扱いは気が滅入るほど馴染みの物語だと考える――こういった新しい方針（実のところ数年おきに持ち出される）は、イギリス的価値の称揚という名目の下、統合を促進する方策として、英語授業の強制を提案している。

現実的にこのような提案が生み出すことになるのは、キングス・クロス駅に向かう列車の中、母語で話している時に気づいてしまう、静かなカフェでわれを忘れ、電話の向こうのいとこと大きすぎる声量でパンジャーブ語の会話をしている時に気づいてしまう、犯罪者を見るような横目の視線である。

言語は苦痛を伴うものになりうる、と私は知っている。そして、さまざまな経路でここに辿り着いた世代の移民たちも、そのことを知っている。かれらにとって言語は大きな戦いで、多くの者にとってそれは常に敗北を予感させられる戦争である。たとえその言語を習得したとしても、訛をなくさないかぎり、絶えず自分の差異を思い起こさせられるのだ。インド系について言えば、私たちの訛はほとんど世界的に通じるネタになっている。アプーの[*3]「サンキュー・カム・アゲイン」という決まり文句、「何でもインド訛になると面白く聞こえる！」という西洋で浸透している真理は、文化的価値の印なのだ。フランス訛はセクシーで知的で、（ほかはともかく、ラップの）アメリカ訛はクールで文化的に流用されていて、インド訛は喜劇的というわけだ――〈ワン・ポンド・フィッシュ〉[*4]の男性が、短期間ヒットチャートに入ったのはこのためで、ミドル・イングランド《保守的な中産階級》がからかい半分に購入したからなのだ。「国民」に愛された彼の「一発芸」のことを考えるたびに私は、二〇一二年にもなって、差異の中に滑稽さを見出す植民地主義的な精神が、私の祖父の訛をエンターテイメントの素材にする人びとの哄笑の中に生き残っていたことに驚いてしまう。祖父のインド訛のイギリス英語は、彼がどこからきたか、彼が何を見たのかを示す地図である。彼はバホウォールにある村からデリー、〔ロンドンの〕サウソール[*5]、〔カナダの〕カルガリーへと旅をした。彼の声はこうした旅路を反映する、彼の記憶の生きた印であり、彼について、彼が自分では明らかにしない事柄を明らかにしているのだ。

言語の獲得はもちろん、単に時間と努力の足し算ではなく、年齢や事前教育、資源やアクセスの結果である。これは今日の危険な政治的レトリックが、性急に提示している政策によって消し去っている事実であり、議論の余地のない事実である。移民たちにより多くの資源を与えようという考えに、誰が反対しようか？　この件についての唯一の問題は、植民者の言語の前に、まず故国の言語を話す者たちが、窒息しそうなほど濃い恥辱の中を歩かせられることである。かれらが、政治的レトリックが用意している、「学ぶか、出ていくか」という脅迫のような過酷な取引の犠牲になってしまうことは明らかである。誰かが言語を学ぶのを実際に見たことがある者にとっては、「さあ、ここに住んでいるんだから、その言語を学ぼう！」という一派の見解は、それほど簡単なものではないと言って間違いないだろう。そし

＊3　アメリカのテレビアニメ《シンプソンズ》に登場するインド系のキャラクター。
＊4　二〇一二年、ロンドンの鮮魚店で働くパキスタン出身のムハマド・シャヒード・ナジーが客引きのために歌っていたラップソングを、通りすがりの客がユーチューブに投稿した動画が大流行し、ナジーは人気テレビ番組《Xファクター》に出演、ワーナーミュージックから発売された彼のCD〈ワン・ポンド・フィッシュマン〉は全英チャートで最高二八位を記録した。
＊5　ロンドン西部の郊外で、南アジアからの移住者が多く住む地域。

て覚えておこう。たとえそれを習得したとしても、やはり人びとはからかってくるだろう、と。

私の隣には、一つ年上のいとこが座っている。彼は仕切りのあるトレイを夢中で何度も上げたり下げたりしている。私の思考はすぐに母方の祖父《ナナージ》に引き戻され、ロンドンへの旅行以前には飛行機に乗ったことがなかった彼もきっと、このトレイやカップ・ホルダーやプラスチック製のカトラリーや窓のシャッターに興味をそそられたにちがいないと、眼下に広がるこれと同じ景色を見ようと首を伸ばしたにちがいないと考える。

九時間のドライブの末、私は村に、私たちの故郷の村バホウォールにいる。ここが私の家族の出身地、私たちが数世代にわたって生き、働き、死んでいった場所である。いとこたちが私のサリーを憧れの目で見つめている。それが不必要に派手なことが、私は恥ずかしい。私が注目を浴びていることに祖母はご満悦だが、私の頬は赤らみ、私がこの気まずい見せびらかしを楽しんでいると、親戚たちが考えていないかと怖くなる。

私たちはこの村で、インターネットとシャワーを断たれ、付き添いなしでは歩き回ることができない状態で三週間過ごす。私は細部と格闘する。いとこたちがびゅんびゅんと乗り回し、未舗装の道路の上でガタガタいっているスクーターの速度が恐ろしい。その一台にサリーを来たまま飛び乗るのを尻込みするせいで、私は厳格な交通安全の強化を試みている過保護国家の兵士か何かのように見られてしまい、質問攻めにあった末、ただ黙って従うはめになる。井戸から水を汲むバケツは、私のちょうど膝の高さにあたるため、私はバケツに膝をぶつけてひっくり返し、そこらじゅうに水をこぼして、毎朝私の観察にくる近所の子どもたちを楽しませている。私の長い、完璧な水玉模様のアクリルネイルでさえ、私が肉体労働をしない楽な生活を送っていることをばらしてしまう。台所でチャパティを作っている時、小麦粉が爪のあいだにつまるたびに、隣の祖母が舌打ちするのが聞こえる。私は伝統的なパンジャーブのアイデンティティと自分をつなぎ直そうとするが、全然上手くできず、間違ってばかりいる。

故郷にいる際の私のパンジャーブ・アイデンティティは、非常に典型的な二世のものである。それは、ロンドンでストリートウェアとして着られるホシャプール県のサッカーチームのTシャツであり、いとこのBMWから流れるバングラやグライム[*6]であり、エアマックス90を履いてサリーを着た自分の写真をワッツアップのグループに送ることである。二〇一六年にアジア系イギリス人であるとは、本来なら恥ずかしく感じてしまうはずのアイデンティティのある部分をあらためて主張する際に、ジョークめかした振る舞いをするということなのだ。[*7]

私は、レイブでサリーのトップスを着て、車でバングラを爆音で鳴らし、雑貨屋《コーナーショップ》の店主と仲良くなり、ヴァイサキ[*8]について同僚たちに教え、シク教徒に「サラーム・アレイコム」と挨拶するのはなぜ間違っているのかをかれらに丁寧に説明する。皆が私のことを理解してくれない白人のコミュニティに入り、自分がいかに違っているのかに気づくまで、私は典型的なサウソール女子であることを満喫しながら、年上のいとこたちの細く剃った眉毛に親しみを覚えながら育った。この心地よい空間から引きずり出されたことで、私は自分の中に新しい種類のイギリス・アイデンティティを発見することになり、最

*6 インド北西部のパンジャーブ地方の伝統音楽をベースに、レゲエやヒップホップなどの要素を取り入れながら、イギリスで発展したダンス・ミュージック。

*7 二〇〇〇年代初頭のイギリスで生まれたエレクトロニック・ダンス・ミュージック。UKガラージやジャングルといったクラブ・ミュージックから発展し、レゲエやヒップホップの影響を受けた音楽ジャンル。

*8 シク教の春の収穫祭。

終的には家族も私の奇異さに慣れてくれた。つまり、私が作家になりたいと言うことに、私が白人や黒人の友だちをつくることに、公園で開かれているメガ・メラ[*9]に行くよりも、家で『ハリー・ポッター』を読んでいたいと言うことに。

故郷にいる時には、行動規範が整然と定められているので、私は白人の空間でも家族の空間でも自分の空間でも、自分のアイデンティティをうまく操るすべを心得ている。しかしここでは、この村では、私自身の視点から行なわれた私独特のパンジャーブへの適応は、親族に丹念に調べられ、不足が見出される。かれらは私のジョークや意見、ロンドン訛のパンジャーブ語を理解してくれない。

こうしたことは時々、特にはっきりとあらわれる。たとえば、私が妹と一緒に屋根の上に避難しているのをおばが見つける時などに（そこは、いくらかのプライバシーを得られる唯一の場所で、私は階下で地元ゴシップを聞かされ、延々とお茶を淹れさせられるのに飽き飽きしているのだ）。私は歯磨き粉の広告を模した動画を作成する。くるっと振り返り、サトウキビをちょっと齧《かじ》って、カメラに向けて真珠のように白い私の歯をキラっと見せる（祖母はサトウキビが一番歯を白くピカピカにすると信じ切っている）。私がカメラに向けてウインクし、インド訛で「コルケーン」[*10]と締めの台詞を言っていると、子どもじみたことをするなと、おばは私を叱る。彼女は私を、私が面白いと思うものを、なぜ私がそれほど変わっていて、違っているのかを理解しない。彼女は絶えず私を、カーダシアン[*11]とかいう人に似ていて、教師として働き、多少憧れていた医者の息子と見合い結婚をしたばかりの、いとこの一人と比較する。皆が彼女の写真に優しく語りかけながら、困惑と同情がこもった口調で私のことを話題にする。おじの妻が話しているのを立ち聞きしてしまう。私が浴室で「ブラック・ミュージック」を聴いているのを耳にしたと（フェティ・ワップ[*12]だ）、おそらく私が「男の子にメッセージを送っている」と（事実無根だ）、私がいつも起きるのが遅すぎると（真実だが、時差ボケでは？）。

村に帰ると、私がきちんとできないあらゆる事柄に注目が集まる——私が作るロティは全然丸くなく、メンディ[*13]を入れてもらっている際も私の手は全然じっとしておらず、私の歯は弱すぎるので、サトウキビを剝《む》けない。ジャーナリストという職業は私に、他の人びとの声をうまく引き出すよう求めるはずなのに、私は自分に、自分のことをひどく中途半端な人間として提示しないような声を与えられない。故郷にいる時の私は、「新参者っぽい」インテリア雑貨や、ＺｅｅＴＶ[*14]や、時代遅れの歌を愛好することから、大好きないとこが「正真正銘のパキ」と呼ぶもので、ここでの私は、あまりに現代的すぎて単純な用事もこなせず、あまりに変わり者すぎておばたちから可愛がられない、偽者、「正真正銘のココナッツ[*15]」（と別のいとこが呼ぶもの）なのだ。それでも私は自分の中途半端さのすべてに愛着を持っているし、言葉にされない親密性のおかげで——わたしがそこにいない時には彼女たちはわたしを綺麗だと言って

＊9　メーラー（Mela）はサンスクリット語で「集まり」や「出会い」を指す言葉で、現代インドではあらゆる種類の「祭り」や「バザー」の意味で使用される。ロンドンでは二〇〇三年以来、南アジア系の文化を称揚するイベント「ロンドン・メーラー」が毎年開催される。

＊10　アメリカの歯磨き粉メーカー「コルゲート」と、シュガー・ケーン（サトウキビ）の言葉遊び。

＊11　キム・カーダシアン。アメリカの女優、モデル。彼女とその家族に密着したリアリティ番組で人気を博す。ラッパーのカニエ・ウェストの妻としても有名。

＊12　アメリカのヒップホップ・アーティスト。

＊13　ヘナという植物から作る染料を使って手足に模様を描くタトゥーの一種。二、三週間で消える。

＊14　インドの衛生放送チャンネル。

＊15　外側は茶色だが、中身は白色（＝白人と同じ）という意味。

くれ、わたしが目につかないと心配してくれる――わたしは根を伸ばすことができている。

次の滞在場所はデリーにある。

デリーに住む一五歳のいとこは、インド版のパリス・ヒルトンといった風情で、ここには違った行動規範があることを示している。私を見た彼女が開口一番にした質問は「いちばん好きな化粧品は何?」で、都会暮らしの今どきのデリーっ子らしいそのゆっくりとした話し方は、ボリウッド映画で聞き覚えがあるカリスマ・カプール[*16]の下手な物真似を思わせる。

それは、自分が持っているものに対して謙虚になるのは、ここでの流儀ではない、ということを知らせている。

私が到着すると、彼女は私が着ている、金糸の刺繍がびっしり施されている流行遅れの厚手の服を見る。ブランドもののパジャマを着て立っている彼女には、明らかな失望の色が見て取れる。

「どうしてそんなの着てるの?」と彼女は尋ねる。

私の答えは、私がその服を着て――ジャージはトランクに入ったままだ――地獄のような自動車移動に耐えたのは、上品に見せるためで、ここ一〇時間、無駄にこの重たいチュニ[*17]を被っていたから、首に引っ掻き傷ができているみたい、というもの。私たちが着くと、もう一人のもっと幼い、一〇歳ぐらいのいとこが、私に挨拶しようと興奮して走ってくる――どうやら家族内の伝言ゲームによって、私がファッション・ジャーナリストと伝えられたらしく、シャネルをまとい、ハイファッションを着こなす、最先端のキャットウォーク・モデルを期待している。彼女が目にしているのは、私のボサボサの髪と、型くずれした(彼女の姉が今しがた教えてくれたように)流行遅れの服なので、彼女は混乱してしまっている。私は祖母のサンダルを履いていて、彼女が私の汚い、マニキュアをしていない足を見ているのが分かる。

彼女の母で元モデルのおばは私の眉を見つめる。私は出発前、トップショップの建物に入っているいつもの店で、それらを剃ってもらってきたが、今ではもうボーボーに生えている。だが、私は（前回の旅行の時のように）あまりにも細く剃られるのが怖くて、インドでは眉を剃るのを誰にも任せていない。私が不格好な眉をしている理由が、おばには不可思議で仕方ないのだ。そして彼女たち三人は揃って私のひどいメイクに目を見張っている。インド人ユーチューバーがたくさん現れている世界において、やって来た私がコントアーもハイライトもしていないなどということは、十代のクールないとこたちにとっては理解しがたいことなのだ。

「ごめんなさい。とても疲れて見えるでしょ。長い旅だったの」と私は説明しようとし、彼女たちも頷いてはくれるものの、そのそぶりから、自分たちなら同じことをしても、もっと身なりをきれいにするだろうと、そして、私は自分の見た目を気にかけられない怠け者である、と思っていることが伝わってくる。

概して、私は彼女たちが期待していたものとかなり違っていたのだと思う。

週末中、いとこは私に、彼女が自撮りした膨《ふく》れ面《つら》の写真を一〇〇枚以上カラーでプリントアウトしたものを貼って作ったセルフィー・ウォールを体験させた。私たちは共にゼイン・マリク[*18]が好きということで意気投合したが、私が「メイクに関心がある」と話した後（事実そうなのだが、ほとんど狂気じみ

＊16　ボリウッド映画界を代表するスター女優。
＊17　南アジアの女性の伝統衣装のひとつで、頭にかぶる長いスカーフ。
＊18　イギリスの歌手。ワン・ダイレクションの元メンバー。父はパキスタン系イギリス人。

ている彼女の博覧強記ぶりには及ぶべくもない）、私がメイクアップ・ユーチューバーのシュルティ・アルジュンを知らなかったので彼女はがっかりし、彼女の母は、彼女たちの使用人に自分の食事まで作ってもらうのは気がひけるという私を叱る。

ボリウッドの名作とハニー・シン[*19]に対する私の真面目な愛は、インドの「シネマ」を趣味に挙げる中産階級の元モデルで、バスルームに「フェア・アンド・ラブリー」[*20]の製品を五種類揃えているデリーのおばに、専門家としての立場からぴしゃりと批判されてしまう。ある時、私が顔に美白クリームを厚く塗り拡げ、自分がいかに「白く美しい」かを明示するスナップチャットを撮っていると、おばは私をじっと見て、何が面白いのかと不思議がる。私にはその道理が分かっているが、相手に分かってもらおうとしないでいると、いつの間にかそれは問題にならなくなっている。というのも、私たちはデリー空港への途中、故郷に戻る道中なのだ。

空港にタクシーで向かう際、ドアを開けくれた運転手は、私が話すのを聞いて、「あ、ロンドンから来たのかい⁉︎」と声を上げた。

非難されているような空気が漂い、私は一瞬ひるんでから、そうです、としぶしぶ認めねばならなかった。口を開くことは、自分が誰であるか、どこから来たのかについて、自分で望むよりも多くのことを明らかにしてしまう。私たちは、パロディに思えるほど定期的にされる、どこ「から」来たのかという単調な問いかけに対して、手順に沿った回答を用意しているが、インドでは「ロンドンから」と認めざるをえない。

彼の息子は「ここ」の出身だった。母とも電話中だったが、私たちは街を疾走しながら、モディ[*21]やイギリス、ゼイン・マリク[*22]やカジョール、アディダスのジャージ、フルーツ・パストールズ[*23]を彼が好きなこと、私がロティを丸く作れないことについてしゃべった。

　こういうものの中でこそ、私は自分を理解できるのだと実感した。たまたまなされる会話の中、さまざまなつながりの中、さりげなく口にされる細部――それを発見するのが私の仕事――の美しさの中。だから私は生まれながらのジャーナリストなのであり、世界と自分自身についての問いを立てながら、常にその外側にいると感じているのだ。私はずっと取るに足らないように見える細部に魅了されるだろう。私の故郷イギリスでも――そこでは、私のような見た目の人間は、よそ者のような気持ちにさせられる――インドでも、私の差異は私を変わり者にするが、自分は二つの世界に関係を持っていると思い起こすことによって、両方を愛し、敬えるようになり、私に力を与えてくれると同時に私から力を奪う、細部を自分のものにできるようになる。どういう時に話をするべきか、どういう時は黙って観察しているべきかを心得ること、それは私の前の数千の移民たちが、それぞれの目的に向けてうまく立ち回るために習得した行動規範である。私にとっては、自分の声が最もしっくりくる場所は、常にページの上である。私よりもっと明確に言葉にし、誇らしげに立ち、自分たちの付加的なアイデンティティをはっきりと示す人たちを私は称賛する。

＊19　インドの歌手、作曲家。多くのボリウッド作品の映画音楽も手がけている。
＊20　ヒンドゥスタン・ユニリーバが南アジアおよび東南アジアで販売している美白化粧品。
＊21　ナレンドラ・モディ。インドの政治家。現インド首相。
＊22　ボリウッド映画で活躍するインドの女優。
＊23　イギリスの菓子会社ラウントリーズ製品のフルーツ飴。

飛行機まで歩いていると、それぞれの座席からたくさんのカバンの隙間を縫って、インド系イギリス人訛のざわめきが聞こえくる。私は自分の荷物をしまう準備をする。これからロンドンの故郷に、そして大人に戻るのだ。

故郷に帰ったとしても、歴史的に作家たちが感じると公言してきたような、アイデンティティのはっきりと分かれた二重性が強められるわけではない。どちらの世界でも、私は普通ではない、ということになるだけだ。私に見られる複数のよそ者っぽさ——二つに分かれていること、インド系であること、新参者っぽすぎること、西洋的すぎること、奇妙すぎること、自立しすぎていること——は、わたしが期待したほど歓迎されていない。

私は自分の村への帰郷を重要なことだと思っているが、それはそこを出ることができるという特権のおかげである。それは私が、自分の文化の中の気に入った部分をつまみ食いして、故郷に戻ってからソーシャル・メディア上の逸話のネタにしつつ、私的で、振り返るとつらくなる部分は、自分だけのものとして取っておくことができるからでもある。これは、非常に多くの二世・三世の移民が、自分たちの祖国を訪れた際に経験することである。私たちは、微妙なニュアンスに面白みを見出す能力を微調整し、私たちの日常の一部となっている、離郷と離散のドラマの耐えられそうにない重圧から身をかわすのだ。

搭乗の際、「より明るく、まぶしい」肌を売る美容クリームの空港広告を最後に見回しながら、「フェア・アンド・ラブリー」のクリームについて私がジョークを言うと毎回、白人の同僚たちがとても怯えた様子になって、全然ウケないことを思い出す。

白人のコミュニティが全然面白いと思わないジョークがあるということを、私はすぐに学んだ。オチを言っても、恐怖や同情で息を飲まれることになるからで、もっと悪くすると、肌の美白化や見合い結婚や憎悪犯罪について冗談を言うたびに、長々と説明を求められる。周囲の人びとが笑えるレベルを学ぶことも移民の経験の一部なのであり、祖国への帰郷ですら、自分の経験がどれほど学習を経たもので、西洋的であるかを思い知らされる。私はいつ黙っておくべきかを心得ている。黙ったままでいることは離郷の一部であり、思うに、頭を低くしておくことは、移民としての経験が決定的に身体に染み込ませたものなのである。この世代が電話をしながら絶えず頭を下げることに人びとが不平を言う時、厄介事を避け、自分たち自身あるいは自分たちの差異が注意を引かないようにしようと、低く下げられていたすべての頭のことを思い出さずにはいられない。じっと床を見つめていた、私の祖父や彼の友人たちのことを——おそらく人びとは、当時それに気づきもしなかっただろう。

飛行機の車輪が地面に触れた振動を感じ、体がガクンと後ろに倒れた。電話は数週間分のワッツアップのメッセージを受信しだし、もう機内アナウンスは英語が先になっている。私が観ていたボリウッド映画は途中で止められ、窓の外のタラップの方を見やると、雨がアスファルトを打ちつけている。私は席についたまま、この誰もいなくなった機内を、さすがに降りざるをえなくなるまで堪能する。風が頬を打ち、どうして人びとがこういう瞬間を二重性の詩的な見本と考えるのかを理解する——暖かさからの冷たさ、色彩からの灰色。しかし私にとっては、整然とした二重性など、自分のアイデンティティの中ではっきりと切り分けられ、相互に対立するような要素など存在しない。根無し草であることに虚ろな不安感などない。なぜなら、私が付加的に学んだ細部は、私たちのアイデンティティに付加されたものなのであって、失ったのではないからだ。中途半端さに気づくことや、自分自身のよそ者っぽさを違った目を通して見ることは、世界をユーモアや微妙なニュアンスや複雑さを抱えたものとして見ることを可能にする健全さを私たちに与える。断片という考えは、私の内実を表すものではない――祖父がくれた贈り物は、よい移民としての彼の人生が、数世代経った後、私がそうした経験の力と強さを認識できるようになったことだ。私たちは二つに分かれていたわけでも、半分に切られていたわけでもなく、力を与えられていることをただ黙っていただけなのだ。なぜなら、ずっとそう感じはしなかったからであり、よい移民でいて、騒ぎを起こさず、人びとが心地悪さを感じた時には、静かにしていることに余念がなかったからである。私たちの旅路を辿る物語を書き直すことによって、私は、私たちの中のアイデンティティの葛藤をなくすという考え方を脱し、次の単純な事実を固めることができた――私たちが失ったものなど何もなく、すべては得たものなのである。

国旗

ココ・カーン

手紙、それが鍵だ。自分が今いるフラットの住所が書かれた手紙を見つけられれば、タクシーを呼び、彼を起こさずに、それどころか自分がそこにいたことを誰にも知られることなく、こっそり抜け出せる。

その手口を覚えたのは、フェリックスと一緒にいた時だった。磁器のような肌と（強い光の下では）境目が分からなくなるほど白っぽい金髪をしたフェリックス。青い目で、いつもドクター・マーチンを履き、MA-1のジャケットを着ていたフェリックス。彼のことは鮮明に思い出せる。身長一八〇センチ、手巻きタバコ愛煙家で、物腰はよそよそしいが、勉強していた彫刻の話になると急に快活になる。彼とはいくつかのアート展で何度か会った——共通の友人、うわべの雑談、特別なことは何もない。

フェリックスとセックスすることになった時、そこに至るまでに会話はほとんどなかった。わたしは自分の中に潜む原生の獣性がそうさせたのだろうと想像したくなる。朝食の染みが付いたシャツが彼の胸をときめかせたとか、立食用の料理が並んだテーブルのまわりをうろうろしているわたしを、部屋の向こうから見ていた彼の下半身が騒ぎ出したとか、ぬるい白ワインが入ったプラスチックのカップを一つではなく二つ持ってバランスを保ちながら、サイズの大きいジーンズをずり上げているわたしを見て、**本当に眩しい女性とはこういうものなのか**と彼が思ったとか。だが、展覧会後のパーティーでの無料ドリンクが、そのことに関係していたのだろうとうすうす気がついている。

わたしたちが暗闇の中でセックスしたのは、スイッチを入れた途端、電球がバチッと光って壊れたからだった。彼は交換しようと申し出たが、わたしは問題ないと言った。終わった後、彼はぐっすり眠っていたが、わたしは寝付けなかった。夜が明け、光が部屋に差込みだして初めて、彼の私物が見えるようになり、それが何なのかを悟った。

彼は国旗を持っていた。それもたくさん。ユニオン・ジャックの旗が部屋の至るところにあったのだ。現実感が揺さぶられ、ショックで世界が震え出した。突然部屋が、目がくらんだように明るく、閉所恐怖症になったかのように狭く感じた。旗の一枚はドアに貼られ、別の旗は、ペンが一杯詰め込まれた卓上のマグカップのかたちを取っていた。カーテンレールには、コスプレの衣装棚から出されてきたようなユニオン・ジャック柄のボタンダウンシャツが吊り下がり、びっくりして戸惑ったのだが、わたしたちが横になっていたベッドの上には——赤と白と青のストライプが広がっていた。

ショックと混乱と、アルコールが急速に引いていく感覚のあいだで、わたしの身体は揺れ動いた。けたたましい音が耳いっぱいに鳴り響き、チクチクと刺すガラスのかけらが頭に入っているような気分だった。**誰？　誰？　誰？**　わたしは自問自答しつづけた。**この人は誰なの？　どうして彼はそのことに触れなかったの？　それがわたしをどういう気持ちにさせるか、彼には分からなかった？　それもわたしがここに誘われた理由の一部なの？　これはゲーム？　幻想？　それともわたしが知らないだけで、帝国趣味のこういう性癖があるの？**

国旗、ブーツ、ジャケット——恐ろしい考えが頭をもたげはじめた。**スキンヘッドだ。彼はスキンヘッド、髪を生やした隠れスキンヘッドなのだ。芸大の学生だと思っていた。ファシズムではなくファッションだと……**

ゆっくりと静かに掛け布団をめくりあげ、服を着て、荷物をまとめ、立ち去った。

一六歳になるまでに、恋愛について、身近な環境から学べるものはすべて学んだと思っていた。E12は労働者階級が住む地域で、人種が混じり合っているが南アジア系が最も多く、ロンドンの一部であるが小さな町特有の雰囲気を持っていた——心地よさと息苦しさが半分半分ということだ。わたしはコミュニティの大人たちから、セックスは夫婦のあいだでなければ（あるいはそれを秘密にしておくすべを知らなければ）、避けるべきものだと学んだ。学校の子どもたち——ほとんどはわたしのような茶色い他の子どもたち——から、男の子でなければ（あるいはそれを秘密にしておくすべを知らなければ）セックスは避けるべきものだと学んだ。ボリウッド映画からは、カイゼル髭をした男は悪玉で、白い麻の服を着た男は善玉で、女はあちらを立てればこちらが立たずで、どんな状況であってもうまくいかないと学んだ。こうした表向きの話の裏側には、デスティニーズ・チャイルドの自立的な女たちがいて、《セックス・アンド・ザ・シティ》の罪のない快楽主義があった。わたしたちはその番組を観てはいけないことになっていたが、それを秘密にしておくすべを知っていた。

その当時、わたしは自信はなかったが、少なくとも自分は世界を知っていると思っていた。困難な状況に陥っていた十代の友だちの多くとは違い、実践経験は全くなかったとはいえ、自分はもっと大局的な見方ができていると確信していた。男たちには向こう見ずに人を傷つけることが許されていて、責めを負うことになるのは女であると理解していた。身を隠すよう強いられるのはいつも女なのだ。これほど平凡で日常的な事柄が、これほど強い力を持つようになっていることが奇妙だった。

わたしにはプラヴィーナという親友がいて、彼女は一七歳の時、年上の男に引っかかった。彼は当時三二歳、彼女は若くナイーブで、この恋愛が暴行に近いものかもしれないと疑うことはなかった。プラヴィーナとその暴漢はセックスを録画したテープを作製した。今から考えれば、それが警察に届けられたに違いなかった。そして、どういうわけかこのテープが彼女の兄の――その後、彼女の父の――手に渡り、プラヴィーナは結婚するまで監視なしの外出は二度と許さないと言われることになった。

長いあいだ、わたしはプラヴィーナをかばい、実際は一八歳未満を対象とした夜のクラブイベントに二人で行った時も、彼女はわたしの家で勉強していると証言した。何年も経つと、わたしの過保護な母の締め付けも緩みはじめ、わたしは分別のある少女で、常時の監視は必要ではないと母は理解した――そうしなければ、わたしが大騒ぎしたからであるが。すぐに母もわたしたちをかばうようになり、家に掛かってきた電話に応えて、ウルドゥー語で――**はい、あの娘《こ》たちは頑張って勉強していますよ、とっても一所懸命に**――とプラヴィーナの母親に話した。

わたしは母から多くのことを学んだ。彼女は見合い結婚のために英国に来たが、その結婚は何年ものあいだ彼女を不幸にした。彼女は夫と離婚し、二人の子どもを女手一つで育てあげ、やっと愛を見つけた時、子どもをもう一人もうけた。これがわたしである。父は最後まで責任を取らず、特に傷を負うことなしに、元の妻のところに戻る特権を有していた。何年も経ってからようやく、わたしは母にとってそのことがどれほどの重荷だったかを知った――人びとは、時には近い親類までが、恋に落ちたことを、そしておそらく、うっかりとわたしを生んでしまったことを恥入るよう母に強いた。

母はプラヴィーナのことを、後年はわたしのことを、決して表立って承認しなかったが、母が内心共感を抱いていたことをわたしは知っている——思い切ってチャンスを摑んだ女たちへの共感を。

「ちょっとしてみようと決心したわ。このセックスってやつをさ。ヤりたいのよ」

「そうね、いいんじゃない」

わたしは、シックス・フォーム・カレッジ[*1]での勉強友だちのステイシーと話していた。ステイシーは一八歳で、彼女のウエーブのかかった赤い髪に似た、燃えるような気性をしていた。彼女は特徴的な紫色の日産マイクラ[*2]を運転していたが、その車は彼女の外見に驚くほど似合っていなかった。彼女はいつもその物体を乗り回し、スピード違反の罰金を食らい、信号で止まっている時にじろじろ見てくる野次馬には、誰彼なしにフェラチオの身振りで返した。ステイシーが妊娠した時、やはり彼女はカレッジを退学することになった。赤ちゃんが生まれる前に、彼女とその家族全員がその地域を出ていった——噂では、そこを離れ、どこかに身を隠すようにと、彼女のボーイフレンドの父親が彼女たちに金を払ったとのことだった。

「で、どこから始めればいいかな?」

「始めなくったっていいわよ。それはただ起きるものなんじゃない？　成り行きにまかせればいいのよ」

＊1　一六歳までの中等教育段階を終えた後、大学への進学を希望する学生が、高等教育進学準備課程（シックス・フォーム）を受けるために通う学校。

＊2　日本では「マーチ」の名で販売されている車種。

ステイシーにとっては、たぶんそれが真実だったのだろう。だが、わたしは部屋に足を踏み入れると、皆が振り向くような女子ではなかったし、振り向かれたことなど未だかつてない。わたしは常に、ちょっと背が低すぎで、太りすぎで、浅黒すぎだった。それに、わたしはセックスを、まるで悲劇のように、ただ自分の身に降りかかるものにしたくはなかった。

「どっちみち、それを特別なものにしたくはないんでしょ?」

「ほんとに格好いい、イケてる男が突然現れて、君が欲しいなんて言うのを待ってるんだったら、もうちょっと待つわよ。でもね、わたしは処女のまま来月から大学に行くのはいやなのよ——自分の部屋を持つことになるのよ——気がかりのままにしたくないの。吹っ切って、楽しめるようになりたいの。ねえ、わたしは安全なセックスの伝道者だし、何をしたらいいかは分かってるわ。正直、他のみんなと同じ失敗をしたくないけど、チャンスを逃すべき理由も分からない。人生は短いんだし」

「じゃあ、サンディープはどう? 彼、可愛いし、好きって言ってなかったけ? なんだったらわたしの車を貸してあげるわよ。でも、汚したままで返さないでよ」

「上手にできたらいいな、なんて言ったらだめなのかな? ベッドでの話よ。自分に生まれつきの才能があったらと思うの。って言うか、どうすればいいか知ってなくちゃいけないのかな?」

「知ってなくたっていいわよ。彼らが知ってるから。彼らのリードに従ってればいいの」

「彼らはどうして知ってるの?」

「当たり前のように知ってるのよ。やらしい雑誌ね、たぶん。それに彼らはしゃべるのよ。いつもセックスの話をしてる。いい、きっと大丈夫よ。習うより慣れろ、ってやつ」

＊＊＊

大学を卒業してロンドンに戻ってきた時、わたしは以前より生意気になっていた。その四年で多くのことを学んだ。どうやって言い寄るか、どうやってパーティーでバカ騒ぎするか、どうやったら自己中の男やしつこい男、あるいは全然お呼びでない男をためらいなく追い払えるかを学んでいた。

本もたくさん読んだ。人間の最も暗い場所にまで足を踏み入れ、平等と希望のメッセージを手に帰還した女性たちが書いた素晴らしい本だ。彼女たちは、セックスがもはや権力に関わるものでなくなり、それが他の誰かから奪い取るものでなく、共に分かち合う喜びになる日のために頑張ったのだ。わたしはそうした喜びを、人生の中で、自分にふさわしい間柄の中で得たいと思い、そうできると感じていた。わたしは自立と、女友だちとの親密な交友を満喫していた。ふさわしい男のことを好きになるのを恐れなかった。行きずりの情事がもっと形式的な関係に発展することもあった。振られることも多々あったが、それはそれで人間としての成長のうちだった。

わたしは順風満帆に人生を送っていた。若かりし頃の自分を思って笑っていた。日産マイクラの中でプレッツェルのように丸まり、手にした硬いペニスにひどく怯え、まるでそれが今にも自分に襲いかかってくる野生動物であるかのように、それに向かってなだめるような言葉をつぶやいていた自分を。笑いは何年も続いた。夜の生活――バー、クラブ、パーティー――は、思いがけない出会いのスリルなしには、もうすっかりくだらないものになっていた。わたしは女性目線の閨房譚《けいぼうたん》で友人たちを楽しませることに大きな誇りを持っていた。それは数千年にわたって、そこかしこにあったはずなのに、日の目を見ることがなかった物語だ。わたしたちがセックスについて自由に話さないのだとすれば、他にどうやって、それを等しくわたしたちのものにしていけるだろうか?

で、わたしはカウガールのチャンピオンみたいに、その男の上に跨ったわけ。そこに乗せたらお腹がでっぷり出ちゃって、髪の毛も振り乱してたんだけど、全然気にしないでね。でもそうしてたら、冗談なしに、めまいがしてきたの。ヒッチコック映画でジェームズ・ステュアートのまわりを幾何学模様がぐるぐるする。ほんとにあんな感じだったわ。ワインを飲みすぎたら、めまいを引き起こすことがあると思う? カウガール、降りろ! 馬から降りるんだ!

その後、ある日、すべてを変えてしまったのも、自由なおしゃべりだった。

「で、僕が初めてだった?」

「そんなに下手だった?」とわたしは笑った。

「いや、そうじゃなくて、白人の男って意味さ。僕は君が初めてした白人の男だった?」彼はにっこり笑った。

「残念だけどちがうわよ。わたしはいろんな人種としたし、聞かれる前に言うけど、そうね、みんなあなたよりよかったわ」

彼は偽りのものではなさそうな笑みを浮かべた。「僕は君が最初だった。今まで白人の女の子としかしたことなかったから、できてうれしいよ」

わたしはそれまで自分の肌の色や彼の肌の色についてよくよく考えたことなどなかったが、もうそのことが頭から離れなくなってしまった。

彼らがわたしを欲したのは、それが理由?

それからの数週間、いや数ヶ月間、わたしは毎日そのことについて自問自答し、白人の男だけでなく、黒人や、自分と同じアジア系の男についても考えてみた。最初は、それを無視した。だから何だって言うの？　それによって実際、誰を好きかという事柄についてわたしたちが下す、とっさの個人的判断が変わってくるというの？　しかしわたしは不安を感じ、その感情を振り払うことができなかった。わたしは、彼が友だちのところに戻って、「昨夜は素晴らしい時間を過ごしたよ」的な話ではなく、「アジア系の女とやってやったぜ」的な話をしているのではないかと考えた。

負けた気がした。

わたしは自分が状況を支配できるようにならねばならないと決意した。しばらくのあいだ、そのことを名誉の印として受け入れようとした。自分のことを、セックスの力でステレオタイプを打ち砕こうとしている、ある種の性的な改革運動者と想像した。わたしはそれを真剣に捉え、オリンピックと同じで、民族の希望がわたしの双肩にかかっているかのように考えていた。時間をかけて新しいテクニックを習得し、現代の人間にはとてもできそうにない秘術的な体位に挑戦して、いろいろな箇所が肉離れになった。デートの際は、侮蔑ともとれるステレオタイプ的な質問を大目に見て、辛抱強く答えた。「会ったことがない男と婚約したことなんてないわ。そもそも料理も全然できないし」

おそらくより質《たち》が悪かったのは、申し訳なさそうな物言いをする男だった。《HOMELAND》のあるエピソードを観る前に「ちょっとチェックしたいんだけど、君は大丈夫かな？」と聞いてくるような男だ。[*3]

＊3　アフガニスタンやパキスタンの人間が敵方として扱われるドラマのため、インド系のカーンが気を悪くするのではないかと懸念した「男」の発言こそがステレオタイプ的だ、という意味だと推察される。

最後にはもうそれ以上我慢できなくなった。

初めて「パキ」と呼ばれたのは、小学校でのことだった。七歳ぐらい——八歳かもしれない——だったはずで、わたしは食堂で給食の列に並んでいた。どうしてだったか、わたしと同じクラスのアミーという女の子とのあいだで口論が起こった。わたしたちが（子どもがよくするように）全く無意味なことで言い合いをしていた時に、それがアミーの口から出たのだった。自分が何を言っているのか彼女が理解していたのかどうか、わたしには分からない。「あなたはパキよ」——その言葉が口をついて出た時、彼女は驚いているように見えた。

まるで時が止まったかのようだった。その年齢でもこれが行き過ぎであることは分かった。わたしは手を上げ、「ミス！　ミス！」と向こう側にいた給食のおばさんを呼んだ。その給食のおばさんは、おばさんというよりおばあさんだった。白髪まじりの老女で、耳が遠かったにちがいなかった。というのは、わたしが彼女にアミーに「パキ」と呼ばれたと話すと、彼女は至極真面目に、**彼女はあなたをパケット（小包）と呼んだって？　何の小包なの、お嬢ちゃん？**　と、強いイースト・エンド訛で言ったからだ。

その後、わたしがその言葉を再び耳にしたのは、我が家の壁にそれがスプレー塗料で書かれているのをわたしが発見した時のことだった。「パキは帰れ、ＮＦ[*4]」と。わたしは前々から、かれらが自分たちの署名を入れることを軽く面白がっていた。なぜなのか？　わたしたちが誰の仕業か分かっていないとでも？　わたしたちがそれを、自分たちのような茶色い人間がいつも企んでいる人種をテーマとしたイタズラの類と勘違いするといけないから？

数日後、わたしの兄が何人かの友だちと一緒に、ぶるぶる震えたガリガリの白人の十代の少年を羽交い締めにして家まで連れてきた。彼が犯人で、ここに謝罪に来たのだ。

「根性試しだったんです」と彼は言った。「そんなつもりはなかったんです。すみません」

「帰してあげなさいよ」と母は言った。「泣いてるのが見えないの? まだ子どもじゃない」

彼が一三歳より上であるはずはなく、手と足は大きいのに、他の体の部分の成長がそれに見合っていないという、十代特有のぎこちない体型をしていた。

彼はスキンヘッドだったが、怖くなかった。それどころか、彼にはひときわ目立つ道化師のようなところがあった——大きなチェリーレッドのドクター・マーチン、奇妙なほどウエスト位置の高いズボン、サスペンダー、一番上までボタンをとめたシャツ。走り去っていく途中、彼は曲がり角で姿を消す前に、わたしの方に振り返き、腕を上げてナチ式の敬礼をした。そして彼は行ってしまった。


フェリックスとまた会うことになるとは予期していなかったが、彼を見逃すのは難しかった。彼は背が高く、彼の髪の毛を見紛うはずがなかった。彼はわたしに会って喜んでいるようには見えなかったが、わたしが誰だったかをしっかり覚えていた。重大事だったのだ。やはりわたしは彼の国旗の迷宮に潜入した唯一の非アーリア人だったのだろう。

わたしたちは挨拶を交わし、彫刻の話をし、彼は二本煙草を巻き、一本を耳にはさみ、もう一本をわたしに差し出し、「君が吸うかどうか覚えてないんだ」と言った。

＊4　NFはイギリスの極右政党、国民戦線(National Front)の略称。

わたしたちは外に出て、縁石に座って煙草を吸った。書き置きをしてくれればよかったのにと、彼が冗談を言うので、わたしは正直に国旗まみれの部屋の様子は恐怖以外の何物でもなかったのだと説明した。

「立ち去らないで、そのことを僕に聞いたみたいな話ぶりだけど」。彼は一呼吸置いて、わたしの顔色を伺った。「自分でも分かってる。あの国旗は、ちょっと、まあ微妙だし、僕も何か言うべきだったかもしれない。怖がらせてしまってごめん。でも、もちろん言うべきだったんだけど、ほら、僕は酔っ払ってて、部屋にいる可愛い女の子に気を取られてたんだ」。彼はもたれ掛かってきて、自分の肩をわたしの肩の上に落とした。「あの国旗を吊り下げながら、『さて、この部屋にアジア人が来たらどうなるだろう』と考えたことなんて一度もないよ。正直な話、僕はあの部屋に女の子が入るなんてことすら考えてなかったんだ」

「つまりあなたは極右で、ちょっと変わってるけどとてつもなく魅力的なアジア系の女子たちを弱らせるクリプトナイト[*5]を持ってて、ひそかにそのことで心を痛めているわけではないと?」

「はは、ちがうよ。父さんが七〇年代のパンクだったんだ――レイシストではないパンクだよ。だから、家にはいつも国旗がいっぱいあった。それをフラットに持ってきたんだ。それらは僕に家を思い出させるから。それだけさ」

入口に行列が出来はじめていた。バーは混んできて、ドアが開くごとに、どんどんと音楽が大きくなっていった。

「わたしも謝ったほうがいいわね。あなたに説明の機会を与えなくて、ごめんなさい。わたしたちがセックスした数ヶ月前、ほんとに変な体験をして、簡単に言うと、その男はわたしがアジア系だったからうれしいと言ったの。それでわたしはほんとに気が変になってて――」

「そっか」

「――分からないのよ。彼はわたしを喜ばせたかったのかな？　だからわたしを選んだんだって？　わたしがアジア系だってことで、彼はいい気分になったのかな？　彼はクールで時代に乗った男だって。わたしはただ、若いあいだに、ローンとか子どもとかを持つようになる前に楽しみたかっただけなのにいつも何かが、クソつまらない何かが、ただただ素晴らしいはずのものを、最悪なものに変えてしまう。わたしは出会いを求めて、楽しみたいの。一回きりになるか、その後も続くかは別にして。でも、あの発言、あれはわたしにとって、すべてを台無しにするものだった。あの人はほんとにわたしを求めたのか、わたしが茶色い人間だったのがよかったのかと、ずっと考えてしまう。控えめに言っても、それはムードを壊すものでしょ。確かめる方法が見つかればいいんだけど」

「提案してもいいかな？」

「あなたの提案というのは、タクシーを呼んで、あなたのパンクの宮殿に戻ろうってこと？　もしそうすれば、わたしが乗り気になると？」

「ああそれはちょっと、僕のガールフレンドが喜ばないだろうな。そうじゃなくて、僕が言いたいのは、なぜ君はその男たちに話そうとしなかったのか、そいつらの正直なところを知ろうしなかったのかって――」

＊5　スーパーマンの弱点として知られる架空の物質。

「わたしもしようとしたけど、もっとおかしなことになって、バカでつまらない質問をいっぱいしてしまって――」

「じゃあ、そいつらが嫌なやつらなんだったら、話を続けちゃだめだ。そいつらはいいやつでちょっとバカなだけだから、関わりたいと思うなら、まあいいし、そう思わないならそれまでだ。すべてのことを試してすべてのことを正す、なんて君がやらなくていいことだよ。中に入ったほうがいい。警備係に怒られる」

「いいえ、もう家に帰るわ。もう二度とあなたに会いたくないと言ったら、あなたはすごく傷つく?」

「どうして?」

「あなたは素敵だから。姿を消してしまったことに、自分で自分に腹が立ってしまうから」

彼は目で笑った。「分かった。じゃあ、こうしよう。僕が消えるよ。これでおあいこになる。でも僕が言ったことは忘れないでおいてよ」

「いいわ」

わたしはハンドバックを引き寄せ、ゆっくりとコートを着ながら、彼が煙草の火を消すのを眺めていた。彼はわたしと就職面接が終わった時のような形式的な握手をし、「イエッサー」と上官にするような格式張った会釈をしながら、芝居気たっぷりに両方の踵《かかと》を合わせた。彼は玄関から入っていき、彼の後ろでドアが閉まる直前に、わたしにウィンクした。そして、彼は行ってしまった。

アフリカに切り込む——黒人向けの床屋と男の話

イヌア・エラムス

もしアフリカがバーだったら、あなたの国は何を飲んでる／してる？

——@SiyandaWrites

昨年〔＝二〇一五年〕、ボツワナの作家シヤンダ・モフチシバは、人びとがキャラクターに成り切って交流する場を作ろうと、ツイッターでこの「素晴らしい作文のお題」をつぶやいた。五万件のツイートが続き、＃IfAfricaWasABarは話題騒然になった。回答がどしどし寄せられた。悪意あるもの、悲劇的なもの、洞察に富んだもの、侮蔑的なもの、啓発的なもの。この一連のツイートは、アフリカの地政学を、アフリカ人が他のアフリカ人のことをどう考えているかを、かれらがヨーロッパ人についてどう考えているかを、そして、二年前に私が始めた一つのプロジェクトの行き先を明瞭に照らし出してくれた。

#IfAfricaWasABar　ヨーロッパ人は全部の飲み物に毒を混ぜ、後日、みんなに解毒剤を売りつ

けるだろう。

――@ChetoManji

私が移民になり一二歳でナイジェリアを離れた時、私と父はお互いの髪の毛を切り合うようになった。私たちはダブリンで暮らしていたのだが、私が白人のアイルランド人の友だちが髪を切るのについていくと、アフリカ人の髪を切った経験がほとんど、あるいは全くない理髪師たちの顔に狼狽の色が浮かぶのが見て取れた。私は頼んではならないと学んだ。私は座って、ほとんど無音の中で行なわれる仕事を観察した。すべてが一変したのは、私たちがロンドンのペッカムに引っ越し、私がアフリカ系やカリブ系の理髪店という男性性の身近な拠点に出くわした時だった。夜遅くまで、客をもてなすアフロ系／カリビアン系の男たちでいっぱいの店舗の正面ガラスから光が溢れ出ていて、私はその世界に飛び込んだ。私はそこでサッカーから子育て、クレオール語[*1]から栄養学にまで及ぶ、極めて幅広い会話が行なわれていることを発見し、《理髪店クロニクルズ》を書きはじめた――アフリカ系の男たちが理髪店の内で何を話しているのか、ということについての劇である。一ヶ月書き続けた後、私はもっと話を大きくしたくなり、アフリカ大陸で行なわれている会話は、ここでの会話と似ているのかどうか、ディアスポラの状態にある私たちのことを、土着のアフリカ人たちはどう思っているのか、アフリカ人たちは他のアフリカ人たちのことをどう思っているのかを知りたくなった。私はイングランドを離れ、南アフリカ、ジンバブエ、ケニア、ウガンダ、ナイジェリア、ガーナを旅したのだが、私が見聞きしたものの焦点を#IfAfricaWasABarが絞ってくれることになった。

南アフリカ

二〇一三年、ネルソン・マンデラが他界した二日後に、私はヨハネスブルグに到着した。アフリカで最も尊敬された政治家、神話的で伝説的な人物、最も立派だった父親が亡くなり、国中がショックを受けていた。私が話した男たちは、それ以外のことを口にしなかった。彼らの感情的な反応は、マンデラの死に面した喪失感、彼の肖像画に対する嫌悪感、彼が言った「虹色の国」を見ずして亡くなってしまったことへの苛立ち、彼が和平のためにしたかもしれない裏取引の疑惑と、多岐にわたった。南アフリカは未だにアパルトヘイトに囚われていると彼らは信じており、その前年に公表されたある調査報告に言及した。その報告は、四〇パーセントの白人の南アフリカ人はアパルトヘイトが悪かったとは考えていないということを明らかにした。私が会った、作家でアートディレクターのミリーは、その体制が生んだ悪魔の除霊が全く済んでいないと説明した。アパルトヘイトが廃止された後、同体制下で男としての威厳をくじかれ、「坊主《ボーイ》」と呼ばれていた数世代の男たち、誘拐され、ひどい障害を負わされ、殺害された家族のメンバーの物語を抱えて名乗り出たそうした男たちは、許すように、忘れるようにと言われたのだった。真実和解委員会[*2]は、加害者たちには名乗り出ることと、謝罪だけしか求めないというかた

＊1　共通言語を持たない人びとのあいだでの簡易的な意思疎通を図るために作られた混成言語（ピジン語）が、複雑な意思疎通を可能にする語彙や文法を備えるようになり、その地域で母語として話されるようになった言語をクレオール語という。

ちで設置された。多くが名乗り出たわけではなかったし、名乗り出た者たちの中でも、謝罪した者は多くなかった。

「彼らは怒りの矛先も得られず、誰も責任を問われなかった」とミリーは言った。「だからこそ、南アフリカは犯罪が非常に凶悪で、世界のレイプ首都と呼ばれるんだ」

精神衛生上の根深い問題がひたすら固まって悪化し、この苛立ちが女性にぶつけられている、とミリーは考えていた。

あちこち飛び回っているITコンサルタントのアンディルは、彼が育った「有色」のコミュニティで、いかにアルコール中毒がはびこっているかについて話してくれた。彼の先祖たちはぶどう畑で、白人の南アフリカ人のために働き、金や食料ではなく、給与をワインの樽で支払われていた。これが彼の血液中にアルコールへの乾きを残したのだという。彼の家族全員が中毒を患っており、完全な断酒だけが彼に残された唯一の治療法だった。

私はショーニに会い、彼はサハラ以南で最も多民族的な地区イェオヴィルに連れていってくれた。歩いていると、混じり合ったさまざまな言語が耳に入ってくる。カメルーンの、ガーナの、ジンバブエの、タンザニアの、ナイジェリアの、マラウィの、ジャマイカの、トリニダードの、ザンビアの言葉が、ズールー語、アフリカーンス語、コサ語といった南アフリカの言葉に接がれている。翌年、その国は外国人嫌悪に駆り立てられた多数の殺戮に襲われることになる。移民に反対して行進した群衆が、他のアフリカ諸国から来た七人の黒人移民を殺害し、二〇〇八年の六七人が殺された暴動を思い起こさせた。当時の私は二〇〇八年の出来事について何も知らず、未来を予知できなかったが、南アフリカを発った時、そこは観念の坩堝《るつぼ》だという印象を抱いた。伝統的なかたちで心底アフリカ的でありながら、英国から継承したエリート主義の影響を非常に深く受けているがゆえに、他のアフリカの国々を見下している――にもかかわらず、単一のアイデンティティの下に一二の部族を統合しようと努力しているのだ。

#IfAfricaWasABar　南アフリカは全部の酒類を飲んでから、胃の中でケンカしないようにと、それぞれの酒に懇願するだろう。

――@SiyandaWrites

ジンバブエ

私はハラレへ旅立つはずだったが、ビザを出してもらえなかった。それでヨハネスブルグにいるジンバブエ人の理髪師と顧客にインタビューすることに決めた。彼らは至るところにいる。ムガベ大統領の強引な農地改革計画のせいでジンバブエに制裁措置が加えられた際、三〇〇万人のジンバブエ人が南アフリカに逃れたのだ。ミュージシャンのドウェインはジンバブエを去った理由に、この件とジンバブエの保守主義を挙げた――そこには彼が作りたい音楽の市場がなかった。今では、すべてが変わってしまったのだ。

私が自分のプロジェクトを説明し終えると、私がビザを得られなかったのは職業のせいだろうと彼は

＊2　アパルトヘイト時代の人権侵害と政治的抑圧の真相を究明し、その被害者の復権と民族和解を目的に一九九五年に設置された委員会。一九九八年に最終報告書を公表した。

推測した。

「アンクル・ボブ（ロバート・ムガベの愛称）は」と彼は話した。「西洋から来たライターを信用しないんだ。かれらはいつも彼について嘘を書くし、誇張して書くから」

私はどのみち理髪師や顧客を見つけるのに苦労することになっただろうと、ドウェインは付け加えた。というのも、ジンバブエではドレッドへアーばかりで、男たちは髪を伸ばし、ドレッドへアーを切らないらしいのだ。帝国主義と英国支配を打破した血みどろの戦いの後、一九八〇年にジンバブエの独立記念式典でボブ・マーリーが歌った。それがラスタファリニズムの遺産と文化の種をまいたのだ。そのことの根本には「精神性と意識と自負がある。だからこそ、僕らは今アンクル・ボブを尊敬している……彼は意識と自負のために戦っているんだ」とドウェインは言った。

私は、南アフリカのテレビで生放送されたマンデラの葬儀を思い出した。列席した政治家、国家元首、大統領、副大統領、王族、高官の中でも、ムガベは最も大きく長く熱烈な喝采を得ていた。「それは南アフリカの人たちが、マンデラが失敗したことをムガベが成功させたと認めているからだよ。土地の奪回さ」。ジンバブエ人は生粋の農民だと、ドウェインは考えている。彼が生まれた地域では、ほとんどの人が自分たちの食べ物を自分たちの手で育てていた。「だから植民者たちに土地を奪われたことが一大事で、それを取り戻したことが非常に大きな意味を持つわけさ」

ドウェインは、自由なジンバブエで育った「生まれながらの自由人」の一人だと自己紹介した。彼はヒップホップからチムレンガ・ミュージックに転向した。チムレンガとは、「闘争」を意味するショナ族の言葉で、彼の国の七つの部族の戦いと解放を回顧するものである。彼が話していた時、そうした時代を生き抜いたという自負が、彼の声の中でナイフのようにちらつき、言葉を鋭くさせていた。

#IfAfricaWasABar　ジンバブエは、どのように用心棒と戦い、店内に入ったかを語るだろう。

——@TheGaryCahill

ケニア

クリスマスの三日前、半分空っぽになったナイロビに私は降り立った。英語とスワヒリ語がケニアの公用語だが、噂話に使われる言葉は、私にはよく分からないシェン語である。私が会話できる理髪師や顧客を探すのには難儀したが、二日後にイアンが見つかった。

「誰がケニア山を見つけたか？」とイアンは質問してきた。知らないと私は言った。「ケニアの教科書には、ドイツの宣教師ヨハン・クラプフがケニア山を発見したと書かれている。僕の祖先たちが何世紀もそこで家畜を放牧していたのに、そんなことありえるかい？　ケニアには四二の部族がいるのに、上を見上げて、『あれはとても大きな丘だな、ちょっと見に行ってみよう』と思った部族がひとつもなかったと。僕らは教育制度をまるごと改革して、アフリカ中心主義的な学習要綱《シラバス》を作る必要がある」

話題は新しく制定された二つの法律に移った。一つは彼が「マドンナ法」と、そのポップ・スターがマラウィ人の孤児を養子にした有名な話にちなんで呼んだ法律で、ケニア人の孤児を養子にしたいと望む外国人に対して、より厳格な規制を導入したものだ。二つ目はビジネスに関係するもので、政府契約の三〇パーセントを、女性と若者と障害者に与えるよう求めた法律だった。

「すでに彼女は、というか女たちは、大きなアイデアと契約を抱えてナイロビを走り回っているけど、彼女にそんな仕事をする能力はないんだ」と彼は言った。

彼は、ケニアの家庭生活が損なわれ、社会が崩れ、男たちが家族の中での立場を弱めてしまうことを恐れていた。彼はケニアはこうした変化への準備ができていないと感じていた。彼が話の中で口にした「彼女」とは、他ならぬ彼自身の妻のことではないかとの考えが私の頭をよぎった。私たちは店が閉まった後もまる四時間話したのだが、彼は家に帰るのが嫌そうに見えた。

二日後、私が赴いた理髪店がある「カリフ」地区は、至るところに新しいビジネスの兆候があふれていた。

ケニアにあるバラク・オバマのルーツを祝福し、「バラク・ベーカリー」とか「オバマズ・コーナー」とか、「オバマズ・バーバー」、「イエス・ウィー・キャン・リミティッド」と名付けられた建物があった。会話は荒々しく……ケニアの魔術とナイジェリアの魔術の対決、ほれ薬、レイプ犯にふさわしい処罰、「許容できる」獣姦、国境を越える旅、ウガンダ通貨のシリングに対するケニア通貨のシリングの強さ、と何でもありだった。また、中国の投資家を引きつけるケニアの力が誇りに思われていて、理髪師たちは、中国人はケニアで四三番目の部族になりつつあるとの意見を述べた。

南アフリカ人たちがアイデンティティを探し中で、ジンバブエ人たちが自分たちの解放を誇っているとすれば、ケニア人は新たな富と、進取の気性と、世界からの承認を祝っていた。

#IfAfricaWasABar　ケニアは声がでかい「成金」の酔っぱらいで、みんなにアメリカで成功したいとこのバラクの話をするだろう。

——@ShinkoNguru

ウガンダ

次はウガンダを旅した。南アフリカ人と比べれば、ケニア人は落ち着いた人びとだった。そんなケニア人もウガンダ人と比べれば、爆竹そのものである。ウガンダ人は生活の全局面を通じて、深く長い間を取ってゆったりと歩いたので、私は空港にいる時、スーパーマーケットで順番待ちをしているような気分になった。

最初の数日間に、空港からのタクシーの運転手とブリティッシュ・カウンシルのパトリシアが、ウガンダの言語学的風景を描いてくれた。運転手が言うには、ケニア人の一〇〇パーセントがスワヒリ語を話すが、ウガンダ人の三〇パーセントしかそれを話さない。まるでそれがケニア人よりかれらが優れている証であるかのように、彼は誇らしげに話した。パトリシアの補足によれば、ウガンダとタンザニアとの解放戦争中、イディ・アミンはイングランドで教育を受け、彼より上手に英語を話す官僚たちに不信を抱いた。アミンは官僚の多くを追放し、彼らの仕事を彼が信用した者たちに与え、官庁の職務はスワヒリ語で遂行するよう要求した。この時代が厳しかったため、戦争後、スワヒリ語は軍事独裁の同義語になったのだ。それゆえ民衆は反旗を翻し、英語を公用語に選んだが、たいていはそれぞれの部族の言葉で話した。

私が連絡を取ったドレーは、物腰が穏やかで体が柔軟で腹を空かせた芸術家で、語源に関心を持っていた。この国の五六の部族のうち、ブガンダ族（ウガンダの国名の由来である）が最も大きい、と彼は説明してくれた。

「ブガンダ」は「ムガンダ」の複数形、つまり「ムガンダ」は一人のブガンダ人という意味で、「ルガンダ」がかれらの言語であると彼は言った。

簡単だ。

一軒の店を見つけると、サイモンという名の理髪師から大々的な歓迎を受けた。南アフリカ人がアイデンティティを探し、ジンバブエ人が自分たちの解放を誇り、ケニア人が富を祝っているとすれば、ウガンダ人は恋愛とそれに絡む厄介事について大いに語った。

サイモンは、ナイジェリア人の私が二股をしていないことを知ると驚愕し、一人のガールフレンドもいないと私が認めると、私を店から蹴り出しそうになった。

彼には二人のガールフレンドがいたが、彼は彼女たちがどうやらお互いを知っていて、それをよしとしているのではないかと、うすうす感じていた。男前の二二歳のモデル、ジャクソンが口を挟んできたが、最も深かったのは、妻を信じてもいなければ「愛してもいない」と言明したマークとの会話だった。彼は「神のごとき」愛——孤児や動物や障害者に対する愛——は信じたが、ロマンティックな、あるいは「人間的な」愛は客観的な思考を棚上げするので、愚かで、結婚を危ぶめるものだと考えていた。

その数週間前に、議会は同性愛者を死刑に処す法律を可決し、数週間後には、死刑条項が終身刑に置き換えられることになっていた。その時、私がその話題を持ち出すと、常連たちは口を揃えて、同性愛はウガンダの習わしに反し、未だ社会に不可欠な要素である持参金制度を脅かす、と心情を述べた。

妻を「愛していない」が、彼女を深く尊敬し大事にしているマークは、彼女のために六〇頭の牛を支払った。結婚とは父親が子どもを育てたコストの一部を取り返すことになる唯一の機会だと、男たちは説明した。娘のために新郎が持参金を払うからだ。もし男同士、あるいは女同士が結婚することになれば、誰から誰にも持参金が渡されないようになり、すべてが崩壊してしまうのではないか？

#IfAfricaWasABar　ウガンダは、二人の女子が部屋の向こうでキスしていることに憤慨している男だろう。

——@ImranGarda

ナイジェリア

自分自身の故郷への旅行ということで、私は何の準備もしなかった。その国は放蕩息子を受け入れてくれるはずだから、自然にそこの床屋文化とシンクロできるだろうと期待していた。飛行機がラゴスに着陸するとすぐに、私は二つのことに気づいた。一つ目は、西アフリカの暑さは地獄の業火と呼ぶにふさわしい——東部と比べると、容赦のない無慈悲な暑さである——ということであり、二つ目は、そこの人びとについてだった。

ナイジェリア人は頭がおかしい——別種のアフリカ人である。東西の違いがそれほど鮮明に私の目に映ったことはそれまでなかった。猛烈なスピードで進むラゴスの生活。あらゆることが同時進行で起こっている、という感覚……は、単なる感覚ではない。現実なのだ。その国には三七一の部族、五〇〇の言語が存在し、そう聞けば、ラゴスではあまりにも多くの物事がうまくいっていない理由《わけ》が分かる。

私はヴィクトリア島に滞在し、裕福なエリートたちに交じって生活した。最初の三日間、私の体内コンパスは炎天下で蒸発し、方向を間違ってばかりいた。やっとのことで理髪店を発見し、疲労困憊《こんぱい》で椅子に倒れ込んでも、理髪師たちは私が報酬を払わないかぎり話すことを拒否し、金持ちの客たちは自分たちを言葉など交わさない高貴な存在と考え、固く沈黙を守っていることに気付かせられた。

演劇業界で唯一連絡が取れたウォーレは、彼が知る数軒の店に連れていってくれたが、それらの店には英語を話さない人間か、報酬が支払われないかぎり私のプロジェクトに取り合ってくれない理髪師しかいなかった。落胆して車でホテルへ戻る何度目かの道中、なぜ非常に多くの不動産物件に「売家ではない」とスプレー塗料で書いてあるのかと、私は質問した。ナイジェリアの詐欺師が、所有者の休暇中に家屋に侵入し、それを売り払ってしまう方法に精通しているからだと、ウォーレは説明してくれた。壁に注意書きをしておくのが、家を守るための唯一確かな方法なのだ。

「四一九とは……」とウォーレは付け加えた――それはナイジェリアの詐欺師の俗称である。「ナイジェリアの刑法第四一九条のことで、その条項は虚偽の方法での不動産取得について定めている」

最終日、私はじっと耳を傾けてくれたウォレスに自分の悲痛をぶちまけた。空港まで送ってくれたタクシー運転手だ。彼は辛抱強く聞いてくれ、なぜ自分を呼ばなかったのだと苛立ったふりをした後、すぐさま、彼や労働者階級が暮らすメインランドにある理髪店の床屋文化の様子を精一杯伝えようとしてくれた。それは全く別世界だった。男たちは何よりも会話を目的にやってきて、行商人が立ち寄って客に食べ物を売っていき、常に電力が不足しているので、フードを被った少年たちが電話の充電にやってくる。ナイジェリアの夜の暗闇の中、理髪店は電気が通っている唯一の場所で、コミュニティのまさに灯台のように輝きを発し、そこで「男は男になる」と、ウォレスは語った。

飛行機が離陸する時、ウォーレが言ったことを思い出した。「大都市に着いた時に目にする標語があるだろ、『ようこそＬＡへ』と看板に書かれてたり、『ようこそロンドンへ』だったり。でも俺らのところには『ここはラゴス（This is Lagos）』と書かれてる」。ただ事実を述べているだけなのだ。その裏には、「危険を覚悟で入国するように」、「泳がなければ、溺れる」、あるいはウォレスが言ったように「急げ、さもなくば死ぬぞ」という意味が込められている。

そうした心構えを責めることは、私にはできない。それは絶えず必死に、進取の気性を発揮しようとしている、ということなのだ。

#IfAfricaWasABar　ナイジェリアはそれを所有しているだろう。

——@MduThaParty

ガーナ

アクラに降り立つと、その国が頭に血が上ったナイジェリアにとっての、落ち着いて思慮深い兄のように感じられることに気がついた。私たちが絶望的な失敗をしてきた傍らで、七〇の部族を調和的にまとめているかのようなのだ。当然ながら二国はライバル関係にあるため、ナイジェリア人としては、そう言うのが辛いのだが。

最初の二日間は友人の母親で、私を自分の子どものように受け入れてくれたマリーおばさんと過ごし、週の残りはある恩師と彼の家族のところに滞在させてもらった。そういうわけで、かれらの家庭的な生活のいろいろな影響で、私の足取りは重くなった。私はもはや旅する独身男ではなかった。一軒の家では息子代わり、もう一軒では新しいおじさんだった。ともかく何かが変わったのだ。私は容易に数軒の理髪店を発見し、最高の店は家からの徒歩圏内にあった。話題になっていたのは、ビジネスや政治や浮気や犯罪ではなく、家族や言語や父親らしさだった。ある客は、父親にまつわる幼少期の記憶を回想した。別の客はガ語の美しさを語った。経験豊かな父親は、娘の育て方について新米の父親に助言していた。言語学者はピジン言語の類似性について話していた。

「一人の子を育てるには村全部が必要になる」とは、アフリカのコミュニティの性格を示す数々のことわざのひとつである。その言葉は、植民地化と資本主義が事態を一変させてしまう以前、多くのものが基礎を置いていた非常に社会主義的な社会構造のことを示唆している。私が訪れたすべての都市の中で、この哲学が最も生き生きと感じられたのがアクラだった。だからこそ、その街はキリスト教に慣れ親しみ、それを現地化してしまったのだ。マリーおばさんは教会ビジネスに携わっていた。滞在初日、彼女のところで働いているエボが、朝の使い走りに付き合わないかと尋ねてきた。マリーおばさんが建設中の教会に寄るという。タクシーに飛び乗ると、数分後には、小さなスポーツ・スタジアムぐらいの大きさはあろうかという、未塗装のコンクリートの構造物の前に立っていた。内部にはハイテク音響機材、牧師のための説教台や聖書台、波状に垂れ下がる青色のカーテンが掛かったステージが備わり、屋根に入れられたスリットから壮麗な自然光が差し込み、通風のために大きな窓がいくつも設けられていた。四〇〇〇人が快適に座れる席数がある。教会の横には小学校が併設され、中学校の建設図面も先ごろ完成し、裏側にはまだ小さいが、どんどん大きくなっている商店がある。エボは、教会に組み込まれている協調的な収益構造《エコシステム》や、教会が雇っている人びとのこと、教会が支える生活、教会が近隣地域にとっていかに不可欠なものであるか、あまりにも多くの人が詰めかけ、中に入れない人たちのために、テントと礼拝を中継で流すスクリーンを設置しなければならない日曜日の様子について、教えてくれた。

#IfAfricaWasABar　ガーナは、酔っ払って——どういう訳《わけ》か——神が私たちみんなをいかに深く愛しているかについて話しはじめる男だろう。

——@SiyandaWrites

イングランド

ある夜、バタシーにある理髪店に若い俳優が入ってきて、オーディションを受けてきたばかりの役がもらえるかどうか不安だと告白した。どんな役なのかと、私たちは尋ねた。

「黒人の男です」と彼は言った。

「他には?」と私は尋ねた。

「強い黒人の男です」と彼は言い、監督が抱いている「黒人」の男性性のコンセプトに自分が合致しているか分からないと不安がった。

彼自身はどういうコンセプトを持っているのかと尋ねると、彼は何も持っていないと言った。それは問題であると私が主張していると、彼に、「黒人」あるいは「男性性」とは何なのかをしっかり理解している人など本当にいるのかと質問されたのだ。当時、私たちは彼に答えられなかったし、今も私は答えられないのだが、旅をしたことで、この問題のより大きな意味が得られた。

「黒人《ブラック》」という言葉は、「ニグロ」(あるいはもっと悪意のある「ニガー」)に代わる政治的かつ社会的に意識の高い別の選択肢として、アフリカ系アメリカ人たちに用いられるようになった。それは一つの抵抗、自分たちでアイデンティティを立ち上げようという行為であり、ネガティブな含意がふんだんに込められた「アフリカン」というラベルから距離を取る方法だった。今日では、「黒人」というラベルは、南北アメリカ、アジア、ヨーロッパ、そしてアフリカ自体と、あらゆるところにいる、サハラ砂漠以南に祖先を持つ、暗い色の肌をした人びとすべてに対して用いられている。白さがデフォルトのヨーロッパでは、黒さがそれと対照させられ、どの人種でも「他者」とされる。概して薄い色の肌をしている北アフリカ人のことを踏まえれば、アフリカ大陸でも黒さはデフォルトではないし、サハラ以南のすべての国々でも黒さがデフォルトというわけではない。南アフリカやアンゴラ、ナミビア、ザンビアといった国々には、イギリス系、フランス系、ドイツ系の大きなコミュニティがあるからだ。私が訪れた国々では、「黒い」国民がもっと大きな割合を占めていたが、私が会った男たちの関心事や動機や心情は、国ごとに異なっていただけでなく、国の中でも部族の違いや社会経済的な格差に沿って異なっていた――ステレオタイプになるほど非常に顕著で鮮明な差異が見られた。部族の境界線に沿って区切るならば、その六ヶ国だけでも「黒」人の男は、五八八の異なるタイプに分けられる。イングランドではアフリカ全五四ヶ国から来た「黒」人の男が生活しているわけだから、控えめに見積もっても、少なくとも一〇〇〇種類の「黒」人の男がこの国にはいることになる。

イングランドも、カリブ海の島々や南北アメリカ出身の、それからアフリカの土を踏んだことがないイングランド生まれの「黒」人の男たちの故郷である……部族、気性、気質、政治的・社会経済的背景、信条がさまざまに異なる男たち。このような細かな差異が明らかに存在するにもかかわらず、「黒人同士の犯罪」とか「黒人コミュニティ」とかいった言い回しが、「黒人」は一枚岩だと示唆するように使用され、その一枚岩の内部に相違が見られると、機能不全に陥っているとか、反抗的だとか、動物的な欲情に駆られているとか、騒乱的とかいうふうに描かれるのだ。アフリカ大陸は広大な大地で、その中にはポルトガルとスペインとベルギーとフランスとドイツとスイスとイタリアと東欧とインドとアメリカ合衆国と中国と日本がすっぽりと収まる。よく知られるように、人類の祖先「ルーシー」はエチオピアで発見されたわけだから、今列挙した国々の住民、ひいては人類の全員がサハラ以南のアフリカの出身であると言っても、サハラ以南のアフリカ人はすべての人間集団と遺伝コードを共有していると言っても、目の形、瞳の色、髪質、尻の厚み、骨の密度、指の太さ、言語、肌の色調などの、あらゆる色味と変異と文化をかれらは内に含んでいると言っても差し支えないだろう。穏やかに言い直せば、それほど種々雑多で膨大な数の人間の集団に、たった一つのラベル――西洋で発明された人種差別に対する盾としてであれ、「黒」と同じぐらい曖昧な皮膚の色の描写としてであれ――を貼るのは、侮蔑的で還元主義的で非生産的で怠惰で不誠実であり、深刻で深大で深甚な問題である。微妙な違いに配慮してほしいと、私たちのあいだの差異をはっきりさせてほしいと、私たちのコミュニティが描写される際や、劇場やテレビや映画で「黒人」俳優用に書かれた役柄に、もっと多様性と正確性を重視してほしいと、私たちがいつ頼んでも、私たちの声は黙らせられるか、無視されるのだ。

――@fil

#IfAfricaWasABar　バーのスタッフよりも店内で起きていることが分かっていると主張する、たくさんの追っかけが店の外でたむろするだろう。

どこから来たか、どこで着ているか——移民と英国ファッション

サブリナ・マフーズ

もっと、あの、浅黒い方だろうと思っていました……あなたの容姿は私が想像していたのと全然違ってらして……いや、と言いますのは、あなたはもっと、はは、もっと異国風の見た目をされているだろうと思っていまして……あなたは少し、イングランド人っぽいですよね……かなりホッとしました。あなたが、その、お分かりでしょう……

こうした発言は、私の人生のさまざまな時点にさまざまな背景を持ったさまざまな人たちからなされたものであるが、つなぎ合わせるといともたやすく、名前は白人ではないことを示しているにもかかわらず、肌のトーンが、過去数世紀のあいだ政治的・経済的に支配的だった人種集団と幸福な調和をなしているとは一体どういうわけなのかと困惑する、一人の人間の思索のように見えてしまう。ここから掘り下げるべき問題は非常にたくさんあり、焦点を変えたエッセイをもう一本書かねばならないほどである。この小文の目的としては、特に二つの事柄を取り出して、指摘したい。一つ目は、白さ《ホワイトネス》の定義の

され方は、人や国によって異なっているように思われるということである。北アフリカや中東出身の多くの人びとは、自分たちを白人だと考える一方で、同じ国籍の黒人もいると述べる。たとえばエジプトでは、暗いトーンの肌をした人びとや、どちらかといえばサハラ砂漠以南のアフリカ人に似た顔立ちをしている人びとは、他の人びとから「黒いエジプト人」と呼ばれることがある。その「他の人びと」の方は、敢えて聞かれたならば、自分たちを「白いエジプト人」と分類するだろう——かれら自身も、英国やアメリカのような白人がマジョリティの国では、きっと非白人のエスニック・マイノリティとみなされることになるとしても。より明るい色の肌をした者たちがそうした分類をしているように見えるということに注目すると面白い。もちろんこれは直截な植民地的遺産であり、人種的分断を奨励するとともに、肌のトーンがより明るい者たちに優越感と、政治的に支配的な人種に同化したいという願望を抱かせるために、かれらの心に訴えかけ、白人として自己分類するよう促しているのだ。とはいえ、かれらが一度《ひとたび》、自分たちの住む地域の外に出れば、支配的人種と認められることはない。人種分類に関する現存する最古の文書は、一六八四年に書かれたランソワ・ベルニエのものである。ベルニエは全人類を四つの人種集団に分けている——ヨーロッパと北アフリカと南アメリカに住む人びととアメリカ先住民を同じ人種とし、サハラ砂漠以南のアフリカ人が一つの人種、ラップ人[*1]（ラップランド地域の先住民）を三つ目の人種とした。そして中央アジア人、南アジア人、東南アジア人が最後の分類に入れられた。[†1]

---

†1　Siep Stuurman, 'François Bernier and the Invention of Racial Classification', *History Workshop Journal*, Issue 50 (Autumn 2000), 1-21.

＊1　スカンジナビア半島北部の、ノルウェー、スウェーデン、フィンランド、およびロシアにまたがる地域で、伝統的に先住民のサーミ人（ラップ人）が居住する。

この「分類モデル」は、あからさまに人種差別的な理論を作り出したヨハン・フリードリッヒ・ブルーメンバッハのような後年の人類学者に影響を与え、今度はそうした理論が、優生学運動と、執拗に続けられた奴隷貿易に影響を及ぼした。幸い、こうした理論やベルニエの単純な分類システムは、今では全く信憑性のないものと考えられているが、先に述べたエジプト人の自己分類に見られるように、原型となる理論は依然として人びとの意識に浸透している。こうした時代遅れのカテゴリーを、一層狭めて使っている者さえいる。私が話したことがある英国の教養人の中には、もしある人間が黒人でないとすれば、その人間は白人であり、逆もしかり、と本気で考えている者が、エスニシティにかかわらず、一定数存在した。さまざまなものを否定するこういった狭隘な二分法が広まっているため、人びとは無意識のうちに、「どちらか一方」を選ぶよう促され、人種とは固定的なものではなく、多くの人びとが認めるよりも、もっと複雑なものであると考えることを妨げられている。これは継続的な議論でしか取り除くことができない大きな社会問題であると、私は考えるので、自分で設定している守備範囲を少し超えると言えなくもないのだが、その問題をここで論じたいと思う。しかしながら、これは終始人種について話すエッセイであるため、読者には上述のことを念頭に置いた上で、あらゆる分類システムは不完全であるにもかかわらず、私が終始白人という分類を、主として北ヨーロッパおよび中央ヨーロッパに出自を持つ人びとを指すものとして使用する点を承知しておいてもらいたい。

上述の問題から引き出したい二つ目の点は、「どこか他所」から来た人間は、このような見た目をしているはずだという人びとの予想に、私が合致していないと感じられることに対する、私の不快感である。このように他人によって自分のアイデンティティが再分類されると、しばしば私は、こういう背景を持っていることについて、後ろめたさを覚えさせられてしまう。そして、その背景と結びつきを持ち、それに非常に興味を持っていることが、一層問題であるかのように思わせられる。私たちがすぐに、他者性の経験を、他者とはこういう容姿をしているはずだという想定を満たしている人びとだけの問題とみなしてしまうことは、私たちのあいだに蔓延している人種差別の一端である。実際にそういった容姿をしている場合、他者性の否定的な経験はよりひどいものとなることは承知しているが、「多様性」とはどのような見た目をしているかということに関して、私たちが継承し、構築している想定に合致しない人びとの、多様な出自を持つ経験を受け入れない、あるいは期待しないとすれば、それはそれで問題なのだ。

私は少し白い。私にはウェールズ経由で、デンマーク人が少し、イングランド人が少し入っている。また同じぐらい、アメリカインディアンと、マデイラ諸島系のガイアナ人が入っている。しかし私の家系上《ヘリテージ》の出自の大部分はエジプトにあり、私のアラビア系のイスラム教徒の名字はその場所に由来し、この文章の冒頭で引用した（率直に喜んでいた）幾人かの人たちが、私が「もっと異国的」な見た目をしていると思い込んでいた理由もそこにある。

こうした驚いた笑顔を何度も見せられてきたので、私は、薄い肌のトーンのおかげで支配の冷たい抱擁の中に入り込めるということについて、不平を言う立場にはない、ということを承知している。しかし微視的なレベルでは、人びとが自分のアイデンティティについて質問してくる時はいつでも、少し腹を立てるぐらいの権利はあると思っているし、巨視的なレベルでみれば、こうした質問が表しているもの自体が、すでに述べたように、問題なのだ。程度の差はあれ、私が興味と懸念を抱いてきたのは、私がある特定の服飾品――おそらく「あまり白くは見えない」他者が手にしたこともないような贅沢品――を身につけているだけで、私のエスニック・アイデンティティが認証されることもあれば、却下されることもあり、さらには英国にいる他の人にとって不快なものと思われることさえある、ということだった。

いくつかの事例をシェアしたい。私のエジプトの曾祖母とガイアナの曾祖母はともに、彼女たちの国と時代を反映したスタイルで、頭に何かを被っていた。エジプトの曾祖母は、真ん中に模造宝石がついた薄いシルク製のターバンの類を被っていた。それはファッショナブルではあったが、エジプトの中産階級の女性の多くが頭を覆っていたわけではない時代にあっては、保守的なものだった。彼女は教義を遵守するイスラム教徒だったが、エジプト女性の衣装の点で、そのことが当時意味していたことは、今日しばしば意味していることと違っていた。彼女がターバンを選んだのは、彼女の夫が活動的なイスラム学者で、公の場では彼女が頭を覆っていたほうが、二人とも気安さを感じられたことが一因だった。彼らはよく礼拝のための場所や宗教的に重要性を持った場所をよく訪れていたからだ。他の要因は、エジプトは数千年前にターバンを生んだ場所という栄誉を与えられているのだが、ターバンが意外にも一九五〇年代に世界的に流行したことだ。それゆえ彼女は、二重に幸せを感じられたのである。ガイアナの曾祖母は、カラフルな綿のスカーフを額のところに小さな結び目をつくって頭に巻いていた。アフリカ系の出自《ヘリテージ》を持つ人たちがこの国で広めたスタイルである。曾祖母は、そうしたアフリカ系の人たちの多くと一緒に、市の孤児院で育った。彼女が、混血で薄い色の目をし、引き取り手のない子どもだった頃のことである。

ある日、南ロンドンのバス停で待っている時、私はエジプトの曾祖母がしていたスタイルに似た黒いターバンを被っていた。彼女のことはほとんど知らなかったが、私はずっと自分の頭を何かで覆った方が心地いいと感じていた。だが、特定の宗教と結びついた伝統的なスタイルのものを身につけていたわけではなかった。人生のさまざまな時点で数年間カイロで生活し、自分の信仰のいろいろな側面を探求していたあいだはヒジャブを着ていたが、ロンドンではずっとさまざまな種類のものを頭に被ってきた。この黒いターバンを被っていた日、私がバスに乗る直前に一人の白人のイングランド人男性が近寄ってきて、私の頭を覆っているものを指差して、**「ムスリムは全員死じまえ」**と叫び、それから走り去って、自身の憎悪の酸の中で溶けてなくなった（というところは、私の願望である）。ヒジャブやニカブを着ているムスリム女性がこの国で日常的に直面していることに比べれば、こんなものは些細なやりとりにすぎないことは重々承知している。しかし私は、小さな衣類とこれが表象したのかもしれない「差異」が、そんなに大声で騒ぎ立てるほどまで、誰かを駆り立てるということに、いつもと同じく、その時も愕然とさせられたのである。

　別の日、また南ロンドンでだが、今度はバスの中で（こうしたことのせいで、私は車を買うために貯金をすべきだと考えるようになっている）、私はガイアナの曾祖母がかつて被っていたものに似たヘッドスカーフを被っていた。私の後ろに座っていた、混合的な出自《ヘリテージ》を持っているように見えた女の子二人が、**「黒人のヘッドスカーフを、白人がトレンドのように被ってる」**と大声で不平を言い、目的の停留所に着いてバスを降りる際、あからさまに私をじっと見てきたのだ。文化の横領は現実に非常に由々しき問題でもあると私も考えている。西洋の権力と政策に荒廃させられた――場合によっては、（アボリジニやアメリカ先住民のように）それらに完全に絶滅させられかけた――数々の文化が、ファッション・トレンドやあらゆる種類の芸術に「インスピレーション」をもたらす源泉として絶えず使用されている。[†2] しかし、この出来事の場合について私が強く思うのは、ヘッドスカーフは一つの文化だけが所有するものではないということだ。そして、たとえそうだったとしても、若い女性たちが発したコメントが浮き彫りにしていたのは、その人が満たしているとされる見た目に関する基準のみによって個々人の出自《ヘリテージ》が想定されるという例の問題だった。たぶん私は開け放った窓ごしに、こういうことを全部、彼女たちに言うべきだったのだ。しかし私は携帯でゲームをするのに忙しくて、そうしなかった。だが正直言って、ロンドンの交通機関では、「すべきだった、すればよかった、できたはずだ」と後で嘆くよりも、揉めておいた方がずっとよいのだ。

一二年ほど前に、ルイシャムに向かう深夜バスに乗っていた時のことを除いては。その時私は、酔っ払った若い白人の男二人が、バスの二階の後部座席にいる、もっと若い黒人の男二人を口汚く罵っているのを耳にした。乗客はわずかしかいなかったが、皆前方を見つめていた。私は立ち上がり、かれらにやめるよう言った。私は、モルガンで買ったフェイクの蛇革のピンク色のバイカージャケットを着ていた（分かってるから、何も言わないで）。その青年は二人とも後部座席の少年から離れ、肩を怒らせながら私の方に近づいてきた。そのうちの一人は、たぶん私をそれで殴るという脅しか、あるいは効率よくジーンズを脱ぐためだと思われるが、ベルトを外しはじめ、もう一人は、私の服装に批評を加えてきた。

「**ジェニファー・ロペスにでもなったつもりなのかい？**」と、彼は私のジャケットを指差して言った。

私の妙な服選びのせいで、このように彼の気がそれたおかげで、少年たちが苦もなく、バスから逃げ去れたのはよかった。

一方その時の私は、蛇柄のジャケットを着てジェニファー・ロペスになろうとしていることが（そうではなかったし、私はUKガラージしか聞いたことがなかったのだが）、なぜ、ベルトのバックルを私の顔面にぶつけようとするほどまでに、彼を激昂させているのかを理解しようとしていた。運転手が起きていることを録画している旨を伝えた車内アナウンスのおかげで私は救われ、二人のレイシストは階段を駆け下り、ドアから飛び出し、一目散に走り去った。大まかに語っただけであるが、この物語は英国にいる移民と移民の子孫たちのアイデンティティに及ぼすファッションのインパクトと、現在のブリティッシュ・ファッションに対する移民のインパクトの双方について、私が以下で展開する考察めいたものへとつながる迂回路になっている。

私は、家族のうちで正真正銘の移民である二人――（ガイアナから来た）祖父と（エジプトから来た）父――に、よそ者としてこの国に来た頃に、ブリティッシュ・ファッションと接した経験として覚えていることがあれば語ってほしいと頼んでみた。

イギリス商船に乗った祖父が、ハートルプールに到着したのは一九五〇年代だった。その船はガイアナを出帆し、若いペドロにニューヨークの大都会と、好き勝手に荒れる外海を見せた。船はそのまま世界を回る予定だったが、祖父は原動機付き自転車を借り、イングランド北部をあちこちまわって景色を楽しもうと決意した。

そこには、先が尖ったヒールを履き、ウエストをくびれさせ、ひだ飾りのついたスカートを穿いた女性たちがいた。祖父はレイバンをかけ、アロハシャツを着て、ボンゴのフリースタイル演奏ができた。このおかげで彼はすぐさま、北東イングランドの霧が立ち込める路上のセレブレティになった。この地域には、彼が同志と理解を見つけるのに十分な程度のカリブ系移民がいたが、目新しさの点で競合する

†2　現代におけるファッション流用の数多くの事例ついては、Kristin Knox, *Culture to Catwalk* (London, Bloomsbury, 2011)を参照。

ほどの数ではなかった。

一番大きなショックの要因になったものとして祖父が記憶しているアイテムは、ビーチサンダルだった。今では暖かい季節に最も履かれるアイテムのひとつだが、一九五〇年代に、それを履いたイギリス人を見かけることは、ドイツへ引っ越していく人を見るぐらい珍しかった。北東イングランド出身で、ウェールズに家系上の出自《ヘリテージ》を持つ私の祖母は、祖父と二人でパブに行った時に、祖父がつま先を出しているために人びとが祖父に視線を向けてくるのを、祖父が全く気にしないことが、よく理解できなかった。そもそも注目されるためにそれを履いていたと彼は話すが、やはりつま先が寒かったらしい。それで彼は、数晩ニューカッスルで夜を過ごした後に発見した、当時イギリスで流行していた先の尖った靴《ウィンクル・ピッカーズ》を好むようになった。

私の父がイギリスに到着したのは一九八〇年代で、すでに母とカイロで結婚していた。一時的な市民権を付与されるまで、彼は数ヶ月にわたって、イギリス人女性と結婚したことについて、尋問され、嘲笑された。彼は溶け込みたかった。しかし、彼が生活していた南ロンドン郊外で大多数を占めていた、時代遅れの事務員たちの中にではなかった。残念ながら。彼はファッション好きの人びとの中に、世界屈指のクールな都市で楽しく暮らしている若者たちの中に溶け込みたかったのだ。彼は結婚していたかもしれないが、まだ二〇代前半で、ディスコ生活への愛は筋金入りのものだった（今でもそうである）。

彼は当時のレザー・ジャケット産業全体を潤していただろうし、間違いなく普通の白のTシャツのファンだった。リーヴァイスとローファーをため込み、靴下を箪笥《たんす》に入れたままにしていた。彼が同調できなかったもののひとつは、すっきり切ってきれいに撫で付けた髪型だった。彼はカイロの映画スターのような口ひげと薄い顎ひげを生やし、何があってもそれらを剃らなかった。内務省に行く時さえそうだった。

人びとがどこにいるかと、何を着ているかには関係がある。たいていの人には、ある場所を訪れ、通りすがりの数十人を見た後、意識的にするかどうかはさておき、着られていたファッションに基づいて、その場所の文化的、社会的、政治的側面の数々について判断を下すことができる。判断は間違っているかもしれない――それが結局、判断というものの難しい点で、そこに科学はないのだ。たとえば、火曜日の午前八時三〇分にオールド・ストリートの地下鉄駅の入口に立っていると、最初に通り過ぎた集団は、きちんとしたスーツを着ているが、バックパックを背負い、飾り穴《ブローグ》が施された革靴や先が尖ったヒール《スティレット》ではなく、カジュアルな靴を履いている。そしてかれらは、スカーフを巻いている。私はこういった単純な観察に基づいて、この地域はビジネス向けだが、雰囲気的に、ウェストミンスターやメイフェアよりも少しカジュアルで若いとか、外は寒いとかいった判断を下すことができる。こうした判断は部分的には正しいかもしれないが、同じ地点に午後九時に立てば、私が観察する人たちはパーティー服を着ていて、かれらの多くが、主流から外れた、メタリックなズボンとネオンカラーのメガネ、たくさんのピアスとダウンジャケットといった出で立ちをしている。ここから私は、この地域はバーやクラブがあふれ、たとえばウエスト・エンドよりも伝統にしばられていないところだという考えを導き出すかもしれない。これも部分的には正しいだろうが、全体を物語っているわけではない。たいていの人びとは、自分たちの個性は自分たちのスタイルに反映されているもので、自分たちと密接に結びついているシステムのことなど何も明らかにはしないと想像しがちである。しかし、もちろんそんなことはない。

では、英国が今日着ているものは、何らかのかたちで移民と関係しているか？

答えはイエスである。

大通り沿いの最も平凡な大衆店ででも、世界中のあらゆる地域からもたらされた色彩や布地、スタイルを見つけられる。ここで人気を博している品々は、英国に多くのディアスポラを送り出している地域に由来する品々であることが多い。

インドの刺繍、東アフリカのビーズ・ジュエリー、カリブ的な配色パターン、カフタン[*2]などの北アフリカのスタイル、西アフリカのプリント柄――リストは続く。このリストが示しているのは、こういった地域から移住してきた人びとが、これらの品々を買っている（あるいは、作っている）ということではなしに、こうした集団が、今日「ブリティッシュ・スタイル」と考えられているものに、多大なる影響を与えてきたということである。グーグルでざっと画像検索をしてみるだけでも、「ブリティッシュ・スタイル」を視覚的に描写したものに、数々の仕立てのよいジャケットやタータン柄やツインセットと並んで、上記の品々の多くが含まれていることが明らかとなる。

もちろん、イギリスを今の姿にした数限りない文化的影響を含めずして、どんなものも「ブリティッシュ」と呼ぶことなどできないはずなのだが、時としてそのようになっていると感じられないことがある。イギリスという言葉をめぐるレトリックによって、知らぬまに、それが多文化的になる以前のイングランドと同一視されようとしているのだ（二〇〇〇年近く前に北アフリカ人がハドリアヌスの壁を守っていたことを鑑みれば、一体いつのことだという話なのだが）。世に知られたイギリスの芸術とスタイルと「価値」は、昔日のイギリス人家族とあらゆる時代劇で披露されるかれらが住んだ、だだっ広い邸宅以外の何からも誰からも、恩恵を受けてはいない、とみなされようとしているのだ。

このイギリス史の粉飾《ホワイトウォッシング》に対して不満はあるが、私は、どこか他の場所がブリティッシュ・ファッションにインスピレーションを与えた、というだけではないことを進んで認める。反対の方向にも物事は動いたのだ。英国にやってきた多くの移民たちは、ここで見たファッションにインスピレーションを受け、それらを既存のワードローブに取り入れたのだ──そうしたことの結果として、特にロンドンは、いくつかの極めて刺激的で奇抜な服の組み合わせで、世界的に有名な場所になったのである。

しかし私たちは、移民の集団や個々人が英国ファッションに与えた影響を広く認識しないために、植民地的な優越性の物語が、あらゆる領域で温存されるのを許してしまっているのだ。

私はファッションを文化の水晶玉のようなものとして見ている。芸術家たちが時間をかけて微妙なニュアンスや吐き気を濾過《ろか》し、一貫性を持った作品にしていけば、ゆくゆくは他の芸術形式で見られるようになるものを、それは瞬時に映し出すのだ。

ファッションの作り手たち（そこに私はデザイナー、図柄を印刷する職人、仕立屋、型紙の作成者、そして私に専門知識がないせいで名前を上げて敬意を表せないその他の人びとを含めている）は、創造性や財政に関わる要求と同じく、実用面での要求によっても動かされている。つまり、人びとが着ることができる物を作るという要求に。かれらには、濾過に手間をかけたり、ある時代が有する深遠について物思いにふけったりする時間が常にあるわけではない──かれらはその時代を摑み、それを生地に縫い付ける。そして私たちは、それが道を歩いているのを目にし、称賛したり、批判したりするのでないかぎりは、二度と考えたりはしない。

と、いろいろ述べてきたが、では、イギリス人の大多数は、二〇一六年現在、具体的にどんなものを着ているのだろうか？

＊2　イスラム文化圏で着用される、長袖・袷仕立ての長い前開きのガウン。

私は、「靴」や「革製品」といった広いカテゴリーを扱っているもの以外に、イギリスで買われた個々の服飾アイテムを対象とした研究を、全く見つけることができなかった。いくつかの特定の集団ではなく、移民という現象がブリティッシュ・ファッションにどのような影響を与えたのかを考察した文献も、全く存在しなかったが、その理由は簡単に分かる。英国への移民が現在の英国の衣服に与えたインパクトを、正確に実証するのは不可能なのだ。それゆえ以下は、このテーマの研究を探して空振りに終わったことをきっかけとして、私が少し考察してみたことにすぎない。

アマゾンは、従業員の権利についての道徳性には疑わしさがあるとはいえ、ありがたいことに、英国版サイトで現在最も売れている服飾製品の上位二〇位までのリストを気前よく見せてくれている。英国に住んでいるすべての人がアマゾンを使っているわけではないし、インターネット自体を使っていない人もいる。私は、これがこの国の購買情報の完全な資料となるといった幻想を持ってはいない。しかしそれは、私たちの国のファッションの足跡の、少なくとも一端を反映してはいると考えるので、そこで明らかにされている品々のいくつかを選んで詳しく述べることで、それらが二〇位までのリストに入っていることと、英国への移民とを関連づけられるかどうかを検証することにした。

リストの第九位は「レディース・シフォン・ラップ・スカーフ」である。花柄がプリントされ、数多くのカラーで展開されている。

布地としてのシフォンは、二〇世紀初頭のインドで発明された。それは絹や綿、ポリエステルの繊維から作ることができるが、現在最も広く入手可能なのはポリエステル製のものである。このリスト中のラップ・スカーフは、数千年にわたって着用されてきた伝統的なインドのスカーフを彷彿とさせ、またヨーロッパの影響が見られる花柄がプリントされている。

最初こそ少人数ではあったものの、英国でインド人が暮らすようになって――世界の多くの地域から来た人びとと同じく――数百年が経っている。人びとが旅できるようになって以来、グローバルな貿易が行なわれてきたが、その結果、貿易商や労働者が自分たちの生地《せいち》の以外の国々で、一時的あるいは恒久的に生活するようになった。インドは一六一二年以降、さまざまな形態でイギリスの植民地支配の下に置かれ、そのため、こうした貿易商や労働者の移住がより一層大規模になった。一六〇〇年代にインド人の水夫がロンドンで埋葬されたことを示す証拠があり、一説には東インド会社は本国イギリスに戻る航海でインド人を雇用した可能性が高いと考えられている。[†3] 今日の主流社会で大売れしている類の素晴らしいシフォン・スカーフをもたらしたインド人女性の、大規模な英国移住が最初に起こったのは、一九六八年のケニアからの移住の時と思われる。その際、イギリスからのケニア独立を受けて、一〇万人のインド人がイギリスに来た――たいていは、すでにイギリスにいた親族が呼び寄せ、パスポートと市民権を約束したからだった。こうした女性たちが着用していたスカーフはすでに、当時人気だった西洋ファッションに取り入れられている――ヒッピーのゆったりした衣服やインドの影響を受けたデザイン。その時代のファッションの多くは、「ラブ・アンド・ピース」の雰囲気とともに消え去ったが、シフォン・スカーフは間違いなく定番商品として残っている。これはおそらく、それが多くの用途に使え、耐久性があり、シワになりにくく、非常に小さなスペースに収納しておけるからだろう。こうした特徴は全部、大衆が国際旅行に出かけられる時代の到来によって、一層重要になった。インドに祖先を持つ「二重移民」は、たいていの人より多くの回数、自分たちの荷物を手に世界を旅していたので、こうしたこ

†3 Rozina Visram, *Asians in Britain: 400 Years of History,* (London, Pluto Press, 2002).

とをよく承知していたのだ。だが、彼女たちを覆い、温め、涼しくさせていたスカーフが、五〇年弱のあいだにイギリスで最も着用されるファッション・アイテムのひとつになるなどと、彼女たちが考えていたかどうかは誰にも分からない。

困ったことに、英国版アマゾンで購入された人気の服飾品の第二位は、「フィーリンガール　ラテックス9　鋼骨　女性用ウエスト・トレーニング・コルセット・シンシャー」だった。「身体の動きを妨げ、体型を変形させる」[†4]衣服から女性を解放することを呼びかけた合理服《レイショナル・ドレス》運動（一八八一年）が、フェミニスト・アクティヴィズム、ひいては女性への参政権に重要な役割を果たしたことを考えれば、このように大げさな名前がついた服飾品が、売上リストの中でそのような目立った位置を維持しているのを見るのは気が滅入る。多くの女性と男性がフェミニズムはもう必要ないと言ったり、自分たちをフェミニストと形容することに不快感を覚えたりしている時代に、である。こんな不快感など、チャート上位の「鋼骨ウエスト・シンシャー」の着用によってもたらされる痛みに比べれば、うっすらとしたものにちがいない。コルセット着用に対する当初の執着は、フランス人のイギリス移住によって持ち込まれたが、その現在の人気は、もっと直接的には《ジ・オンリー・ウェイ・イズ・エセックス》[*3]か、キム・カーダシアンと関係しているかもしれない。この衣類は最初イタリアで人気を博し、一六世紀にカトリーヌ・ド・メディシスによってフランスに紹介された、というのが定説である。[†5]最も多い数のフランス人がイギリスに移住し、そこに永久に根を下ろすことになったのも、プロテスタントのユグノーが祖国での宗教的迫害を逃れてきた一五〇〇年代のことだった。この時以来、コルセットはイギリスで、ヨーロッパ中で一般的なものとなる。このことは一九二〇年代まで変わらなかった（コルセットの様式は変わったが）。変化したのは、一九一七年以降、戦争に鋼を取っておくために、女性たちがコルセットを買うのをやめるよう求められたからだ。[†6]コルセットは、舞台衣装や、アダルト・ショップで売られる「エロティック・ウェア」のかたちで、イギリスで着られるファッション・アイテムとして存続した。それが一九九〇年代に主流の顧客層の人気を取り戻したのだが、おそらくそれは、アン・サマーズのような会社が「いやらしいランジェリー」を大衆向けに商品化したことにみられるような、女性の地位向上を促進するようにみせかけるブランド戦略が始まったことが原因であろう。

これを書く前であれば、イギリスにおけるフランス人の存在は、「シンシャー」などよりもっともっとスタイリッシュな、人気のファッション・アイテムをもたらしたものと私は想像しただろうが、そんなものなのだ。

さあ、みんなお待ちかねの瞬間がやってきた——アマゾンの英国サイトで最も売れている服飾品の第一位は……白のTシャツである。一八八七日間ずっと一位である。白いTシャツの一体何が？　私は二枚持っているが、ヴィンテージ物のふわふわのセーターがチクチクして私の気をふれさせるのを防ぐために、セーターの下に着るぐらいだ。たまに寝間着にパートナーのものを借りることもある。白Tシャツは性別を問わず長いあいだ着られているが、依然として、どことなく男性的なところがあるように思われる。おそらくこれは、それらの起源のせいである。一九世紀初頭のアメリカで一体型の下着として

---

†4　*The Rational Dress Society Gazette*, (1889).
†5　Elizabeth Ewing, *Dress and Undress: A History of Women's Underwear*, (London, Batsford, 1978).
†6　'Mary Phelps Jacob', Phelps Family History in America. http://www.phelpsfamilyhistory.com/bios/mary_phelps_jacob.asp
＊3　二〇一〇年からイギリスで放送されている人気のリアリティTV番組。

着られた「ユニオン・スーツ」[*4]は、女性たちにとっての解放的なファッションとして歓迎されていた。それは、社会が女性たちに押し付け、当時のファッションの中に皆が一目瞭然に見て取れた、いろいろな制限を振り払おうとする取り組みの一環として、彼女たちがより快適で「男性的な」服を着られるようにしたのだ。その後、ユニオン・スーツは上下に分かれて下着となり、男女ともに着られ、一九世紀の終わり頃には、ボタンのない形状のものが、アメリカ海軍の標準的な肌着として支給された。同じ頃、このようにさっと着られる下着は、炭鉱夫や沖仲仕（船舶の貨物の積み下ろしに関わる港湾の肉体労働者）のあいだで、世界的な人気を博すようになった。それは暑い環境にも便利で、寒い環境でも下に何枚も着込めば快適に仕事ができた。一八二〇年代以降、イギリス海軍が駐留していたすべてのアフリカの国々に、アメリカ海軍が出没するようになったことが、この下着のグローバルな人気を引き起こしたのかもしれない。[†7] 単なる推測にすぎないが、これらの国々の港湾労働者たちが、イギリス海軍で使っていたよりも多くの白Tシャツを使っていた可能性はある。イギリス軍には独自の厳格な服装規定があったからである。二〇世紀初頭にイギリスがその広大な植民地から、イギリスの船舶や船渠《ドッグ》で働く人間の緊急募集を始め、[†8] 多数のソマリアやスーダンやイエメンの港湾労働者がその雇用提供に応じたことを考えれば、ハリウッド映画よりもはるか以前に、白Tシャツをイギリスの船渠に持ち込んだのは——そして自分たちではきっと予想することも、利益を得ることもできないようなかたちで、ファッション（とアマゾンのセールス）に影響を与えることになったのは——かれらだったかもしれない。イギリスにそれが紹介された経緯についての真実はどうであれ、ただの白Tシャツのこの衰えぬ人気はきっと、単なる実用性以上の事柄に関わっているのではないだろうか？　私はそれが、着用者（と「ビューアー」）が、上着のトップスの白地に、自分が持つ複数のアイデンティティを何でも投影できるようにしているという点で、個人主義のアイロニーと資本主義の持続性を物語っているのではないかと推測する。白いTシャツを着ることで、階級に分けられず、どこにも属していないような見た目に、建前上はなることができるのだ。

私の父が、彼専用の真っ白なTシャツのコレクションによって見せてくれたように、こうした平等が実現される稀有な機会は、一人の移民にとっては、しばしば、他の人びとが想像するよりずっと価値のあるものとなるのだ。

†7　Christopher Lloyd, *The Navy and the Slave Trade: The Suppression of the African Slave Trade in the Nineteenth Century,* (Hove, Psychology Press, 1968).

†8　David Killingray, *Africans in Britain,* (Hove, Psychology Perss, 1994).

＊4　シャツとズボン下が一つになっている下着。

空港とオーディション

リズ・アーメッド

最初はオーディションが空港を通過する方法を教えてくれた。最後にはそれが反対になった。

私は役者である。十代の頃から私は、パキスタン系の家族と、アジア系イングランド人の不良文化と、私立学校への奨学金から、文化的に期待されるそれぞれのもののあいだで折り合いをつけながら、異なるキャラクターの演じ分けをしなければならなかった。私の個人的アイデンティティはいつも流動的だったが、アジア系全般に貼られるレッテルがよく変更されるせいで、その流動性の度合いがさらに増すことになっていた。

八〇年代に、子どもだった兄と私が家の近所で一人のスキンヘッドに呼び止められ、兄の喉元にナイフが当てられた時、私たちは「黒人《ブラック》」だった。一〇年後、私の喉元に突きつけられたナイフを握っていたのは別の「パキ」だった。私たちは、九〇年代のアジア系イギリス人のサブカルチャーとギャング文化の中で威勢を張って、この「パキ」というレッテルを自分たちに貼り付けていた。その次に私が窮地に追い詰められたのは、ルートン空港の窓のない部屋でのことだった。私はイギリス秘密情報部員に手首の関節を極《き》められ、襟首を壁に押し付けられた。「ポスト9／11」のことで、今度は「イスラム教徒」というレッテルを貼られた。

マイノリティの一員であると、貼り付けられたレッテルを磨き上げ、大事にするすべを習得するやいなや、それは没収され、別のものと取り替えられる。闘争で勝ち取ったはずの宝石は、コ・イ・ヌール[*1]のように、永遠に貸し出されたままなのだ。折に触れて、自分で選んだわけでも、作ったわけでもない、レッテルがぶら下がったネックレスを首に掛けるようにと手渡される。束縛でもあり装飾でもある。

私が役者になった理由のひとつは、こうしたネックレスを引き伸ばせるかもしれない、そうなれば十代の自分はもう少しは息をしやすくなるかもしれないとの希望だった。私が子どもの頃によく真似して遊んでいた映画が、ミュータントや異星人を人間のように描けていたのだから、たぶん私たちにも望みがあるだろう。

しかし私はエスニック・マイノリティの描写は段階的にしか改善されないと認識し、それゆえ長丁場になることを覚悟しなければならなかった。

第一段階は、平板なステレオタイプである——小型タクシーの運転手、テロリスト、雑貨屋《コーナーショップ》の店主などである。これはネックレスを窮屈なものにする。

第二段階は、既成概念を覆す描写で、これはエスニシティを踏まえた範囲内でなされるものであるとはいえ、ステレオタイプへの挑戦を目指している。これはネックレスを緩めてくれる。

＊1　インドで発見された世界最大のダイアモンド。植民地時代にヴィクトリア女王に献上されて以来、度重なるインドの返還要求にもかかわらず、現在もイギリスが所有しつづけている。

そして第三段階が希望の地で、そこで私が演じるキャラクターの物語は、彼の人種と本質的な結びつきを持つことはない。希望の地では、私はテロの容疑者でも強制結婚の犠牲者でもない。希望の地では、私の名前がデイヴになりさえするかもしれない。希望の地には、もうネックレスは存在しない。

私が職業として演技を始めた当時は、9／11後で、第一段階のステレオタイプが活況を呈していたが、私は一八歳の自分の命令に従い、そういった役を避けた。幸い、そのようなステレオタイプを覆す、第二段階の役もぼろぼろと出はじめていて、私は何とか演技の世界に入っていけた。

私の初出演映画もこの流れに乗ったものだった。マイケル・ウィンターボトム監督の《グアンタナモ、僕達が見た真実》である。その映画が語ったのは、グアンタナモで非合法的に抑留され、拷問されたバーミンガム出身の友人グループの物語である。本作がベルリン映画祭で栄誉ある賞を獲得した時、私たちは有頂天になった。その映画を観た人たちにとって、収容者はオレンジ色のつなぎから人間に変わったのだ。

しかし空港の審査官は情報を得てはいなかった。映画祭での受賞の後、魅力溢れるルートン空港に戻ると、皮肉にも「イギリス秘密情報部員」と呼ばれる者たちが、私をうつぶせにして手足を持って、名前が書かれていない部屋に運び込み、そこで私を侮辱し、脅迫し、暴行したのだ。

「どんな映画を作ってる？　お前が役者になったのはイスラム闘争を進めるためか？」と係官は叫び、私の腕をボキッといきそうになるほど捻った。

その質問は憂慮すべきものである。なぜなら、それは芸術的表現を危ぶめているだけなく、私たちの治安当局が、私たちが直面しているテロの本質を全く把握できていないことを示唆しているからである。「劇場型」の攻撃を好むアルカイーダの傾向をまとめた概略説明が、文字どおりに受け取られすぎてしまっていたのかもしれなかった。俳優たちに対する彼らの疑惑は、グアンタナモ湾の収容者たちがあれほど写真映えしている理由を説明しているかもしれない。

後になって、それら公安職員の所業は違法だったことが判明した。私は活動家の弁護士から告訴したいかどうか尋ねられたが、訴えはせず、事件の報告を文章にして数人のジャーナリストに送ることにした。違法勾留に関する映画に出ていた役者の違法勾留に関するストーリーというのは、あまりにも出来すぎで、無視されることはなかった。この気が滅入る事態に、多少の光を当てることができて私はうれしかった。

続けて私は、この事件にインスパイアされた曲を書いた。〈ポスト9／11ブルース〉という題で、「俺らはみんな容疑者、だから常に後ろに要注意。俺は屁をこいて逮捕された。化学兵器だってな」といった思慮深い助言が詰まっている。この曲はクリス・モリスの目にとまり、私は《フォー・ライオンズ》にキャスティングされた。[*2]

結局、自分が給料を払っている人たちに腕を引きちぎられそうになったことが、第二段階のたくさんの仕事を開拓することにつながり、ネックレスを緩ませたのだ。いい気分だったが、第三段階、希望の地についてはどうだろう?

有色人の役者が第三段階に進む、つまり「ただの男」を演じられるようになるための確実な道は、英国には存在しないことが分かった。プロデューサーたちは皆、私と仕事をしたいと言ったが、かれらは

＊2　イギリスのコメディアン、クリス・モリスの初監督映画で、英国に住む若い四人のイスラム教徒が計画した自爆テロの顛末を描くブラック・コメディ。二〇一〇年英国公開。

私の出演を実現させる企画を持っていなかった。多文化な二〇〇〇年代半ばに語られる必要がある物語は、白人しかいない一七〇〇年代半ばについての物語であるようだった。希望の地はイギリスには全く存在しないが、ハリウッドには存在する、との噂を私は耳にした。

理由は単純である。アメリカはそうした物語を、自身についての神話を輸出するために利用しているのだ。英国も同じである。活気あふれる多文化主義が英国の現実だが、私たちが輸出している神話は、「ローズ・アンド・レイディーズ」[*3]の白人しかいない世界なのである。反対に、アメリカ社会は非常に分断されているが、共に協力し合いながら犯罪を解決し、異星人と戦う人種の坩堝《るつぼ》という神話を輸出しているのだ。

ゆえにアメリカこそ私が目指す場所だった。しかし簡単な旅にはならなかった。

オーディション室と空港の尋問室には同じ落とし穴がある。両方とも拒否される恐れが現実にある場所である。またそこは、人がその市場価値あるいは脅威レベルに還元されてしまう場所、ひげの長さが交渉決裂の要因になりうる場所、還元主義的なレッテルに合わせて——決して「デイヴという名のただの男」としてではなく——自分が見られ、それゆえ自分でも、自分のことをそのように見てしまうようになる場所である。ポスト9／11のネックレスが首を締め付ける。

それまで私は、オーディション室ではこうしたことを何とか避けてきたというのに、米国の空港で同じ脅威に直面することになってしまった。また始末の悪いことに、《グアンタナモ》が私のパスポートに、悪の枢軸国をまわる世界ツアー——六ヶ月間でパキスタン、アフガニスタン、イランで映画撮影——を行なったことを示すスタンプを残しているのだ。空調が効いているにもかかわらず、私はフライト中ずっと汗をかきながら、何が待ち受けているのだろうかと思いをめぐらせていた。

着陸後、私を審査した係官は、私と同じ肌の色をしていた。これはよい兆候なのではないかと思った。あるいは、彼こそが伝説の愛国的なキューバ系入国係官の一人で、尻の穴に親指を入れて私がどれほど親米的かを検査するつもりなのだろうか。

彼は私のパスポートを見て、それから私を見て、眉をひそめ、私の入国審査カードに大きな「P」の字を書いた。私は即座にそれが「パキ」の意味だと思った。

「プロトコル（Protocol）！」

私は説明もなく長い廊下を歩かせられ、横側の部屋に入れられると、すぐにそこがお馴染みの部屋だと感じた。

留置室に詰め込まれていたのは、中国系の一家族と、その侮蔑と戦っている染みひとつない制服を着た南アメリカ系のパイロット以外は、私と顔立ちが大同小異の二〇人で、全員が私のほうを見つめてきた。ボリウッドでリメイクされた《マルコヴィッチの穴》[*4]という感じだった。自分は口を開く前に顔が物を言うタイプなのだと思い起こさせられた。自分は一人の人間である前に一つの記号なのだと。第一段階に後戻りだ。

留置室には、オーディション室で馴染みのある恐怖があった。皆緊張しているのだが、競争というも

＊3　二〇世紀初頭の貴族の世界を舞台に、結婚や出産、使用人の雇用などの手段を使って、各プレーヤーが自分の一族の繁栄を競うカード・ゲーム。各カードに書かれているキャラクターがすべて白人であることを指している。

＊4　一九九九年公開のアメリカ映画。俳優ジョン・マルコヴィッチ（本人役で出演）の脳内に通じている穴をめぐる不条理コメディで、劇中にマルコヴィッチ自身がその穴に入ると世界中の人間がマルコヴィッチになるというシーンがある。

のが、皆で連帯する可能性の芽を摘んでしまうのだ。この還元主義の煉獄《れんごく》を卒業して、自分独特の人格をなんとか承認してもらおうと、皆が戦っている。皆がそれぞれに「俺は他の連中とは違う」と言うのである。

若々しい係官は二三歳ぐらいだった。彼のオーディションを受けるために呼ばれるまでのあいだに、パスポートのスタンプのことを説明する口上は用意できた。映画プロデューサーからの手紙を見せ、「賞を取った映画」と言い、ピカピカの真新しいＤＶＤをさっと出そうとした。しかし私に質問をする若者は、私よりも緊張している様子だった。きっと彼はルートン空港の秘密情報部員と同じで、「血に飢えた俳優警戒」セミナーに出たことがあったのだ。

「カウンターから下がりなさい」

私はピンボールのように弾き返され、危険なほど太った口ひげの男による本式の尋問に回された。私は座って待つあいだ、台詞の予行練習をした。尋問の番になったが、それは昔受けた《スラムドッグ＄ミリオネア》のオーディションよりも大事故になった。[*5]

「ああ、それで？　アフガニスタン？　そこでどんな映画を作ってたんだ？」

その問いを突きつけられ、私は身震いした。それはルートン空港で受けた数々の質問、それから私がいつも自分自身に尋ねている質問を思い起こさせた。第一段階、第二段階、第三段階、どのカタログに付け加えればよいか？　それは一八歳の自分が求めていたような映画だったか？　それはネックレスを緩めることになるのか、締め付けることになるのか？

私は彼への正しい返答方法を思案した。《グアンタナモ》はドキュメンタリー・ドラマだったが、グアンタナモ湾についてのドキュメンタリーに出ていたと言うのは、たぶん賢明ではないだろう。ドラマと言うべきだ。

「ええ、賞を取ったドラマで、題名は《グアンタナモ》です」

長い沈黙があった。彼は眉を上げた。私はＤＶＤを差し出した。そのカバーには、オレンジ色のつなぎを着て手錠をされた私の写真が載っていた。私はすぐに後悔した。さらに長い沈黙。また眉が上がった。彼は身を乗り出してきた。

「君の知り合いに合衆国に危害を加えたいと思っている人間はいるかね？」

私は首を振り、いくつかヒュー・グラントの口真似をし、その途中で思い切って「まじかよ《ゴッシュ》！」と言ってみた。彼は私のパフォーマンスを見終えると、私の荷物から一冊の本を取り上げた。それはモーシン・ハミッドの小説『不本意な原理主義者』だった[†1][*6]。

「この本は何だ？」

説明したが、彼は全く聞いてはいなかった。彼が最先端の情報捜査入手方法を実行、すなわちグーグル検索すると、ルートン空港での一件に関するニュース記事が出てきた。畜生。私の心は沈んだ。これ

---

†1　この時は知るよしもなかったが、のちに私は『不本意な原理主義者』の映画版に出演することとなる——出演が決まった理由のひとつは、作品の題名が、その時期までに私が役を得るために陥りそうになっていた危機の見事な描写にもなっていたからだと、私は信じている。

＊5　アーメッドは、《スラムドッグ$ミリオネア》のオーディションで、気性の荒い役柄の台詞の読み合わせをしている途中、演技に熱が入りすぎ、ダニー・ボイル監督に突め寄り、彼のTシャツを破いてしまった。なお、彼はこのオーディションに落選した。

＊6　邦訳の題名は『コウモリの見た夢』（川上純子訳、武田ランダムハウスジャパン、二〇一一年）。なお、同小説を映画化したミーラー・ナーイル監督作品は、日本では《ミッシング・ポイント》のタイトルで公開された。

までだ。ハリウッドには縁がなかった。俺はブラッド・ピットにはなれない。クソみたいな《シンプソンズ》のアプーにすらなれやしない。俺は何を考えていたんだ？

苦悶の三時間の後、通過を認められた時、私はそれが信じられなかった。安堵し、感謝し、幸運を喜び――そして突然頭にきた。

私に似た者たちの前を通り過ぎて出ていく際、「アッサラーム・アレイコム」と大声で言った。即座に挨拶を返してくれる者は誰もいなかった。おそらくかれらは説得的なかたちで「まじかよ！」とつぶやくというセフティ・ネットを持っていないのだ。

夕食のために友人とマンハッタンで合流し、三時間の遅刻を詫び、まわりの人たちが星占いについて話しているあいだ、私はぼーっとしていた。席にいた誰かが私のほうを向いた。

「あなたはとってもテロリスト《サッチ・ア・テロリスト》ね」と彼女は言った。

私は目をしばたかせた。何だって？　顔はゆがみ、入国係官に言い訳がましく泣きついたりせずに、しょっぴかれていればよかったという気持ちが表情に出た。

「一体どういう意味で言ってるんだ？」

私の友人は自分の腕を私の腕に乗せ、割り込んできた。

「リズ、彼女は君が射手座《サジタリアス》かどうか聞いてるんだ」

ぐっと唾を飲み込んだ。いくつもの困惑した顔が不安そうにじっと私を見ていた。

「そうですよね。すみません。はい。そう、そうです」と私は言った。

同じようなことがすぐ後にも起きた。その後にも起きた。もう一度。さらにもう一度。私はトゲトゲしくなっていった。

ある係官は、何らかの軍事訓練を受けたことがあるかと尋ねた。私の学校には将校養成課程があった。私は早々に追い出されたのだが、話は広げずに、ただ「はい」と答えた。イランやイラク、アフガニスタンに最近行ったかどうか尋ねられた。

「イラク以外はどちらにも行きましたが、参考までに言いますと、パキスタンとサウジアラビアにも行きました」と私はほほ笑んだ。

幼稚に見えるかもしれないが、状況そのものが幼児化しているのだ。係官の疑惑を気に留めていないふりをして、それに取り合わないことが、私の唯一の防衛策だった。

しかし茶番は続いた。

米国の労働ビザを申請した際に二度、移民国籍法二二一G条の対象となり――テロリストに関する世界規模のデータベースに照らして長期間の身元調査が行なわれた――危うく仕事を失いかけた。私は、国務省と代理人とのEメールのやりとりを見た。

「やあビル、君の依頼人のアーメド氏――とてもイギリスっぽい響きの名前だね？　彼が歌う〈ポスト9／11ブルース〉を観たよ。この『オサマ大好き』っていうネタはどういうことなんだ？」

結構。そう考えてしまうのも分かる。彼の人種プロフィールと、彼のパスポートのスタンプと、危ないくらいに愉快なラップの歌詞を見てくれればいい。しかし私は以前にアメリカへの入国を認められたことがあり、先月安全だと判断されたばかりだったのだから、今月また面倒な手続きを取るのは明らかに無駄だったのだ。三〇日足らずで私が過激化する可能性など、私がどれほど（ＣＩＡやＮＳＡの職員だってきっとそうだと思うが）邪悪なインターネット・ポルノ中毒に深く犯されているかを知っていれば、お笑い草でしかない。

結局、いつも私は入国を許可されたわけだから、空港でのオーディションは手続上は成功だった。しかしそうしたオーディションには、同じ型の役を演じつづける経験が伴われるので、それをやりすぎると、他人が自分のために書いた役柄を内面化してしまう。今や私は、メソッド演技を熱心に追求しすぎる役者のように、役柄を破壊しようと懸命になっていた。

私は私のことを容疑者だと言ってくるあらゆるサインを受け取らないよう心がけた。この「プロトコル」の物語世界を、あるいは自分が誰であるかに関わる第一段階のステレオタイプを受け入れないよう心がけた。しかし常に自分がいる環境に合わせて自分のアイデンティティを成型し、他人が選んだネックレスをつけてきた場合は、それは容易なことではない。私は自分を「ただの男」として見られなくなっていた。受けに行ったオーディションにことごとく落ちた。

一つの場面のリハーサルをすると、一つの役柄が自分の中に埋め込まれる。しかし時として、そこに新たな意味を何も発見することなしに、その場面のリハーサルをしすぎると、突然台詞を忘れてしまうことがある。現実世界ではなく、舞台の上にいることを認識してしまうのだ。その場面の喚起力も、その場面への自分の没入感も消えてしまう。

それで、こうした審査は私の価値を査定するものではなく、泡のような幻想の中で行なわれる虚構のロールプレイなのだということに気がついた。

このような見方をすればよいのだ。

そして、オーディションもそのように見ればよいということが分かった。

プロトコルはもはや私に対する抑制力を失い、私は再び役をもらうようになった。

ある大きな仕事のおかげで正式な米国ビザが保証されたため、すぐに私はプロトコルなしに通過できるようになった。希望の地に向かって私は少しずつ進みはじめたのだ。

今ではオーディションでも空港でも、かつての私を遮ったものと同じベルベットの仕切りロープの「入れる側」にいる自分に気づく。だがこれはサクセス・ストーリーではない。仲間のマルコヴィッチたちのほとんどがまだ、そのロープの下をリンボーダンスでくぐろうと、後ろにのけぞり、折れそうなほど背骨を曲げていることを私は知っている。だから、最近では俳優のオーディションの控室で、私に似た人間が誰もいないということが起こりえるのだが、私と一緒に米国の入国審査を通過するまわりの人間についても同じことが当てはまる。どちらの空間でも、私という例外が規則を証明しているのだ。

誤解しないでほしい。米国の空港での手続きは以前より円滑になったが、アメリカに飛ぶ時は毎回、私はまだヒースロー空港で搭乗前に止められているのだ。しかし今ではそれを辛いというより愉快に思っている。労働ビザを所持し、戦略的に「まじかよ！」を使いこなせるようになったから、簡単に笑えるようになったのかもしれない。しかし容易に笑えるようになったのは、よく旅行するようになればなるほど、手続きがどんどんとばかばかしいものになったからでもある。

ヒースロー空港は、アジア系が集まった郊外住宅地である近隣のハウンズローとサウソールからスタッフを雇い入れている。私はＬＡ行きの航空券を無造作に取っているが、いつも決まった時間帯になるため、頻繁に旅行するようになると、いつも同じシク教徒の中年男性に六ヶ月間のアメリカ滞在ビザを確認されるようになった。私は自然と彼のことを「アンクル《おじさん》」と呼びはじめた。それがアジア系の年長者に対する習慣だからだ。彼のほうも申し訳そうに私の荷物を細かく調べつつ、私を「ベータ《息子》」と呼ぶようになった。心暖まることであったが、身体検査で彼が私の股のところを調べなければならない時にいつも、急に近親相姦的な危なさを感じてしまうのが難点だった。

「息子よ、大丈夫か?」

「あ、ええ、はい、大丈夫です、アンクル」

よく旅に出るということは、よく映画の仕事をするようになったということなので、ヒースロー空港の若いアジア系のスタッフに気づかれる機会が増えていった。私の下着類をひっかき回している人から私の映画の台詞を言い返されたり、爆発物の成分が付着していないか綿棒でこすって検査している人からセルフィーを撮ってくれないかと頼まれたりした。

最後に私を検査した若者、清潔なヒゲをもみあげから顎までつなげ、顎下に伸ばしたムスリムの少年は、特に申し訳なさそうだった。

「すみません、兄貴。気休めになるかどうか分かりませんけど、僕が飛行機に乗る前にも、かれらは僕を調べるんです」

私たちは笑った。彼がジョークを言ったからではなく、彼が大真面目だったからだ。それはマイノリティの移ろいやすく、分裂した自己を完璧に要約していた。何とか生き抜いていくために、自分たちに押し付けられた制限を、内面化することを余儀なくされている自己。ベルベッドの仕切りロープの入れる側にいる場合でさえ(たぶんその場合こそ特に)、入れない側に身を置いてしまう自己。私たちはジョークを言い合い、互いの拳を突き合わせた。

立ち去ろうとすると、背後から彼が質問を投げかけてきた。

「兄貴、次はどんな映画に出るんですか?」

私は彼の首にかかっているヒモにぶら下がったＩＤバッジを見た。私は彼がそれを気に入ってくれることを願っていると伝えた。

カースト主義の永続

サラ・サヒム

ほとんどの人はインドの差別的なカースト制のことを知っているが、その多くはこの形の人種内分断が南アジアを越え、ディアスポラを通じて英国にまで広がっていることを認識していない。カースト制が創造されたことに対しては、イギリス人は直接的な責任を持たないとはいえ、かれらが植民地化の過程でイギリス独自の階級制度と人種差別の暴力とをインド人に押し付けたことが、カースト制を強化したのである。

カーストは、ダリット（マラーティー語で「抑圧された者」の意）を最下層に、司祭・学者階級のバラモンを頂点に置いた、古来の複雑な社会階層制度である。インド社会でのダリットの地位は非常に低く、「ヴァルナ」（ヒンドゥー教社会を分割する古来の身分制度）から完全に排除されている。

カースト主義に関して過去の世代が犯した過失のつけを、現代の人間が（その過失のおかげで特権を与えられ、利得を享受している者たちのために）未だに支払っているのである。カーストは根絶されたことになってはいるものの、私たちの生に影響を与えつづけている。一種の植民地時代の「後遺症」があり、その余波はインドの国境内に留まらない。カーストは他の国々や、インド系ディアスポラのあいだにも浸透している。それは植民地主義の震源、イギリス本国にも広まっているのだ。しかし疑問が残されたままだ。イギリス（同じくアメリカ合衆国などの他の西洋諸国）に移住したインド人とその子孫たちは、なぜこの差別的な慣習を続けているのだろうか？

「カースト」という用語自体はイギリスが作ったもので、一八七一年のインドの国勢調査用紙で導入された[†1]。この調査がカーストによる階層秩序の創出を助長し、この階層秩序は複雑なヴァルナに関するイギリス人の誤解を通じて、バラモンに多大な特権と社会内での有利な立場を与えることになった。ヴァルナそのものには——イギリス人が到来する以前には——欠陥がなかったと言っているわけではない。インドではカーストに基づく差別は違法になっているにもかかわらず、カースト主義は国内外のインド人社会の各方面に浸透している。カースト制はインドから根絶されたはずであり[†2]、またそれがインド人たちの移住先の国々に元々あった構造的不平等の一部であるはずはない。しかし、カースト主義は今日も横行しているばかりか、その存在を認めようとしない人たちが余多《あまた》いるのだ。

カースト間の関係も複雑である。グジャラート州のバラモンの母と、アフガニスタンのパシュトゥーン人の父を持ち、薄い肌をした、若い女である私は、多くの特権を手にできてきたし、それを当たり前のものと思ってきた。私の家族はカースト主義に関心を持ったことがなく、私もそうだった。私たちは差別をしたことも、カーストの規範を遵守したこともない。しかしこの「カーストを意識しない《カースト・ブラインド》」態度は極めて有害である。私たちは自分たちのような人間に責任がある不正義に目をつぶることはできないし、そうしてはならない。私には意図的に無知でいられる自由があるが、他の人びと、とりわけダリットたちにはそのような余裕はないのだ。

二〇一六年一月一七日に起きたダリットのロヒトゥ・ヴェムラの自殺が具現化したのは、とりわけ若いインド人たちのあいだでの、カーストに基づく差別の恐ろしいリアリティだった。ヴェムラは二五歳で、ハイデラバード大学の博士課程の学生だった。大学が月二万五〇〇〇ルピーの奨学金給付の継続を拒否したため——学術機関によるカースト差別の明白な例だった——寮から退去させられた後、もう二週間で二六歳になるはずだったヴェムラは、首を吊った。

彼の遺書には「僕はいつも急いでいた。人生を始め直そうと必死だった。ある人間たちにとっては、人生自体がずっと呪いなのだ。僕は誕生した時にすでに死亡事故に遭っていた」と書かれていた。その後、彼の死は抗議活動に火をつけ、インドにおけるカースト主義の状況に関して、待ち望まれていた議論を引き起こした。

そうした議論が盛り上がる回路のひとつになったのが、ニューヨークを拠点に活動するジャーナリスト、ヤシカ・ダットがタンブラーに開設したブログ『ダリット差別の記録』である。[†3] そのページは、ダリットたちとダリット差別の目撃者たちが、それぞれの物語を共有することを目的につくられた、「『留保』や『利点』を超えた議論を行ない、私たちの非常に多くが静かに耐えている苦痛について声を上げるための安全なスペース」である。[†4]

---

†1 'Caste not class is the main British problem, Lords', *The Huffington Post*. https://www.huffingtonpost.co.uk/jasdev-singh-rai/caste-not-class-is-the-ma_b_2989148.html

†2 'Why India is still fighting over caste system', *CNN*. http://www.cnn.com/2015/08/28/asia/india-gujarat-caste-protests/

†3 Documents of Dalit Discrimination(blog). http://dalitdiscrimination.tumblr.com

その差別の歴史を作成するとともに、彼女はカースト制が下層カーストの被害者に強いつづけている犠牲を記録しようとしている。そのページは、次のような事例を記録している。カースト主義の否認――それ自体がカースト主義的である――、ダリットに対して使われる中傷、就職差別、下層カーストの人間が雇用されていると積極的差別《ポジティブ・ディスクリミネーション》のためだとみなされるという問題と、いわれなき身体的虐待。そして、こうしたことのすべてを経験せずに済むようにと、多くのダリットたちがバラモンになりすまそうと試みること。「なりすまし」は危うい決断ではあるが、そもそもそれが可能であるという事実が、カースト間の線引きが無意味で有害だということをまさに証明している。さらにダットはブログで、彼女の母親の身に起こった忌まわしい暴力事件を回想している。「「母の隣人」は……六〇センチに満たない距離から小さくはない石の塊を二つ手に持ち母を打ちつけた。一方の石の尖った先端で、彼は容赦なく母の顔を傷つけた。もう一方の石で彼は母の額を叩いた」。これらの石は、隣人の家の排水口から流れてくる汚水を堰き止めるために彼女の母が使っていたものだった。残念ながら、隣人はそれで終わりにせず、「母のすねを二度蹴り、石を使って［母を殴った］」。彼女はすぐに警察に通報したが、隣人は彼女を襲ったことを否認した。警察は全く役に立たず、彼女はダットに、これは「みんなが私たちのカーストを知っている」からだと話した。この出来事は、カースト制を存続させている者たちが自分たちの世界を知覚する際の近視眼的な見方と、それがもたらす帰結が、いかに具体的な形をとるかを要約している。しかしそれは、ダリットの虐待についての数十万の物語のひとつにすぎない。

南アジア系の二人組で、男女という二者択一を拒むトランスジェンダーの「パフォーマンス・アート」を実践するダークマターは、二〇一四年五月三〇日、次のようにツイートした。「ヒンドゥー教は、巨大で複雑で矛盾に満ちた宗教だが、ナショナリズムという別の目的のために上層カーストに利用されてきた。#NoHindutva」[†5]。これはカースト主義に関する一連のツイートのひとつにすぎない。若者たちが、カースト主義の問題、そしてこの時代遅れで不和を生む社会構造の害悪をどうすれば除去できるかという問題を、非常に重要視していることは明らかだ。白人や南アジア系でない有色人によるカースト主義についての議論は、人種差別感情や外国人嫌悪、文化的に無神経な感想に傾きがちであるが、だからといって、そうした議論は一切やめるべきという話にはならない。ただ、議論はカースト主義の矢面に立っている人びとに主導されるべきなのだ。つまり、下層カーストや、貶められた階級の者たち、ダリットたちに。

インドでカースト制が建前上は終焉した後、積極的差別に似た制度が現れた。いわゆる「割当制度」である。これは不利な境遇にあるカーストの者たちが、身分にかかわらず社会的な成功を収められるよう支援するためにつくられた。この制度は、「その他の後進的階級」や「指定カースト」や「指定部族」といったグループを設けた。下層カースト民に対する積年の抑圧を無効にすることを意図したものだったが[†6]、このような制度がいつも首尾よく機能するわけではない。制度的な抑圧の緩和を試みていたとしても、人びとをある職場に配属しても、その制度だけが理由でかれらはそこにいると考えられてしまう

†4 'Coming out as a Dalit in Rohith's memory: New York journalist's project to document discrimination', *The News Minute*. https://www.thenewsminute.com/article/coming-out-dalit-rohith's-memory-new-york-journalist's-project-document-discrimination-38083
†5 〔原文にはダークマターのツイートのＵＲＬが記載されているが、すでにアカウント自体が削除されている〕
†6 'Why India is still fighting over caste system'.

ようであれば、それはそれで別の問題を生み出してしまう。ダットのブログで言及されている日常的なカースト主義の実例の相当数が、割当制度に関わる問題を議論している。ずっとバラモンのふりをしてきたために、奨学金を受け取ることについて懸念を表明している者もいる[†7]。『ハフィントン・ポスト』に掲載された記事「今日、私はダリットだとカミングアウトする」で、ダットは「なりすまし」の苦労についてはっきりと語っている。「私はラージャスターン州アジュメールに住むダリットの一家に生まれた。そして幼い頃からそれを隠すことを学んだ。修道院附属女子学校での教育、ダリットらしく聞こえない苗字、『浅黒いがくすんでいるとまではいかない』肌の色が、非ダリットになりすますのを容易にした」[†8]。また彼女は、ジャーナリストとしてのキャリアの最初の頃、非ダリットで通しつづけるのに役に立つと考え、「ファッションとライフスタイル」といった上層カーストを連想させる事柄について執筆していたと述べている[†9]。

ヴェムラの自殺はダットのようなダリットたちに、かれらの苦痛の原因は抑圧にあるということを思い出させた。恥辱や、かれらが「汚い」という考えに原因があるのではないと。このように犠牲者を責める心性は、植民地主義に反対した人びとのあいだにも見られる。責任を負うべきだった元凶が取り除かれたことで、最大の苦痛を経験している者たち、最も周縁化されている者たちに、責任が押し付けられてしまっているのだ。ヴェムラの自殺が悲劇であることに変わりはないが、ダットのような若い先駆者や活動家たちが現れたおかげで、ヴェムラを最後の一人にできるかもしれない可能性がある。ダットと『ダリット差別の記録』、そして自身とコミュニティの社会的な地位の向上《エンパワーメント》を求めている他の者たちが行なっていることは、アンベードカル博士が訴えたことと同じである[†10]。彼はダリットたちが「社会の中で平等の分け前を得るために、自分を誇り、自分を修養し、自分を信じられる」ようになってほしい

と力説したのだ。[†11]

一八七一年に大英帝国がインドに課した国勢調査は、後世のカーストの制度化の基礎を固め、その遺物の多くが現代にまで残されることになっている。現在の形のカースト制は、イギリス人と特権を得ていたインド人が共同で作り上げたものなのだ。ヴェムラの自殺を追跡した別の記事は、この点を明確にしている。「他方、その自殺をめぐる議論自体が、私たちの社会が患っている植民地主義の後遺症の証拠である。つまりそれは、この国での支配的立場を維持しようとしたイギリス人とバラモンたちの共同の取り組みから生まれた、このカーストという概念を用いることなしに、私たちが社会的分断を説明できないという問題を示しているのである」[†12]。一八七一年の最初の国勢調査で、インド人をカーストに基づいて数え、分類したことが、イギリスの植民地支配下でのカースト制の制度化の一因となったのだ。

イギリス人とバラモンのインド人の権力を維持するために取られたこの措置は、近代のカースト主義

---

†7 Documents of Dalit Discrimination(blog). http://dalitdiscrimination.tumblr.com/post/137820923502/i-never-came-out-of-mu-shell-became-introverted

†8 'Today, I'm coming out as Dalit', *The Huffington Post*. https://www.huffingtonpost.in/yashica-dutt-/why-im-coming-out-as-dali_b_9035094.html

†9 'Coming out as a Dalit in Rohith's memory: New York Journalist's project to document discrimination'.

†10 インド共和国初代法務大臣で、カースト制に反対した著名な政治運動家。

†11 N. S. Gehlot, 'Dr Ambedkar, Mahatma Gandhi, and Dalit Movement', *The Indian Journal of Political Science*, Vol. 54, No. 3/4 (July-Dec 1991), 382-387.

†12 'Our obsession with caste is really a colonial hangover', *The Indian Express*. https://indianexpress.com/article/blogs/rohith-vemula-dalit-suicide-hyderabad-our-obsession-with-caste-is-really-a-colonial-hangover/

にイギリスが関与していること、それゆえイギリス人は責任を負わねばならないということを例証している。またイギリス人は、他の多くの植民地住民に対して用いていた手法によってインド人を分類[13]した。肌の色／色合い《シェード》、頭部測定、身体測定、その他の「客観的」測定方法などで、これらは身体的特徴とカーストとのあいだにあると想定された関係性を特定する助けとなると考えられていた。これは、「ニグロイド」と「モンゴロイド」と「イラニイド」を分割するために人類学者たちが使用した古めかしい区分や、他の差別的な人種的分類を具現化するものだった。西洋の植民地主義は、人種、ジェンダー、セクシャリティに関する退行的な見方を強要することによって、多くの社会の進歩する能力を阻害したのだ。差引勘定すれば植民地主義はよいものだったと主張しようとする者（自分たちは「非文明」的な文化慣習を廃止したのだというイギリス人の思い込みに由来する心情）もいるが、実際のところは、イギリス人は高慢な人種的優越感[14]に由来するひどく残酷なやり方で支配を行なったのであり、かれらはこうした態度をバラモンに継承したのだ（イギリス人が他の文化を「文明化」したという考えが本質的に人種差別的であることは言うまでもない）。

　ガンディーは悪の大英帝国と戦った平和的な抗議運動の牙城とみなされたが、彼の手法はアンベードカル博士を含めた多くの人びとに不満を残した。たしかにガンディーの努力は反植民地主義運動を進展させたが、そのことによってただちに彼のカースト主義が免罪されるわけではない。遡ること一九三一年、ロンドンで開かれた英印円卓会議で、ダリットの分離選挙を要求したアンベードカル博士の主張に、ガンディーは反対した[15]。そのためダリットたちは、ガンディーがムンバイに戻るとすぐ、この問題についての彼の態度に抗議した。そして下層の虐げられた階級に別個の選挙区が与えられると、機嫌を悪くしたガンディーは、アンベードカル博士が妥協するまで抗議のハンガーストライキを続けたのだった。

アンベードカル博士は、ダリット独自の選挙区を持たないかぎり、かれらは「ヒンドゥー教徒の意のまま」にされると懸念したのであり、後から考えれば、彼の危惧は理にかなったものだったように思われる。他方、ガンディーは「不可触民の問題」はすぐに過去のものとなると信じていた。[†16] 歴史の再構成と改竄《かいざん》はガンディーに有利に働いてきた。ハンガーストライキは、勇敢な形態の政治的抵抗とみなされ、これがガンディーについての認識をさらにロマン化した。しかし、こうした心情は下層カースト民には共有されていない。かれらが政治的な力を欠いている状況は変わらぬままだからである。

このカースト差別の強化にイギリス人は関与したわけであるが、白人のイギリス人が行なう人種差別は、下層カーストの者だけでなく、あらゆる人びとに及んでいる。人種差別はダリットとバラモンを区別しはしないのだ。人種差別主義者たちにとっては、すべてのインド人は同じなのだ。世間体政治《ポリティクス・オブ・リスペクタビリティ》が、イギリスにおけるインド人の扱いを、カーストや社会経済的な身分の違いによって変えるよう促したところで、結局はやはり人種差別を受けることになのである。

社会の中での人種差別はしばしば分割統治の戦略を通じて作用し、たいていの場合、階級主義や他の形態の抑圧とも絡み合っている。構造的人種差別は、個々の集団を自分たちの階級に――この場合はカー

---

†13 'Caste not class is the main British problem, Lords', *The Huffington Post*.

†14 'Wake up, Britain, Should the empire really be a source of pride?', *The Guardian*. https://www.theguardian.com/commentisfree/2016/jan/23/britain-empire-pride-poll

†15 N. S. Gehlot, 'Dr Ambedkar, Mahatma Gandhi, and Dalit Movement'.

†16 同右

スト差別に――しがみつかせることよって、協力すればもっと強くなれるコミュニティを分断してしまう。白人のイギリス人の高慢な自尊心と結び付いたこの形態の人種差別のために、イギリス人は自分たちで責任を負うことなく、カースト主義を取るに足らないものと退けているように、外部からは見えてしまうのだ。ある点では、英国に残存するカースト差別はイギリスの階級主義によって補強されていると論じることができる――社会上昇のチャンスを全く持たない人びとを隔離しようとする資本主義的構造は、まさしくインドのカースト制を彷彿とさせるものだ。

インド系イギリス人は英国で最大のマイノリティのコミュニティである。[†17] ほとんどの若いインド系イギリス人はカースト制に大して関心を払っていないが、その制度はさまざまな形で現れるため、かれらが依然としてその負の影響を受けていることは疑いない。子どもたちには自主性があり、自分たち独自の意見を持つとはいえ、年長者たちがカースト制に関わっているのを見ていたことで印象が残り、カースト主義に直接的に関わるよう促されてしまうかもしれない。上層カーストの子どもは、その特権によって自分のカーストを隠すという手段を使われなければならないような他の子どもに比べて、恣意的に高い身分を与えられている。カースト制が馴染みのものと考えられていない国にいる場合でさえ、そうなのだ。カースト主義が提示する境界線を意識し、その線引きに関わる者たちは、血統を「悪く」しないように異なるカースト間の婚姻を禁止するといった差別的で醜悪な慣習を存続させている。しかしそうした分断は、婚姻関係以外のところにも広がっている。上層カーストの者たちは、ダンスや祝い事でコミュニティを結束させることを目的としたイベントや式典に、下層カーストの者たちが参加しないようにしているのである。こうしたことは、特に北インド系のコミュニティではびこっている。在英グジャラート州出身者の多くは、ガルバ（棒を持って踊るグジャラートの伝統舞踊の一種）を主催したり、それに出席したりするが、そうした催しはカーストごとに区分され、ほとんどの場合は上層カーストだけしか出席しないのである。

上層カースト出身のインド人が一個人として認めようが認めまいが、かれらは常にカースト制の存続に間接的に関与している。なぜなら、かれらの存在自体が、そもそもの前提として、かれらがダリットよりもはるかに恵まれていることを示しているからである。幼い子どもたちが、下層カーストの出の他の子どもたちをカースト主義的な中傷で嘲ることが知られている。[†18] イギリス生まれのヒンドゥー教徒のインド系は、世代を問わず、カーストのせいで敬遠されるかもしれないというリスクを今も抱えている。[†19] かれらは職場や「……公共サービス、音楽やソーシャル・メディアで、そしてもちろん宗教やコミュニティの空間で[†20]」カースト差別を経験している。「汚い」の代わりに「ジャット[†21]」といったカースト主義的な中傷が使われている以上、これは憂慮すべき事態である。

二〇一三年、インド系イギリス人は、イギリス政府に対してカースト主義に関する抗議を行ない、政

†17 'British Indians seek legal protection from caste system', *CBC World*. https://www.cbc.ca/news/world/british-indians-seek-legal-protection-from-caste-system-1.2224275

†18 'No escape from caste prejudice even in UK', *The Times of India*. https://timesofindia.indiatimes.com/No-escape-from-caste-prejudice-even-in-UK/articleshow/18998712.cms

†19 'British Indians seek legal protection from caste system'.

†20 'Long range of prejudice', *Outlook Magazine*. https://www.outlookindia.com/magazine/story/long-range-of-prejudice/293121

†21 「ジャット」と言われる人びとは、北インドとパキスタンを本拠地にするインド・アーリア人で、かれらの大半は今も農村共同体で生活している。

府の保護を要求した。この抗議は成功を収め、イギリス政府は二〇一〇年平等法[*1]にカースト差別の禁止を明記することに同意したのだが、単なる法律変更によってその場でただちに差別が終わるわけではない。抑圧の制度がインド人たちの――そして人間の――心理に非常に深く染み込んでいる場合、たとえそれが違法になったとしても、人びとが頑迷な偏見に満ちた態度をすっかり改めるのは不可能なのだ。人種は階級に比べればここでは重要ではないというイギリスの主張に反し、すべてのインド系イギリス人は今も白人至上主義[†22]の影響を受けている。さらに、イギリスがインドにおける近代的カースト主義の、それゆえその階層的な社会秩序の加担者である事実を無視することは困難である。通例、人種差別はもはや問題ではないといった意見は、制度的人種差別の唯一の元凶は合衆国であるという主張と対でなされる。合衆国が長い人種差別の歴史と人種差別の問題を抱えているのは真実であるが、そのことによってイギリスにおける人種差別と白人至上主義の歴史が消去されるわけではない。大西洋奴隷貿易の三角形の第二ポイント（アフリカの奴隷たちがアメリカまで輸送される経路）を作り上げたのはイギリスなのであり、ごく最近のことでいえば、サラ・リードの死――二〇一二年、警察による身柄拘束中に、残忍に殴打されて死亡したロンドン在住の黒人女性――は、二〇一五年にテキサス州刑務所の独房内の不可解な状況下で死亡したサンドラ・ブランドの運命と多くの類似性がある。

反人種差別を――少なくともインド系が置かれている状況の中で――現実のものとするためには、「ヴァルマ」においてダリットよりも上位にいるインド人たちが、自分たち、そしてダリットたちにとってより安全な環境を作るために使える大きな社会的・財政的力を有している者たちに、授けられている恣意的な特権を十分に意識することが重要である。これは一夜にして起こるようなことではない。ダリットたちが経験している苦痛を認識することが第一歩である。カーストに関する議論が、ヴェムラの自殺の件だけに終始してはならない。カースト差別と戦っている今の若い世代の仕事が見過ごされてはならない。ヤシカ・ダットの『ダリット差別の記録』や、ダークマターのような他の活動家の仕事は、下層カーストの人びとの生活が改善し、ひいてはあらゆるカーストの者たちの生活が向上する未来に向けて前進するために不可欠である。

カースト制を強化したこと、そして差別的慣習を間接的に支持しつづけていることに対し、イギリス人は責任を負うと考えられなければならない。これほど極端なものになってしまったカースト制が、インド固有の因習でないことは明らかだ。植民地期にインド人を分類した責任の一端をイギリス人が負っているのであれば、この慣習を続ける必要性はどこにあるというのか？——なぜ、イギリス人の支配に対抗していくために、カースト差別を廃止し、カーストの多様性を受け入れた、よりまとまったコミュニティとして活動することができないのか？　カースト主義に耽溺したところで、上層カーストの者たちに、白人のイギリス人が自分たちに割り当てた特権が授けられるわけではない。カーストの存続が、インド系コミュニティの誰にとっても、とりわけ白人の機関に所属している者にとって利益にならないことは明らかである。下層のカーストや階級の者たちを見下し、自分たちが頂上に昇るためにかれらを

---

†22　この場合の「白人至上主義」という概念は、黒人や先住民の市民とアメリカとの関係という文脈を越えた、グローバルな概念とみなされなければならない。

＊1　二〇一〇年に既存の多くの差別禁止法を統合し成立したもので、人種、性別、障害、年齢、性的指向、思想信条、性適合、婚姻、シビルパートナーシップ、妊娠および出産・育児を保護特性とし、それぞれについて、直接差別、間接差別、ハラスメント、権利の行使に対する被害の禁止を規定している。

利用したとしても、この白人至上主義がはびこる世界で白人の地位を獲得できるという保証にはならない。白人の抑圧者たちと戦うための団結は、こういった党派争いのような抑圧を根絶することによってしか達成できないのだ。

シェード

サリーナ・ゴッデン

Shade［シェード］

直射日光が遮られることで生じた比較的暗く涼しいところ。

絵画の暗い部分。

相対的に劣等な、あるいは日の当たらない立場。

throwing shadeで、公然と人を批判する、あるいは軽蔑を示す。

acting kinda shadyで、おざなりの、あるいは無礼な態度でふるまう。[*1]

時折私は自分がビヨンセと大体同じ色合い《シェード》だと思う。しかし、それは彼女にどれくらい照明が当てら

＊1　ここで列挙されている意味以外に、"Shade"には色の濃淡を表す「色合い」という意味がある。

れるか次第なので、判断が難しい。リアーナ[*2]と大体同じ色合いだと思う日もあるが、彼女も色合いを変えるので、そうも言い難い。あなたの色合いはうわべのものではない。あなたの色合いはあなたの心や魂に関わるだけではない。それはあなたの宗教や精神性であり、あなたの祖先やあなたの歴史であり、国や地理、時間と場所とのあなたのつながりである。あなたの色合いは一つの産業でもあり、あなたの色合いは一つの象徴でもあり、あなたの色合いは一枚のパスポートでもあり、色合いは檻であり地位でもある。

あなたは「その他」にチェックを入れる。

私はバンコクにいる。大通りやバスの側面の広告板を埋め尽くすのは、「スナイル・ホワイト」という美白化粧品の宣伝だ。チアリーダーのような笑みを浮かべ、真っ白な象牙色の顔をした西洋的な少女たちの艶々した写真。マーケットやレストランでは、肌を漂白し、顔に白粉を塗ったタイの住民を見た。通りには、四〇度の熱気の中、茶色い手を守る手袋をはめ、茶色の足を隠すために厚い白のタイツを履いている人もいる。以前はこういったことにあまり気づいていなかった。私が気づかなかっただけだと思うが、インターネットの情報によれば、肌の漂白はここ数年トレンドになっているようだ――インド、アフリカ、カリブ海地域、と世界中で、肌の漂白は巨大ビジネスになり、あなたの肌の色合いがあなたの自由あるいは牢獄になっている。あなたの外側の色彩は存在と受け入れを左右する。あなたの色合いは、あなたの富、美、価値、そして成功のシンボルなのだ。

さて、ここイギリスでは、白人たちが自分たちを茶渋のような茶色に染め上げる。日焼けしたいという欲望はなお栄んで、人びとは日焼け用《サンベッド》のベッドに寝転がり、死ぬほど自分たちを焼いている。英国に熱波が来た最初の兆しが見られると、浜辺や公園にはサーモンピンクの身体と、バーベキューで焼いたロブスター色の顔が溢れかえる。ゴシップ雑誌の表紙を飾るセレブたちは蟹みたいなオレンジ色で、リアリティ番組のスターたちは筋の入ったアンティークのチーク材のような色になっている。

あなたがどこで生活しようが、どこの出身であろうが、すべては色合いの問題であるように思われる。普遍的に、私たちは分割され、あなたがどういう色合いに生まれるにせよ、それは十分に正しいとも、十分によいともみなされない。私たちは巨大な洗脳を受け、色彩と色調によって組織されていて、自分の天然の色合いを改善したり、変化させたり、フィルターをかけたりせねばならなくなっている。あなたの肌は、ソーセージの中身のようなあなたの魂を包んでいる。そして、あなたの筋と骨と肉の鎧になっている。外界からあなたの内部を防護する表層であるが、それは常に不適切なのだ。あなたは白すぎるか黒すぎる。明るすぎるのは悪いこと？　暗すぎるのは悪いこと？　私は混乱する。私はこのあたりの中間だ。ちょっと待って、私はあなたにはどんな色合いに見えている？

私の母はオプラ[*3]かマヤ[*4]と同じ色合いだ。夏に兄がイドリスぐらい茶色くなったのを見たことがあるが、冬にはオバマに近くなる。ボブ・マーリーは私と同じで、ジャマイカ人とケルト人のミックスだったが、ある写真では彼の色合いは白く見えるが、もっと浅黒く見える時もある。分かるだろうが、すべてフィルターと季節次第、すべて光次第、すべて陰《シェード》次第なのだ。すべて人びとが、何かの宣伝をするために、

＊2　バルバドス出身の女性シンガー・ソングライター、女優、モデル。幼少期にアメリカに移住している。
＊3　オプラ・ウィンフリー。アメリカの女優、テレビ司会者、プロデューサー。
＊4　マヤ・アンジェロウ。アメリカの詩人、歌手、女優、活動家。

あなたに物を売るために、金を稼ぐために、どの点を強調しようとするか次第なのだ。それが重要な点で、色合いを明確にし、色合いを問題にする。日陰《シェード》を作り、誰かを日陰者にし、誰かに立場をわきまえさせ、誰かにその色合いのために、その人の身分は概して低いものなのだと知らせる。広告会社、大企業、銀行、政治家には、こうしたことを維持する必要があり、人種差別と陰《シェード》を通じた人間の分割をコントロールし、関心と無関心とのあいだに、よい移民とわるい移民とのあいだに、難民と福祉へのたかり屋とのあいだに陰影《シェード》をつける。こうしたことのために、わたしたちは身の程をわきまえさせられる。人間たちはつまらぬことを言い合い、自分たちの差異にこだわり、何かから注意をそらされ、互いに険悪になり、競い合い、反目する。

分割統治。

私は一人の巨人が、空きビン入れのガラスをリサイクルするように、人間を分別しているさまを想像する。茶色の肌のガラスはそっち、黄色の肌のガラスはこっち、白い肌のガラスはあっち、と。しかしほとんどの人間は、あれかこれか、白か黒かと簡単に分けられない。私はどうだろう？ ツートン・カラーの人間はどこに入れるの？

その巨人がガラス人間を上にかかげ、私たち全員を光にかざしてくれたならと私は思う。そうすれば彼は、人間として集まって一体となった私たちは、一枚の美しい絵に、多色のモザイク画に、壮麗なステンドグラス窓に見えることを理解するだろう。しかし巨人は自分の頭をかき、人びとを別々のバケツに放り投げているだけ。彼は人間の色合いを識別した色見本を参照する。「パディー・フィールド《水田》・ブラウン」は貧困。「グリーシー・チップス《脂ぎったポテトフライ》・ホワイト」は一文無し。「ブラック・パンサー・ベレー・ブラック《ブラック・パンサーが被るベレー帽の黒》」はスーパーボウル級[*5]の大騒ぎ。撃たれたティーンエージャーは「チョーク・オン・ブラディ・コンクリート《血まみれのコンクリートに引かれた線のチョーク色》」。コカインの白は「ベビー・モマズ・ビッチ《未婚の母のヒモ》」。ゲイシャは「ピンク・チェリー・ブロッサム《さくらのピンク色》」。ピンポン玉の色は「レディボーイ・ホワイト」。「LAオレンジ」はポルノ女優の色。「タンジェリン・クイーン」はエセックス産のチークの色。「カードボード《ボール紙》・グレイ」は福祉にたかるやつらの色。「ラット・テイル《ねずみのしっぽ》・ベージュ」はフードバンクの色。「チアリーダー・ピンク」は、未成年の女性ポップ歌手の色。「フォックス・ハンティング《きつね狩り》」は保守の色。戦争犯罪の色は「ブラッド・ダイアモンド・レッド」。「アラブ・オイル」は砂金の色。「ドラウンド《溺れた》・ブラウン」は難民の色。「イミグラント《移民》・ブラウン」は、メディアがよく取り沙汰する色。巨人は肩をすくめる。彼はある人びとを「その他」のバケツに投げ入れ、別の人びとを海に投げて死なせる。彼の上司は彼に、「イミグラント・ブラウン」と「レフュジー《難民》・ブラウン」を見分けることが極めて重要だと釘をさす。さあ仕事に精を出そう。しっかり集中しよう。

ニュースが飛び込んできました……。

色合いは?

「ボコ・ハラム・ブラック」[*6]です。村全部です。八〇人以上が自宅で焼き殺されました。

いや、ニュースの価値はないな。重要じゃない。

「ブリング・バック・アワー・ガールズ」[*7]はどうでしょう?

＊5　アメリカン・フットボールのプロリーグＮＦＬの年間王座決勝戦。アメリカ最大のスポーツイベント。
＊6　ナイジェリアを拠点に置くイスラム過激派組織。

いや、今日じゃない。
「ブラック・ライヴズ・マター」[*8]では？
いや、今日じゃない。
「セイ・ハー・ネーム」[*9]は？
ニュースの価値なし。
爆弾テロです。ヨーロッパ内で「血」です。
見出し記事だ。一面で行こう。

無関心は明らかだ。関心は石油や金ぐらいはっきりしている。私たちは違いを知っておかねばならない。あなたの色合いを知っておかねばならない。誰の陰にいるか？　誰の側についているか？　浜辺に打ち上げられた移民の子どもたちの凄惨な写真や、新聞の一面に貼り付けられた写真を見た記憶を消すことは、誰にもできない。あるいは、瓦礫と爆撃の残骸の下に挟まれた、灰まみれの砕けた赤ん坊たちの写真を。子どもたちは無事なのか？　移動中の移民の子どもたちは無事なのか？　世界中、かれらがどこに辿り着くことになろうと、かれらの色合いが何であろうと、「イミグラント・ブラウン」であろうが、「レフュジー・ブラウン」であろうが、誰かが子どもたちを、殺戮者や人買いから、レイプや殺人から守っているのか？

どちらからいらっしゃったか、お尋ねしても構いませんか？
あなたは「その他」にチェックを入れる。

私は椅子を引き、処理されるのを待つ。私はここで、あなたがラベルを印刷し、私をどの箱に入れるか考えるのを待つ。黒い黒人に見られるような黒と記された箱か、茶色い黒人の黒と記された箱か、ハーフの黒人の茶色と記された箱か、はたまた、あいのこ《ハーフ・カースト》の茶色と記された箱か。でも、ちょっと待って。たしか私は二つの肌の色、二つの人種から生まれたのだから、私には二つの色合いがあり、だからハーフではなく、何かの半分なのではなく、全部、わたしはダブルだ。しかしハーフにはもっと暗い響きがある。ハーフが一番。ハーフは程度の低さを意味するのだから。あなたの負け。あなたは半人前の人間。私たちはあなたが力を持つようになってほしくない。今は私たちが力を持つのだ。

あいのこ。

混血《ハーフ・ブリード》。

ムラート。

ああ、もうあまり聞かなくなった暗い《シャーディ》言葉がある。私が十代の頃は自由に使われていた言葉だ。つい最近、その言葉がアメリカの新聞上のハル・ベリーについての文章の中で復活した。彼女のミックス

＊7 “Bring Back Our Girls（少女たちを返せ）”は、二〇一四年にボコ・ハラムが起こした二七六名の女子生徒誘拐事件に対する抗議としてＳＮＳ上で拡散された標語。

＊8 “Black Lives Matter（黒人の命も大切だ）”は、二〇一三年に始まった、黒人に対する暴力や制度的人種差別に抗議する国際的社会運動。

＊9 “Say Her Name（彼女の名を告げよ）”は、二〇一五年に始まった社会運動で、警察によって殺害された黒人女性の犠牲者を追悼し、黒人女性に対する暴力の問題についての認識を広めることを目的としている。

の子どもをどう呼んだらいいかを議論するくだらない記事だ。ムラートという言葉は、なんと無礼で、なんと旧弊なものだろう。その言葉は、含意と底意を持った正真正銘の陰である。ムラートという言葉は、スペイン語とポルトガル語に由来し、馬とロバの雑種であるラバを意味する「ムラ」から派生している。しかし私はラバではないし、二つの種からできたわけではない。

私の両親はジャマイカ人とアイルランド系イングランド人。私のパスポートはイギリスのもので、私は生涯を通じてイギリスで暮らしている。私の情熱と気迫は純然たるマルーン[*10]の反逆心。学校ではマルーンの意義について教えてくれなかったが、ジャマイカ系として育つと、常に『ブラック・ヒストリー・マンス』が家にある。祖父母は私に、私たちはみんなどこから来たのか、マルーンがどのように奴隷制に反旗を翻して立ち上がり、それと戦ったのかを知っておいて欲しがった。キッチンでのお話しを通して、祖父母は私に歴史の授業をし、地図とタイムマシーンを与えてくれた。

私のグッド号にご搭乗ありがとうございます。混合アイデンティティが織りなす色とりどりの島へ向けて出航いたしましょう。遠慮なくご自身のルールと知識を使って下さい。私たちの色合い向けのフィルターはまだ発明されていませんから。あなたは海賊で遍歴者です。お食事は混合文化のお鍋からお召し上がりになり、お風呂は混合人種《ミックスト・レイス》であるという涼しい日陰の中でお入りください。あなたは下船して躊躇する。あなたのペンは乗船券の上をうろうろする。

あなたは「その他」にチェックを入れる。

「私はあなたのことを黒人だと思ってないわ。ほんとの黒い黒人じゃないもの……」

それほど黒くない。だが、それほど白くもない。あなたは運動場にいて、クラスメイトたちが言い争っているあいだ、口をぎゅっとつぐんでいる。「あの娘《こ》は黒くないよ。茶色だよ。でも、黒い黒人じゃないよ。ほんとの黒人みたいじゃない」。あなたのおさげはとてもチリチリで、ストロベリー・ショートケーキ[*11]みたいな女子たちには失敗作に見える。彼女たちにとって、あなたはうるさすぎ、快活すぎ、にぎやかすぎる。いずれにせよ、たぶん彼女たちはあなたには女の子っぽすぎ、ピンク色すぎる。彼女たちはパーマ・バイオレッツ[*12]とベビーパウダーのにおいがする。あなたはココア・バターのにおいがする。あなたは彼女たちがつくる陰の中にとどまり、その中で自分自身の光を見つけ、強みを見つけ、自分は外部にいるのだと教えられる。

あなたは「その他」にチェックを入れる。

黄金色の肌と巻き毛が最新ファッションとして流行する。校門で母親たちが互いをほめあい、不平を言い合っている。

「その娘《こ》はラッキーね。一年中日焼け肌なんだもの。私のなんかクリームよ！」彼女たちが笑うと、誰かのママがあなたの頭をポンと叩き、ふわふわとなでる。

＊10　カリブ海地域や南北アメリカ大陸に強制連行された奴隷のうち、逃亡に成功し、山中で武装し、自給自足的な共同体を作った集団。

＊11　アメリカ生まれの女児向けキャラクター。一九七九年にグリーティング・カードのキャラクターとして誕生して以来、さまざまな文具や玩具に商品展開され、アニメ化もされている。

＊12　イギリスの菓子メーカー、スウェイゼルズ・マトロー社が販売しているスミレの香りがするタブレット菓子。

「あなたみたいな巻き毛だったらなあ。触らせてもらっていいかしら?」

あなたは「その他」にチェックを入れる。


放課後、タッキーニのジャージを着た、そばかす顔の白人のティーンエージャーたちが、路上の地面がリノリウム材になっている一角で、大型のラジカセ――かれらはそれをゲットー・ブラスターと呼ぶ――から流れるヒップホップに合わせて、身体をよじり、ゆらし、ロボットダンスやブレイクダンスに興じ、イモムシのような動き《キャタピラー》や両足を開いて回転させる動き《ウインドミル》を競っている。ブレイクダンスは爆発的に流行し、突然みんながラッパーになりたがり。他者になりたがる。一、二年前にはあなたをからかい、あなたを「ゴリウォーグ」[*13]と呼んだかもしれない同じ白人の少年たちが、今では急にあなたのことを、ジャマイカ系のギャングのような訛で「シスター」と呼ぶ。

あなたは「その他」にチェックを入れる。


あなたは街に移り住む。あなたとあなたの友人たちは演劇の勉強をしてきたので、あなたは役を求めて、エキストラやモデルの仕事のオーディションを受ける。あなたはたいてい、異国的すぎるという理由で落とされる。配役エージェントたちは困惑した表情であなたを見て、肩をすくめて言う。

「君の見た目じゃ取れない……異国的な女の子たちを専門に扱ってるんじゃないんでね」

異国的な人たちのための事務所に所属したらどうか、とりあえず連絡先だけでも書いておいたらと、誰かが提案してくれる。あなたは文無しで仕事を必死で探しているので行ってみる。そこに着くと、宇宙人の映画スチールや小人の写真が壁に掛かっている。ああ、やっと分かった! なるほど、茶色い人間たちは、宇宙人や小人と一緒にサーカスに入っていろと、美容のキャンペーンの要員にはならないから、エレファント・マンと一緒に、よそ者たちやほかの他者たちと一緒にいろ、と言うわけだ。あなたはかれらに履歴書を渡し、エキストラの仕事、娼婦とかドラッグの売人とか死んだ女の子とか、しゃべらない役がもらえることを期待する。そしてあなたは刑務所暴動のシーンのエキストラの役を得て、その月の家賃を払う。

あなたは「その他」にチェックを入れる。

私の母は黒人の移民である。彼女はジャマイカのポート・アントニオで生まれた。彼女はブル・ヘッド・マウンテンの山中にあるカーネル・リッジのロビンソン家の実家で暮らしていた。世界のどこよりもそこの緑は濃淡《シェード》に富み、空も濃淡に富み、それはそれは美しい。母のトロピカルな子ども時代の日々は牧歌的なものだった。彼女は裸足で気楽に過ごし、木から新鮮なマンゴーをもぎ、澄んで暖かいトルコ石色の海で泳いでいた。母はイングランドとは何なのか、ジョージ王とは誰なのかを知らなかった。戦争のことは何も知らなかったし、砂糖もココアもコーヒーも不足していなかった。ジャマイカが世界の中心だった。彼女の父はイギリス空軍にいて、ドーヴァーに配属された。そのため、一九五一年一二月、母が七歳になる誕生日の直前に、私の祖母と母は父と合流するべく、その暖かな楽園を後にし、イングランドに向けて出航するバナナ・ボートに乗り込んだのだった。

＊13　一九世紀末にイギリスの児童文学作家・挿絵画家のフローレンス・ケイト・アプトンが考案した黒い肌と縮毛が特徴のキャラクター。黒人に対する蔑称として用いられる。

その旅は七週間かかった。母は航海についてぼんやり覚えていて、祖母は他の乗客と友だちになった。母が何より覚えているのは、アイルランド沖合で彼女たちがボートを乗り替えた時のことで、まるでバナナの箱になったかように、輸送船から客船までウィンチで引き上げられて運ばれたことが恐ろしかったという。彼女はバリントン・ワトソン[*14]のカラフルな絵の具箱の中で生まれ育ってきたが、突然、ラウリー[*15]が描いたコール・グレイの工業風景の中に自分を見出すことになったのだ。イングランドに着いたのは、長く厳しい冬の一日だった。袖の短い綿のドレス姿の七歳の母は船渠《ドック》で身震いした。裸足に慣れていた彼女の足は、彼女が嫌った硬い靴に今では押し込められていた。国旗はマストに半掲揚されていた。一九五二年二月で、ジョージ王が死去したばかりだった。

母はこうしたこと全部をトラウマ的な時代と記憶している。

ジャマイカにいた時には、イングランドは素晴らしいところだと、通りが黄金で舗装されていると聞かされていた。だが到着して目にしたのは、失われた希望の雰囲気、人びとの夢がくじかれている雰囲気、集団的な鬱と失望の雰囲気だったと彼女は思い起こす。イングランドに着いた新参者たちは、そこがつらく寒いと感じた。敵意を持った寒さ、かれらに覆いかぶさる暗《シェード》がりの寒さ。

着いたばかりの頃の記憶として、通りを挟んだちょうど向かいに住んでいた白人の子どものことを母は覚えている。その子が母を指差して言う。

「ママー、ママー、見て、黒人だよ」

その母親は子どもの手をぐいっと引っ張る。

「ほら、ほら、じっと見ちゃだめでしょ」

イングランドで通った新しい学校で先生たちがいつも、移民の子どもたちを同じグループにまとめて勉強させたことを母は覚えている。歯をガチガチさせて運動場で震える茶色い顔の子どもたちが、体育の授業でペアにさせられる。よそ者たちを外に留め、他者たちを「その他」のままにする。新来者たちはよそ者としてまとまり、一つのコミュニティで生活していた。イングランドに着いた頃、祖母が最初に友だちになったひとりは近所に住むポーランド人女性で、彼女は祖母に商店までの道のりや、家の暖かさを保ち、すきま風が入ってこないようにする方法といった実際的な事柄について教えてくれた。そのポーランド移民の隣人は、母に最初の毛糸のカーディガンを編んでくれた。その優しさを母は今でも忘れていない。

他方、私の父は白人で、彼の母親はアイルランド移民だった。私の物語のこちら側について、私たちは多くを知らない。というのは、彼は養子だったからで、彼を生んだ母親は跡も残さず失踪してしまっているからである。私の父方の祖母はアイルランド人の一五歳のスカラリー・メイド[*16]で、大きな邸宅の地下で働いていた。彼女が私の父を身ごもったのを感じた時点で、この事件は少年裁判所に持ち込まれ、彼女は自分はその荘園の領主にいいようにされ、邸宅の主人が彼女を孕ませたと述べた。私が覚えている《ダウントン・アビー》[*17]のような話だが、全然ハッピーエンドにはならず、一五歳の少女は養子縁組の書類のインクが乾くと姿を消してしまい、今ではアイルランドにある私のルーツのことは何も分から

＊14　ジャマイカの画家。ジャマイカの人びとや風景を色彩豊かに描いた。
＊15　ローレンス・スティーヴン・ラウリー。イギリスの画家。北西イングランドの工業地域の生活風景を描いた。
＊16　キッチンで洗い物や料理の下ごしらえをする最下層のメイド。
＊17　イギリス田園地帯に建つ架空の大邸宅ダウントン・アビーを舞台に、二〇世紀前半の貴族社会の有り様を描いた歴史ドラマ。

ない。だが私の父方の祖父は、非難されるべき金持ちの人でなしだったという事実に変わりはない。彼は書類に自分の名前が記載されないようにし、記録に残らないようにしたのだ。それが一九四〇年代の彼女の言葉に対する彼の返答だった。富と財産を持った白人の男を相手にした、哀れな一五歳のアイルランド移民のメイドの言葉。彼女に勝ち目があっただろうか？　今世紀の十代の移民たちも同じだ。どこに辿り着くにせよ、流れ着くにせよ、どんな色合いをしているにせよ、難民にせよ、移民にせよ、両親や故郷から引き離されているかれら。私は問いを繰り返す。誰が子どもたちを人買いから、レイプや殺人から守っているのか？

私の両親は活気《スウィンギング》にあふれた一九六〇年代に恋に落ちて結婚した。かれらは偏見を持たない、コスモポリタンな洒落者や、ミュージシャンや、ボヘミアンたちの交友の輪の中にいた。父は素晴らしいジャズ・ミュージシャンで、母はゴーゴーダンサーだった。それでかれらは出会った。父は楽団のピットから、ダンサーの足を見上げていたわけである。

私の父はジャズ・ミュージシャンだと人に話すたびに、みんな父が黒人で母が白人だと想像する。おもしろくないだろうか？

しかし、ボヘミアンなジャズ関係の友人たちとの交際や、活気あふれる六〇年代のヒッピー仲間から離れると、偏見がその醜悪な姿を見せ、主としてかれらの性的関係についての無知な好奇心として現れた。人びとはクスクス笑って、下品極まりない事柄を口にした。そこでの発言には、私の母はジャングルから来たばかりで飼いならされておらず野性的だ、という人種差別的な含意が込められていた。男たちはいやらしく小言を言い合い、私の父はラッキーな男だと粗野なジョークを言った。日々、次のようなジョークが飛ぶ。

「……あいつには寝室での大仕事が待ってるに違いない」

黒人の性的能力のフェティッシュ化は、数世紀に及ぶきわめて陰鬱な暗《シェード》がりに由来する。それは黒人の男たちは大きな一物を持っているとか、黒人の女たちは絶倫だとかいう安っぽい古いジョークに端を発し、有害で悪質なものになる。こうしたことは今も、ほとんど疑問視されることなく続けられ、あらゆるメディア産業で、丸くて大きな尻や、ふっくらした唇の女性が性の対象とされている。事前に録音された笑い声がやみ、ファッション写真の撮影が無事終わると、あなたは立ち止まり、こうしたジョークやステレオタイプの起源史に冷静な目を向ける。それらはすべて非常に暗く非常に無知な暗闇《シェード》に由来するもので、人間を人間扱いしないという隠れた意味を含んでいる——茶色い人びとは、人間ペットショップのショーウィンドーで売りに出されているのだ。

母は子どもを産んだ時、移民や黒人やアジア系の母親たちが全員、病棟の隅にまとめられていたことを覚えている。一部の看護師たちが不親切で少々横柄で、母親たちに自分たちは日陰《シェード》にいるのだと、放置され、異なる扱いを受ける、なにかしら劣った存在なのだと自覚させていたことを、母は思い出す。退院後、新しい母として誇らしげにベビーカーを通りで押していると、人びとは彼女の子どもを見たがり、足をとめてのぞき込んだ。ベビーカーの中にいるまるぽちゃの白い顔をした、ブロンドの髪を束ねた私をじっと見下ろす。

「ほんとにあなたの子なの?」その発言が与えるかもしれない心痛のことなどいささかも考えず、乱暴にかれらは尋ねた。

私のひいひいひいじいさん、ジェームズ・ロバートソンは、家族の中では大佐《カーネル》で通っている。しかし実際は、彼は死去するまでに将軍になっていた。ジェームズ・ロバートソン将軍である。スコットランド人で、私たちも最近知ったばかりなのだが、エディンバラ大学内に埋葬されている。ロバートソンの霊廟はグレイフライアーズ墓地にある。彼を描いた油彩画が国立陸軍博物館に飾られているが、それは白いカツラをかぶり、赤いジャケットとメダルと肩章を身に着けた白人の男性の肖像だ。彼は猟犬を使ってのマルーンの捕獲で優れた業績を上げたために報奨金を得たものと、私は考えている。彼の肖像画を見ると私は気分が悪くなり、彼の墓を訪れると次のようなものを思い浮かべてしまう――。

月光の下で唸り声をあげて跳ねる犬たち、熱帯雨林の下草に身体を溶け込ませながら待ち伏せするマルーンの戦士たち、人間狩り、遠くに浮かぶ船のマスト、隠された財宝、海賊、策略。私たちはマルーンのことを学校で習っていない。かれらはゲリラ戦の発明と凄まじい勇敢さで有名であり、死を恐れぬようかれらに命じるマルーンの呪文によって生かされていた。

「頭や膝を射つな。自分たちの声だけを聞け。誰の陰にも立つな。自分たちの運命の主人となれ」

ロバートソンはジャマイカに土地を与えられ、クラレンドンにあるこの地域全体が、今日に至るまでカーネル・リッジと呼ばれている。ロバートソンは一人のマルーン――実際には彼女はズールー族の王女だった――と結婚し、教育と指示の間違いのせいで、彼の名前はロバートソンからロビンソンに変わった。彼は誰のスペルも訂正しなかったが、それはジャマイカでのほうがうまくいっていたからである。彼は、ジャマイカのブルーマウンテンにある裕福なプランテーションの所有者としての暮らしのために、スコットランドにいる妻と子どもを捨てたのだった。

では、私たちはどんな色合いをしていることになるのか？　私は移民たちの子孫であるが、最初の移民は、このスコットランド人の男、ロバートソンと呼ぶにせよ、ロビンソンと呼ぶにせよ、スコットランドからジャマイカへの移民である。わたしたちはすべてとつながっている。私たちは秘密と嘘の影と陰の中で、植民地主義、レイプ、土地収奪、奴隷制という、この共有される汚らわしい歴史の中で生きている。奴隷制は犠牲の末に廃止され、土地と富と自由が約束された。ジャマイカは一九六二年にイギリスから独立を得たかもしれないが、今でも私たちは破られたこれらの約束を追いかけ、真実と正義と補償のために戦っている。

ところで、これらは私がめったに人に話さない事柄である。これらは、私に疑惑という落ち着かない感情を抱かせる記憶であり、ある人たちにとっては自分は色合い以外の何ものでもないと思い起こさせる事柄である。そしてそれらは、私に書きつづけるよう、話すために、聞いてもらうために、読んでもらうために戦いつづけるように促す契機でもある。私がまとうこの色合いは、この外皮は、愛くるしい天然パーマでもラッキーな一年中の日焼けでもない。これは私の過去、現在、未来であり、この色合いは私のアイデンティティである。子どもの頃、私は巻き毛の、鮮やかな緑の目をした茶色い少女だった。私は異国人で、学校のグループ写真の中で目立っていた。私たち、私と兄がどこにいるかすぐに見つけだせるだろう。白い大海の中でにっこり笑う二つの茶色い顔。しかし今、運動場を通り過ぎれば、そこには数百万の私たちがいる。私はたまに学校で、詩作のワークショップやトークイベントの仕事をするが、教室に入って数えきれない色とミックスの、美しい混じり合いの、二色に染められた、巻き髪頭からなる海を見ることを大いに楽しんでいる。私たちのほとんどは、何かと何かのミックスで、世界に住む大多数はマイノリティなのだ。

私たちは「その他」にチェックを入れる。

混合人種の人びとが変革への希望に、平和の調停者になるという夢が、壮大な理想主義がある。私たちはその他の理解を持った人間で、多くの陣営に属し、いずれにも忠誠心を抱いているゆえに、あらゆる者が等しく扱われることに利害関心を持つ人間であり、あらゆる色合いをした人間である。私たちは黒と白の地雷原に埋められた愛の爆弾のようなもの。まるで私たちの両親は、勇気をもって意図的に、共感を運ぶ船として、文化の分断を越える橋として、多様性と平等性を伝える外交官として、私たちを作ったかのようだ。

　あなたは混合人種の人間として成長するにつれ、一匹のカメレオンになる。あなたは生まれつき、環境に溶け込むカモフラージュ能力を持っている。あなたが旅に出ると、みんながあなたのことを、ラテンアメリカのどこかの人か、スペイン人だと勝手に思い込む。あなたに出会った最初の数分間で、人びとはあなたがどういう色合いをしているかを把握しなければならないが、あなたはその超能力で貴重な時間を稼ぐことができる。人びとは手のひらを見せ、尋ねてくるだろう。

「どこからいらっしゃいましたか?」

　そしてあなたが「トッテナム・コート・ロード駅で地下鉄に飛び乗っただけです」と返答すると、かれらは舌打ちして、首を振るだろう。

「いえ」とかれらは言う。「どこからいらっしゃったのか、というのは、その……」

　一呼吸。「……どこから来られたか、ご出身は?」

　あなたはカメレオンになる時間を、カモフラージュの時間を、自分の色合いを暗くしたり、明るくしたりする時間を稼ぐ。求められたものへ、期待されたものへと姿を変えること。生きるためにはどんなことでも、話を聞いてもらうためにはどんなことでも、仕事を得るためにはどんなことでもする。その日になればどんな鎧もまとわねばならない。すべて積極的差別《ポジティヴ・ディスクリミネーション》だ。そうなのか? いや。違う。

大間違いだ。

あなたはためらい、ペンが搭乗券の上をふらふらする。

あなたは「その他」にチェックを入れる。

他者であることが、別の色合いであることが、フリーパスになったためしはない。この文章を書いている最中、女優のゾーイ・サルダナに向けられた強い反感についての記事を読んでいた。彼女は、ニーナ・シモン[*18]の後半生を描く伝記映画でシモンの役を演じるには、黒さが足りないというのだ。サルダナに関するかぎり、彼女は十分に黒く、十分に女性的で、十分によい役者である。こうしたことに直面した時、かれらは彼女に、ニーナを演じる機会を逸するよう求めているのか？　彼女は自分の色合いを、ゆえに自分の立場を知るべきだ、と？　優秀な女優たちにふさわしい主役の仕事が与えられることはきわめて稀なので、私はサルダナがそれをどう演じるのかを見たくてたまらない。彼女の道のりに陰《シェード》が落とされようが、サルダナは自分が、ニーナという伝説を描くのに十分すばらしい、熟練した役者であることを証明するために、十倍頑張るだろうと私は思う。

私について言えば、別の色合いであることが、ＢＡＭＥの出版社から出版してもらったり、黒人文学の雑誌に収録されたり、私の作品が黒人新聞やＢＡＭＥのメディアから助成をうける保証になったため

＊18　ジャズ、ブルース、ゴスペル、Ｒ＆Ｂなど幅広いジャンルで活躍したアメリカの歌手。公民権運動の活動家としても有名。

しはない。私はトークニズム[19]や、どのような積極的差別にも頼ったことはない。しかし私は、自分は十倍頑張らねばならず、自分の声は自分のもので、それは独特のものだとずっと思ってきた。私は身をひそめ、やれることを続け、毎日書くために職場に現れる。自分がフェスティバルやイベントに呼ばれるのは、文章が出版されるのは、自分の色合いやジェンダーに関わるトークニズムのためではなく、自分の功績や才能のためであると信じたいと思っている。私は、英国における多様性と平等性が高まっていくことを期待し、そうなると確信している。ずいぶん時間がかかり緩慢ではあるが、私が駆け出しだった一九九四年から改善が見られてきた。私は定期的にパフォーマンスを行なっているが、少年と少女、黒人とミックスと白人が、それなりにまんべんなく混ざった人たちと舞台を共にしている。だが、前途はまだまだ長い。呼び物になる演目は、依然として、ほとんど白人の男性のものなのだ。私は生きつづけ成長しつづける。自分の頑張りと、他の人びとからの、自分は「その他」であると考えている人びとからの寛大な支援を糧に。戦士、追放者、反逆者、離教者、革命家、曲芸師、よそ者、負け犬、労働者階級の英雄《ワーキングクラス・ヒーロー》、パンク、詩人、ＬＧＢＴＱ＋のコミュニティ。私たちは所属しない者たちの輪に属することを学んできた。あらゆる色合いの、溌剌《はつらつ》とした色とりどりの人びと。

私たちは「その他」にチェックを入れる。

ＢＡＭＥの作家たち、有色の人間たちは皆、なんらかの派閥を形成し、われらが救世主ゼイディー・スミスを称え、ココナッツ・ジュースをすすり、ジャーク・チキンのソースのレシピを教え合っていると思っている人がいる。これは真実ではない。それに、ＢＡＭＥの作家たちはＢＡＭＥの交友関係を念頭に置いて書いている、ということも真実ではない。また、私たちが書いたすべての本に収録されているのは、旅日記のような、互いのための、互いについての、私たちのルーツに関する物語だけ、他のホームシックにかかっている他のBAMEの人びとだけが興味を覚える話だけ、というのも真実ではない。そんなものは全部嘘っぱちだ。あなたの肌の色合いは、あなたの内実の、あなたの仕事のすべてではない。あなたの肌の色合いが、あなたの価値の尺度になってはならない。あなたの肌の色合いが、あなたの唯一のオーディエンスではないし、それが制約になってはならない。

作家の普遍的な仕事は、書くこと、共感を持って書くこと、勇敢で正直であること、長い旅に、あなたの情熱を共有することに喜びを見出すことである。あなたの人生経験によって、仮面を脱ぎ捨て、あなたの無限の想像力を駆使することによって、陰から光へと歩み出ることによって、あなたのインクは鼓舞される。男の声を使って女が書いていいのだから、作家が別の色合いと文化を持つ人の声を想像してはならない理由が私には分からない。想像力とはそういうもののはずだ。あなたがどのような色合いであれ、作家であるあなたには、毎日たった一つの任務が、たった一つの戦いが待っている。あなたと白紙のページと戦いが。すべての作家はそれだけは頭に入れておかねばならない。ほかの事柄は問題ではなく、その一つの戦いだけで、毎日毎朝、手に余るほどなのだ。

あなたとあなたのペン対白紙のページ。

イギリスは塩水で囲まれ、さまざまな色合いの人間が住む島である。全体としてみれば、人間は羊の

＊19 人種やジェンダー、身体障害などのさまざまな理由から、社会で不平等な立場に置かれているマイノリティの一部を「象徴《トークン》」として優遇し、公正性や多様性が保たれているとの体裁を繕うこと。

群れというより、食べ物と暖かいところを探して泳ぎ、生きるために回遊《マイグレート》する魚の群れのようなものだと私は思う。一体となって群れで動くほうが、私たちは互いをうまく守れるし、すべてを支配する白い巨大な鮫から互いを守ることができる。私たちにはそれができるのだが、私たちは魚に似て、魚のように気まぐれなのだ。

私はこの文章をアーヴォン[*20]で書き終える。シュロップシャーの田舎にあるザ・ハーストという、作家たちに提供された滞在場所で働いている。今週は、全員がＢＡＭＥで女性の作家、詩人、劇作家のグループを指導している。アーヴォンが一九六八年に創設されて以来、全員がＢＡＭＥで女性のコースを組んだのはこれが初めてということを私は知ったばかりである。私は自分が今週ここにいる人間として選ばれたことを光栄に思う。私は女性たちが物語を、女性作家であることの困難を、資金援助を受けて作品を出版するまでの苦闘を共有する様子を観察する。私は対話の開放性と、それ以上に、衝撃的なほどの自信の欠如に驚かされる。自信のなさは、ずっと拒絶されつづけ、ここイギリスでは、特にＢＡＭＥの女性で三〇歳を超えると、ほとんど機会が得られないために、自分の期待値を抑え、夢を縮ませなければならなくなっていることに由来している。しかし何より、この週の授業は物事が改善し、新たな機会の場が与えられ、善良な人びとが物事を変革する手助けをしている兆候だと私には見えた。物事はゆっくりと良くなっており、一九九〇年代から目に見えて改善してはいるが、まだまだ道のりは長い。

私にできるのは、やっていることを続けること、私のグッド号を航海させつづけることだけだ。

私が真に興味を持っている色は、人間の色、あなたの人間性の色である。あなたの心の大きさと魂の深さが、あなたの信用になりますように。私のグッド号にご搭乗ありがとうございます。混合アイデンティティの色とりどりの島に向けて出航しましょう。お食事は混合文化のお鍋からお召し上がりください。お風呂は混合人種であるという涼しい陰でお入りください。パスポートは必要ありません。国境も存在しません。私たちは皆、世界市民です。あなたの色合いがどうであれ、あなたの光を、あなたの色を、あなたの音楽を、あなたの本を、あなたの物語を、あなたの歴史をご持参の上、ご搭乗ください。人間として団結すれば、私たちは一〇〇万の壮大な色彩になり、一緒になれば、私たちは壮麗なステンドグラスの窓になるのです。私たちはブロックを一つずつ、本を一冊ずつ積みながら、他者性の大聖堂を建築している最中です。ラム酒が入ったグラスを掲げ、多数派であるマイノリティのために乾杯しましょう。立ち止まっている時間はありませんし、境界線をぼやかせたり、色合いを混ぜ合わせたりすることもできません。希望の精神を胸に、もうおいとましましょう。私たちの類似性と私たち独特の差異に乾杯します。もう二一世紀ですし、私たちはこの世紀を共有し、私たちはここで生き、この先も生きていきます。美しい朝、それは他者である時間に差す最初の光なのですから、その陰から出て、外の暖かさを感じましょう。

あなたは「その他」にチェックを入れる。

＊20　作家たちに滞在場所や教育プログラムを提供し、執筆活動の支援を行なっているイギリスの慈善団体。

テロリストの妻

ミス・L

医者。

弁護士。

司書。

悪党、だが根はやさしい。

美容師。

わたしたちの運命が差し出されるごとに、一つ、また一つ、とそれを受け入れる笑顔が部屋に広がる。

わたしの隣の生徒には「看護師」が贈られる。彼女は嬉しがる。後で話してくれたのだが、彼女は「学生」と言われるのではないかと心配していたそうだ。わたしたちは皆、彼女のために喜ぶ。

次はわたしの番。わたしは演劇スタジオで、ともに三年に過ごしてきた他の三三人の生徒たちと車座になっている。わたしたちはこの三年間を、この場所を去って、残りの日々をコールセンターでの仕事ではなく、自分たちの見事な演技でＢＢＣを席巻して過ごすという希望に必死にしがみつきながら過ごしてきた。

今日は、演劇学校で語り継がれる悪名高き日である。この日、わたしたちは皆、自分たちをどのように売り出すのが一番よいのかを発見することになる。できるかぎりどんな役もこなせるようになろうと三年間頑張った末に、世界はどのように自分たちを見ることになるかを、今から伝えられるのである。わたしたちの訓練はほとんど終わりに差し掛かっている。二、三週間もすれば、わたしたちは世界に蹴り出され、『シェイクスピア全集』を、まるでそれがタイタニック号への乗船券であるかのように必死に振り回すことになる。わたしたちの前に座っているのは演劇学校の校長で、この三年間でわたしたちをすっかり把握したこの女性が、これからわたしたちのどこに値打ちがあるのかを語ってくれるのだ。

彼女はわたしの方を向いて、一呼吸置いた。おおっ、とわたしは思う。芝居のような間。これは明らかにいい兆しだ。この三年間、わたしはどんな役もこなしてきたため、先生はわたしの役を一つに絞ることができないのだろう。あらゆる映画スタジオがわたしの到着に備えて玄関先を掃いている音が聞こえる気がする。彼女は深呼吸し、わたしは彼女が何を言おうとしているのかを突然理解する。

「テロリスト」

みんなが笑う。わたしも笑っているのだと思う。実は「薬剤師」を期待していた。

「いえ、違うわね」と彼女は言って、考え直している。彼女は自分が言ったことの狭量さに気づいたのだ。まあ仕方がない。誰にでもあることだ。誰しも皆、自分たちの孫の孫の孫のことなど考えず、かれらに残すことになる恐ろしい世界のことなど考えずに、リサイクルできるものを普通ごみの中に放り込んだことがあるだろう。

彼女はもう一度わたしを見つめて言う。「テロリストの妻ね」

わたしはもう完全に笑ってしまっている。三年間の七時起き、足から血を流した三年間の身体動作《ムーブメント》の授業、恐ろしい声を張り上げた三年間の歌の授業、胸を切り裂いて魂を出してしまいたいとまで思った三年間の発声の授業、三年の時間、金、努力、希望、愛、憎悪、二日酔い、それらはすべてがテロリストの妻を、考えうるかぎりで最も寡黙で、最も目立たぬ役を演じるためのものだったのだ。

叫び返す勇気が自分にあったらと思う。彼女が移動して、わたしの隣に座る男に、政治家の役が最も合うだろうと言う前に、声を出せたらと思う。父さんがラマダーン中のせいで、クリスマス・ディナーを夜まで待たなければならなかった時よりも、ひどいめまいがする……分かっている、多文化的なのがわたしたち家族の一番の取り柄だったのだ。

これまで、演技とはわたしではないすべてのものになることだった。わたしは、変な名前の茶色い肌をした女子生徒のわたしは、あらゆるものを演じてきた。オズの国の村人にもなったし、ジャック・フロスト[*1]にもなったし、《スタンド・バイ・ミー》のゴーディまで演じた。一〇歳だったわたしが友人と一緒に、その作品をクラスのために、なぜか丸ごと劇に改変した時のことだ。それで、髪はボサボサで、クラスの男子の誰よりも鼻の下のヒゲが濃い一〇歳の女子が、一九九三年、五年生のクラスと痛ましいほど我慢強いイースト先生の前で、自分のペニスにヒルがついている演技をしたのだった。馬鹿ばかしい行ないに対するこの種の寛容のおかげで、きっとわたしは、跳ね回るのを仕事にできると信じられるようになったのだろう。人生のほとんどの時間を、他の誰かに成り切ることで生計を立てたいと思いながら過ごしている時、自分の見た目のせいでたった一つの役柄しか演じられないと突然言われるのは、ジャズ・ハンズ[*2]を越えて、これはもうラップ・ハンズだ。役者になる第一歩は、人びとがいつも、かれらが見たのかもしれない何かの演目に出たことがあるのかと聞いてくることに気づき、他人になりたいと思うのは悪いことではないのだ、と自分自身に言い聞かせることである。自分でいたくないのではなく、自分でないものになることも楽しみたいのだ。それが素晴らしいことなのだ。ハロウィンの仮装パーティーの招待を受け、ほとんどの人のように安っぽいかつらを買って終わりにするのではなく、それを生涯の仕事とする決心をしたのだ。

演技で肝心なのは多様な役が演じられることである。もちろん、ずっと同じ役を演じつづけることによって、華々しい生活を送っている役者もいるが、わたしたちが役者になるのは、次にどんな役が来るか決して分からないからである。メリル・ストリープを例にすれば、彼女の履歴書を読む時間を作りたければ、丸一日は空ける必要があるのだ。他の役がいろいろ回ってくると、わたしは自分自身に言い聞かせつづけている。レネー・ゼルヴィガーがブリジット・ジョーンズを演じられたのなら、わたしにも惨めな舞台上の小物の一つ以上のものになるという夢を見ることが許されるはずだ。わたしだって、ジャック・フロストを演じたことがあるんだ、ちくしょう。しかし実際には、その四月の暖かな春日和の午後に起きた問題は、そこではなかった。その産業が自分のことをどう見てくるのかをとうとう話されてしまった、ということが問題だった。歩いて家に帰っている途中でやっと、肌の色とジェンダーの両方で、自分が判断されていたことを気づいて、心が萎えた。

取り組まねばならなかった第一の問いは、なぜわたしはテロリストの妻に見られたのか、ということ

＊1　イングランドの民間伝承に登場する霜の妖精。
＊2　手のひらを相手に見せて、全部の指をばらばらに動かすジェスチャー。興奮や熱狂の気持ちを表す。

だった。非常に立場が悪くなることを承知で言うと、以前酔っ払ってロッカーを壊したことがあるが、これはわたしに何らかの特殊な破壊的な傾向があって、それを演劇学校で見せたということではない。むしろ実際は、わたしは物事を乱さないように非常に気を使い、実に愚かなことに、食中毒を長く患っていながら、ダンスを見てもらいに行ったことさえある。カニエ・ウエストに見せるグラン・ジュテに挑戦しながら、どっちの穴から先に漏らしてしまうだろうと思案したことのある人間が、世の中にどれぐらいいるだろうかと、わたしはしばしば考える。だから違う。そんなことはありえない。それゆえわたしは、校長先生と同じぐらい大胆な仮説を立てることにした。テロリストにキャスティングされるのは、わたしの肌の色と少々発音しづらい名前のせいである、と。どうやらこのせいで、わたしが医者を演じる可能性はほとんどなく、残念なことに中東の同義語となってしまったものを演じる可能性がはるかに高い、ということになってしまうようなのだ。

誤解しないでほしいが、わたしは自分が次のエリザベス・ベネット[*3]になるなどという妄想を抱いていたわけではない。すでにわたしは、おそらく自分は日曜のお茶の時間に放送される、時代小説が原作のドラマに出ることはないという事実と折り合いをつけている。そういった時代劇はわたしには決して回ってこないのだから、わたしのような肌の色をした女の子が、父親が上流の田畑の水はけを心配している時に、コルセットを着たりしない。さらに言えば、おそらくエスニック・マイノリティの役に白人の俳優をキャスティングするのはよいとされているのだろうが（アンジェリーナ・ジョリー、エマ・ストーン、ミッキー・ルーニー、まだまだ続けられるが……）、逆はどうなのか？　それよりも失業者の列にベネディクト・カンバーバッチが並んでいるのを見る可能性の方が高いだろう。巻き髪や乗馬の鞭がテレビで幅を利かさないようになるなら、こうしたことも問題ではなくなるだろうが、今のところ花嫁の持参金について気を揉む白人を見かけることなしに、テレビを見るのは無理である。エスニック・マイノリティの俳優たちが、アメリカか、そうでなければ、どこかコルセットや派手な帽子に押しのけられる心配がない場所に渡っていくのも、不思議ではない。

わたしは《逢びき》に少々夢中になった子どもだったので、そういったドラマにも出られないと気づいてもちろん悲しくなったが、今は二一世紀なのだという事実でもって自分を慰めた。多様性の時代なのだから、わたしも、その昔わたしを最もうまく形容する文句は何かと考えてくれた演劇学校の同級生のひとりに、「可笑しな色をした」と呼ばれた女も、きっと生きていけるはずなのだ。くどくど言うのはいやだが、あえて言おう。わたしはジャック・フロストを演じたことがある。大きな鼻をした土気色の肌をした女の子が、世界がこれまで目にした中で最も白い男性のキャラクターを演じたのだ。それなのに、始めてもいないうちから、なぜわたしは型にはめられていたのか?

わたしは自分についての勝手な思い込みにはもう慣れてしまっているはずだ。これまでの人生でしょっちゅうあったことなのだから。誤ってわたしを「パキ」と呼んだ同じ学校の生徒たちや、学校にいた他の中東系の女の子とわたしのことを、名字が違うにもかかわらず、姉妹だろうといつも決めつけてきた教師たち。そして、もちろん次のような会話。

「で、どこから来たの?」

「オックスフォードです」

「そうじゃなくて、実際はどこから来たの?」

＊3　ジェイン・オースティンの小説『高慢と偏見』の主人公。

「片田舎の小さな村です。耳にされたことはないんじゃないかと思います」

「いや、だから元々はどこから?」

「わたしの住所が必要ということでしょうか?」

「違う、君の家系上《ヘリテージ》の出自を聞いてるんだ」

「ヘリテージ」と言われると、自分が骨董品の壺や、登録建築物になったみたいな気になる。わたしがすぐに学んだ他の教訓は、白人でないと、自分に何ができるかについて人びとが勝手な思い込みをしてくる、いうものである。思い出されるのは、かつて「中東系の女が白人の男と交際し、二人は周囲の偏見と戦わねばならない」というお馴染みの脚本のためのオーディションに行った時のことである。会場は非常に遠方で、あやうく液体物を一〇〇ミリリットルのボトルに詰め替えねばならなくなるほどだったのだが、行ってみると、オーディションは監督の家の屋根裏部屋で行なわれるとのことだった。すでに雲行きが怪しい。ある場面を演じると、彼は渋い顔でわたしを見た。「この場面をヒンディー語でやってもらえるかな?」

「できません」

「いいアイデアだと思うんだけどな」

「いえ、私はヒンディー語が話せないんです」

「どうして?」

「インドの出身ではないからです」

彼はプリントアウトされたわたしの履歴書を摑む。「そうか、じゃあ何語が話せる?」

「英語です」

「そうか、他の言語は話せない？　それを恥じないとね」

わたしが？　かれらは同じことを、わざわざドイツ語を学ぼうとはしなかった白人の役者に言うのだろうか？　わたしは一度もヒンディー語を話せるなどと言っていないし、言うはずもないのだが、わたしが少し、そのあたりのどこかの出身かもしれないような見た目をしているというだけの理由で、わたしはそこの言葉を話せると思い込まれてしまうのだ。これまでにわたしは、以下の言語（深呼吸）、イタリア語、スペイン語、ポルトガル語、ヘブライ語、ペルシア語、アラビア語、ウルドゥー語、トルコ語を話せると思われたことがある。

テロリストの妻。

新米の役者として突然世界に放り出されるだけでも十分きついのに、わたしは中東系であると同時に、女であることにも対処せねばならなかった。これが、わたしが最初の日からずっと戦ってきた問題であり、またわたしが自分のブログ『役者募集の悲哀（Casting Call Woe）』を作った理由である。苛立ちと恐怖から生まれたそのブログは、わたしが必死に仕事を探す中で目にした、本当に最悪な役者募集を検討している。「胸の谷間が最も目立った特徴になっている」と描写される女性役、「移民っぽいアクセント」で話すことを求められる役者、それは二一世紀にもなっても温存されている、数々の恐ろしいステレオタイプへの洞察をもたらしている。

この巨大で質《たち》の悪い世界に足を踏み入れて以来、実際にはわたしはたくさんの面白い役柄を演じる機会を得たということは、是非とも言っておきたい。多少の役はやった、という意味である。過去一〇年で、わたしは八歳の少年、九歳の少女、オスの鹿さえも演じたが、わたしが応募した役柄の優に七五パーセントは、「中東系の女」という見出しの下におさまってしまうものだ。テロリストの妻役のオーディションを受けに行っていない時は（そう、校長先生は正しかった）、見合い結婚をする女という役のオーディションを受けに行っていた。これは彼女が予告しなかった役柄である。わたしにまだいくらかのサプライズが残されているのは嬉しかったが、本音を言えば、英国アカデミー賞にノミネートされたのだったら、もっと嬉しかっただろう。

実際、わたしは見合い結婚に関わる状況に身を置くことが最も多かった。わたしが応募した役のほぼすべてが、見合い結婚を用意されている女性か、その結婚にひどく苦しんでいる女性かのどちらかだった。わたしが応募したある具体的な役柄は、結婚から必死に逃げようとしている女性だった。オーディションに行くと、ドアに張り紙があり、その部屋は使用できないので、マクドナルドに行って、外で待つよう書かれていた。奇妙だが仕方ない。わたしはうろうろして、オーディションが実際にはマクドナルドの店内で行なわれていることを知った。ひどい出来だった。そこにはチーズバーガーにがっついている人を見る以外に、自分に火を付けたばかりの人間の役柄に入っていくために参考にできるものが、何もなかったのだから。数ヶ月後にチェックしてみると、その非常に白い女性監督は、その役を自分自身で演じると決めていた。その夜わたしは、ケンタッキー・フライドチキンを食べて自分を慰めた。

映画やテレビで女性が表象されることが少ないと不平を言えば、まず間違いなく、誰かがわたしにご親切な助言を叫んでくれる。大体はここ数年の作品名を挙げてくれるのだが（そう《ガールズ》とか、《ブライズメイズ》とか、《ミーン・ガールズ》とか……全部タイトルに女性を示す言葉が入っているのが面白い……）、中東系の女性がいないと、わたしが嘆いてみせると、かれらはたいていたじろいでしまう。かれらは少しまごついてから、小声で——パブで開かれるクイズ大会で本当は正解が分かったと思っているのに、万一違っていた場合に、聞き違いをしたと言い張れるよう、問題が聞こえなかったふりをしている人のように――「ジャスミン王女?:」と呟くのだ。二〇万年に及ぶ人類史上で、わたしたちを表象してくれるのはディズニー・アニメのお姫様だけなのか? かれらの不公平にならないように言っておくと、わたしたちがスクリーンや舞台で見る役柄となると、中東系の女性は極めて稀なのだ。テロリストの妻として有名な人物を誰も思いつかないのも理由があることなのだ。画面の隅っこにいるヒジャブを被った女性のことなど、誰が覚えているだろうか? Pージャズとクレオパトラを使い切ってしまうと、もうアイデアが尽きはじめてくる。最近加わったものに、ミス・マーヴェル、《ペルセポリス》、《ザ・ヴァンパイア――残酷な牙を持つ少女》がある。進歩はあるのだが、ゆっくりで、前進ではなく後退してしまいかねないほどだ。

こうしたことの多くは、わたしが卒業したのがゼロ年代だったという事実に起因している。それは、わたしたちが中東について、恐怖と誤解に基づいた見方をするように、特に方向づけられていた時代だった。おそらくもう少し早く卒業していたなら、わたしはタクシー運転手の妻やケバブ屋の妻を演じられていたかもしれないし、もっとツキがあったら絨毯職人の妻だって演じられていたかもしれない。

中東系であることには、いろいろな含意が結びつけられているため、役柄が自分の人種と何か関係していないかぎり、通常その役を演じることができない。わたしは医者や弁護士あるいは路上の清掃人を演じられるが、それは見合い結婚を強要されている背景があったり、テロリストの夫に隠れ蓑を提供していたりする場合だけなのだ。何か非常に大胆な役柄があるならば、父親の望みに背くようなキャラクターを演じこともやぶさかではないし、そういうことが起きるなら、わたしはヒジャブではなしに色っぽいドレスを着ることもいとわない。だがわたしが自分の肌の色についての先入観によって特徴づけられていないような役を演じる機会は、非常に稀にしかないだろう。

わたしが本当に嫌になるのは、そういった役柄が全部、あまりにも救いのないものであることだ。そして、このことは女性の役柄の多くについてたいてい当てはまる。わたしが応募した役、とりわけ中東系の役は、基本的に自分の人生を他人に支配されている女性で、彼女の物語は、その人生に苦しんでいるか、そこから逃れようとしているかのどちらかでしかない。実際、わたしは今まさにそういった役柄の募集文を読んでいる。そこには「伝統を重んじる父と兄と暮らしている、反抗心を持ったパキスタン系のムスリムの少女。彼女はボーイフレンドと逃げる決心をする」とある。誤解しないでほしいが、これらも語られるべき物語である。ただわたしたちは、中東系の女性たちは常に不幸な人間関係に縛られている、という思い違いをしている。そして、そういった物語は、中東系の女優の幅を大いに狭めるだけでなく、中東系の男性たちをひどく侮蔑することになるのだ。

今までに応募した中東系の妻の役柄を振り返ってみると、彼女たちのうちの誰も幸せな結婚生活を送っていなかった。その女性は強制されたからそこにいるか、歯を食いしばってテロリストの夫と付き合っているかのいずれかだった。わたしが応募した中東系の、妻ではない役柄の中に、彼女たちを誰かと結婚させようとしている父や兄を持ってないものはいなかった。うんざりするほど限定的ではないか？　中東系の女の子が憧れるような役柄は、わたしたちがヒジャブを被った小道具である以上のものになれる世界を見せてくれる役柄は、皆無である。

こうしたこと全部が理由となって、恥ずべきことだが、わたしは卒業してすぐに、自分の名前を変える決心をした。わたしは自分の見た目や、冷淡な募集者が、わたしが自分の名前だと称する文字の羅列を読もうとする前に深呼吸をする事実を、恥ずかしいと思ったことは一度もなかったが、まだ始めてもいないのに、自分で自分を枠にはめてしまうという事実が耐えられなかったのだ。わたしは非常に長いあいだ、人に思い込みを持たれながら過ごしてきたが、この時突然、自分の演技力に再考の機会を与えるかもしれない、この小さなチケットが渡されたのだ。もちろん、それは醜悪な考えだった。名前は全然考え抜かれたものではなかった。結婚して名前が変わるなどとフェイスブックで知らせている学校の知り合いの名前を適当にぱっと選んで、自分につけていた。その手の人たちが自分のフィードに現れるたび、誰だったかすっかり忘れてしまっていて、ひどい写真を一瞥《いちべつ》しても、ぼんやりとしか思い出せないことがあるだろう。わたしは自分の名前にそういう気持ちを抱きながら、二年間を過ごした。しかしありがたいことに、一緒に仕事をしていた一人の監督が、初めてわたしに誠実に接してくれ、わたしを座らせて、大きな間違いを犯していると指摘してくれたのだ。その日の午後、わたしは名前を元に戻し、それ以来、イラクとイランとイギリスが入っている女優であることのすべてを受け入れている。

そう、わたしは妻もしくは妻になる女の役を演じていく。そう、多様性を満たしている証拠としてわたしがいると都合がいいという理由だけで、時々仕事をもらうことも承知している。そう、わたしは決して《高慢と偏見》にはキャスティングされない。しかし、どれも全然問題ではない。わたしはあまりにも表象されることが少ない、たくさんの素晴らしい女性たちを表象できるのだから。これこそが演劇というものだ。それは、できるかぎり誠実に、忠実に、人びとの物語を伝えることだ。ある役を任され、世界に向けて物語を見せることだ。それは役者としてのわたしたちだけのものではなく、わたしたちが表象する人びとのものであり、かれらの物語が語られていると確信してもらうことなのだ。

ワクワクすることに、この文章を書いている途中、ある短編映画の主演のオーディションを受けてほしいと依頼された。それは非常に有能なシリア人弁護士の役だ。彼女もまた支配的な夫と結婚している。ジャスミン王女役も早く来い。

トークニズムについて我々が語るときに語ること

ビム・アドワンミ

コメント欄というものは、インターネット上の記事ごとに異なる。しかし、多様性についての記事の場合には——それがジェンダーに関わるものであろうが、身体障害、性的嗜好、あるいは人種に関わるものであろうが——規則的に出現するコメントがある。気が滅入るほど単調なコメントでなければ、励みに感じてしまうほど規則的に。

インターネットにざっと目を通すだけで、私を最も激怒させる例のコメントに出くわす。「だけど、君はトークニズムを求めるわけ?」といった主張である。ネット上にある事実上すべての意見交換の場で、この質問が形を変えて現れるのだ。つまり善意の人たちが——当惑の意を示すネット表現を用いながら——私たち有色人が欲しているのはポピュラー・カルチャー(とそれほどポピュラーではないカルチャー)における「トークニズム」なのかと質問しているのである。「分別ある」人たち——あなたの傍らで仕事をし、日常生活の中の非常に多くの事柄について微妙なニュアンスを含んだ会話をしようと心がけている人たち——が、私たちが毎日接している人間生活の文化的表象に、多様な類型の人間を登場させようという呼びかけに対して、そのように反応しているのだ。私はこのコメントがとるあらゆる形態を見てきたと自信を持っており、次のように問わずにいられない。なぜ、提供される選択肢が、「トークニズム」（インターネット住民にとっては客観的で、何より重要な問題）と、まるっきり登場しない、のどちらかしかないのか？　二〇一六年にもなって、この極端な二択しかないというのは、どういうことなのか？　エディー・イザードの古典的寸劇の文句を引用すれば、なぜ私たちはこの件について「ケーキか死か」[*1]を選ばねばならないのか？

時折、ご丁寧にも余計な言葉が付け足されることがある。「もし脚本が求めるものであれば、このテレビ番組に有色人のキャラクターが出てくるのを喜んで観る」、あるいは『特に理由もないのに』なぜ黒人野郎をキャストに入れてるのか？」（これらにもさまざまなヴァリエーションがある）。そこで言われていることの意味を正確に理解することが重要である。つまりそこでは、誰しもが親しみを覚えるストーリーは白人のものだと、私たち視聴者が最も簡単に自分たちを投影できるはずだと考えられるキャラクターは白人だと、「普遍的なもの」は白いのだと、と言われているのである。常に白人がデフォルトに設定されている。その場所が有色人に空けられることは――決して――ない。ナイジェリア系イギリス人が一般人役をするなどありえない。ジョー・ブロッグスのバングラデシュ系イギリス人版、ジャリール・ベグム[*2]がごく普通の役として登場することはない。有色人のキャラクターは「役柄として必要になった場合」のみ、特別に混ぜてもらえるのだ。

＊1　エディー・イザードは、イギリスのスタンダップ・コメディアン。「ケーキか死か」は、イギリス国教会が原理主義的になったらという設定の寸劇中、信者に突きつけられる二択。

こうしたことについて、もう少しじっくりと考えてみよう。
「白さ《ホワイトネス》」――あるいは白人は――基本のテンプレートとして存在している。そして、そのテンプレートはあらゆる人間の経験を包括する。つまり、白人は特別な存在になることもできれば、平凡な存在にもなることができ、ハンサムにもブサイクにも、ノッポにもチビにも、面白いやつにも、ひどく退屈なやつにもなれるのだ。他方で私たちがポピュラー・カルチャーに登場する時には（ステレオタイプに沿わないかたちで「社会問題」を取り上げる役割を担っている時と同様）、常に正当な理由が求められる。私たちは努力して席を獲得しなければならない。自分たちにはその文化の表象の中に含められるだけの価値があると、どうにか証明してみせなければならないのだ。その文化の中で自分たちは生活し、その空気を吸っているにもかかわらずだ。あの黒人女性はあの番組にふさわしいか？　この場面に中国系イギリス人が出てくる適当な理由を挙げてくれ。この映画にこのミックスの少年を出演させることになる前に、どういった一連の判断があったのかを説明してくれ。あなたにできる最大限の仕事を見せてください。

私たちは、ファンがそれほど周縁的な存在ではなくなった時代に生きている。今ではオタクだけでなく普通の人びとがコスチュームを手作りして同人誌即売会に行くのだ。それゆえ私たちは、一部の視聴者から怒りを買っている番組製作者の逃げ口上を承知している――かれらが番組に有色人の視点を取り入れることを「躊躇」したのは、「真正性」の問題を「懸念」したからです、とかれらは言うのだ。こういった返答を聞いてから、約五秒間、私は頷いて理解を示す。だが、その理解はすぐに消え去っていく。私はかれらのオフィスに電話を掛けたくなる。そして、かれらは有色人（通常は脚本家自身の出身地である都市や町や村にいる有色人）が、一体どんなことを、自分たちとは全然違ったふうにしていると想像しているのかを討論する会議を設定するよう求めたい。それから、か̀れ̀ら̀が「ギャップを越える」手伝いをするサーヴィスを提供したい（もちろん相応の報酬をもらって――私は慈善家ではないのだから）。黒人がするのは、次のようなことです。私たちは他の人たちと全く同じように、空気を吸い、水を飲み、お尻から毒ガスを出します。私たちの希望や夢は似たようなもので、見た目や出身地のせいでさまざまな困難に見舞われることもありますが、私たちはおおむね同じようなことをしています――どうでもいいようなことも全部含めてです。つまり、カップケーキを食べたり、自分の関心事のみに没頭できるエッセイ集を執筆する機会を待ち望んだり（出版業にまでは手を出さないようにしておきましょう）、不適当な男の子とセックスしたり、異常なほど自分のことしか考えられずにいたり。そういうことをしているのです。そこでの私はコンサルタント。**で、私の小切手はどちらに？**

ポピュラー・カルチャーの熱狂的ファンとして――そして、あらゆる人間的な欲望と感情をすべて兼ね備え、なかでも特に強いナルシシズムを持った一人の人間として――私は周囲の文化に自分自身を見出したいと思う。私はナチュラル・ヘアーの女子や、ウィーブをつけている女子、縮毛矯正をしている女子を見たいし、あらゆることをしている彼女を見たい。彼女が映画に行くのを見たいし、彼女が珍しい病気の治療法を発見するのを見たいし、ショップ店員として働く彼女を見たいし、大惨事が訪れた際に彼女が世界を救うのを見たいし、彼女が恋に落ちるのを見たいし、彼女が宇宙人と戦うのを見たいし、彼女がたくさん笑うのを見たい。目下の状況では、彼女はただ存在していない。現状がこのように悲し

＊2　「ジョー・ブロッグス」は英語圏で一般人男性の代名詞として用いられる名前。「ジャリール・ベグム」はそれをベンガル語風に表現したもの。

いものであるために、《X－メン》シリーズのストーム[*3]を見た時、私はひそかに興奮し（たとえシリーズ第一作の彼女が、あからさまに侮辱的な「アフリカ系っぽい」訛でしゃべっていたとしも――**どこの誰が実際にそんなしゃべり方をしてるというの、ハル？**）、スティーブ・マックイーン監督の《SHAME――シェイム》の予告編にニコール・ベハーリーが出ているのを見た時には、キャーと歓声を上げて妹を呼んだのだ。だからこそ、二〇一二年の全米監督協会の報告で、ションダ・ライムズが自身の番組《スキャンダル》の制作にあたって起用した監督たちの六七パーセントが女性かエスニック・マイノリティだったと読んで、私の胸は高鳴ったのだ。[†1]

　私は大のテレビっ子である。テレビは私が世の中でこよなく愛するもののひとつだ――《フレンズ》（主要キャストが白人ばかりで、数々の欠陥があるとはいえ、古今を通じて私が一番好きなシットコムである）のほとんどの台詞を空で言えますから、何かきっかけとなる言葉を言ってみてください。だが、私はテレビ作りに直接携わっているわけではない。多様性のある脚本家チームが存在することの重要性や必要性を軽視したいとは思わない――明らかにそうした脚本チームの中にいる有色人はわずかで、階級の問題は取り上げるまでもない。しかし私には、美しい夢を抱いた純朴な素人には明らかだと思えるのだが、よい有色人のキャラクターを書くには三つのステップしかない。

一、すばらしく印象に残る、多面的なキャラクターを書く
二、有色人をキャスティングするよう「努力」する
三、以上！

私は、数ある作品の中でも《グッドワイフ》《マスター・オブ・ゼロ》、《チューイン・ガム》、《コミ・カレ!!》で、この画期的なテクニックが実用されている例を見てきた。しかし、私は間違っているのかもしれない。世界そのものを映しているかのようなテレビを作るには、乗り越えねばならない巨大なハードルがたくさんあるのかもしれず、そのハードルは素人には見ることも、理解することもできないものなのかもしれない。もしこれを読んでいる方の中に、テレビのエンターテイメント番組を制作している方がいて、私が複雑な問題をどうも誤解しているようだと思ったならば、訂正をお願いします。

人びとが「私たちは皆同じ一つの人種——人類なのだ」といったようなことを口にする時に、かれらが意味しているものと、かれらの実際の世界の見方のあいだには、明らかなギャップがあるように思える。スーパーヒーロー（ご承知だろうが、特別な力を有した一連の架空の存在）をしているアジア系男性を想像できないという問題は、架空世界の中で死んでいく黒人の少女（映画《ハンガー・ゲーム》でアマンドラ・ステンバーグが演じたルー）にいまいち共感を抱けないという問題と、全く同じものである。その問題は、日常生活にも漏れ出している——もしあなたがテレビ画面上の私たちのことを、あなた自身と同等の感情を持ち、現実的で多面的な個々人として想像する気になれないのだとすれば、あなたが路上や職場やベッドの上、ひいては人生の中で私たちに出会った時に、あなたは私たちのことをそ

---

†1 'DGA says diversity among TV directors stalled: report', Deadline, Hollywood, https://deadline.com/2012/09/directors-guild-diversity-study-tv-directors-veep-dallas-344300/

＊3 映画《X-メン》シリーズのストーム役は、アフリカ系アメリカ人の父とイングランド系白人の母のあいだに生まれたハル・ベリーが演じている。

のような個々人として想像することができるだろうか？

現状のままでなければならないはずはない。二〇一二年九月にミンディ・カリングが述べた次の発言を考えてみよう。

もしあるテレビ番組に出ているインド系アメリカ人の主演女優が自分一人だったら、インド系アメリカ人女性について一般的な発言をすることになるでしょう。自分はインド系アメリカ人女性で、自分だけがそうなのですから。それに対して、例えばスティーヴ・カレルは、番組に出ている白人のアメリカ人男性について広く概括的な発言をしたりはしないでしょう。とてもたくさんの白人アメリカ人男性がさまざまな番組に出ているわけですから。ですので、私はこの役をやることで、私がインド系アメリカ人全員について何かを語っていると、人びとが考えるのではないかと心配になります。私はそういう重荷を負っていますので、そういうものを負わなくていい他の演者のことを本当に羨ましく思います。

これはまさに、黒い肌をまとって生きている、ポップ・カルチャーのファンが日常的に直面する問題である。それにはほんとに飽き飽きさせられる。

死は多頭の怪物

ヴィナイ・パテル

僕の父さんの父さん、ダダ[*1]は僕を見つめ、今しがた僕が言ったことを理解しようとしている。

「ワニ?」

僕は頷く。

「そうだよ、ダダ」

僕の家の階段の壁には、額に入った女性の写真が掛かっていて、僕は六年間の人生で毎日その前を通った。その写真を見ていた僕は、その女の人は僕がとても小さかった頃に、今よりずっと小さかった頃に死んだのだと知っていた。この女の人は僕の母さんで、母さんというのは僕のおばあさんに、バア[*2]に少し似ているけど、もっと若くて英語が上手な人のことなのだと、知っていた。誰かが死ねば、その人は

＊1　「ダダ（Dada）」はグジャラート語で父方の祖父の意。
＊2　「バァ（Ba）」はグジャラート語で父方の祖母の意。

そばにいなくなってしまうことを僕は知っている。どうなれば死ぬのかということさえ僕は知っている。「ものすごくたくさんの怒った白い貝殻《シェルズ》たちがね」。ある日の夜遅く、父さんは僕のベッドの端に腰掛け、そのように狼瘡《ろうそう》のことを説明してくれた。「細胞《セルズ》」を「貝殻《シェルズ》」と聞き間違えて、自分のお腹の中を小さな浜辺のようなものと想像していたけれど、僕はそのへんの普通の子どもよりも、ずっと死に精通しているのだ。

　でも最近になって、死んでいく人にとって、死はどんなものになるのだろうという考えが、僕に忍び寄ってきた。それは映画に出てくるどんな怪物よりも恐ろしい。ベッドに入る時間、灯りを消す前、僕は死を思い描く。天国に入ることを許されるまで、限りはあるとはいえ耐え難いほどの長い時間、虚空の中を漂っている自分を見る。五万年ぐらいの長さだ。自分についてのあらゆる感覚が、あらゆる参照点が失われてしまうほどの長さだ。たぶん母さんは、一人で震えながら、もう数年間その長い道のりを進んでいるのだろう。その後、時間の観念が消失し、僕は自分の幼い精神にこれまで入り込んできた中で最も暗い考えと格闘する。つまり、人が死ねば、死は永遠に続く、という考えだ。感情はない。思考もない。ただの無。永遠。僕は灯りをつけたままにするようになった。だが、それ以外は真っ暗な通りにある明るい部屋の静けさには、それはそれで時間が失われた虚無の感覚があったので、そこから逃避するため、僕は別の世界に飛び込むようにしていた。うとうとした大人がよろめきながら通りかかり（僕の一家はみんな眠りが浅いのだ）、様子を確認するまで、僕は本を――『スター・ウォーズ』の小説、誰かが皮肉なしに買ってくれた『大いなる遺産』、『ゴルフ・スウィング上達法』と、目についたものは何でも――読んでいた。僕が途中で寝入ってしまったふりをすると、大人たちは灯りを消し、僕は自分がもう考えごとができないぐらい、すっかり疲れ果ててしまっていることを願った。

ありがたいことに、このしんどい状況をもう終わりにできるのだ。というのも、ベッドと格闘しにいく途中、僕がリビングを覗き込むと、誰かがつけっぱなしにしていたテレビで、ＢＢＣの自然ドキュメンタリー番組がやっていて、素晴らしいことを、僕の人生を永久に変えるようなことを耳にしたからだ。僕は階段に駆け上がり、ダダに話した。彼の顔に浮かんだ困惑を一掃しようと、僕は何度も繰り返す。

「そう、ワニだよ！　ワニは生まれ変わるって、テレビで言ってたんだ。ワニにできるなら、僕にもできるよ」

死ねばそれで終わりという考えであれば、僕には目新しいものになったのかもしれないが、この生まれ変わりというやつは、そうではなかった。誰もそれについてはっきりと話してくれたことはない。だが、僕が与えられていた、『マハーバーラタ』と『ラーマーヤナ』というヒンドゥー教の二大神話を描いている、子ども向けの物語集の中に非常に鮮明なかたちで登場していたのだ。それらは、神々の化身や、一〇の頭を持つ魔王や、海を干上がらせる矢についての叙事詩だった。そういったお話の中では、冒頭で求婚者に拒絶された恥辱から自殺した女性が、終盤近くで、若い戦士の王子に生まれ変わって再登場し、元の恋人に復讐していた。何と意外な展開！　しかし、意外性は物語上の工夫なのであって、僕はそれらを素晴らしい物語だと思ったが、そうした神話的世界と僕の現実のあいだに何のつながりもないことは、僕にははっきりしていた。

今、それがすべて変わったのだ。僕はもう六歳だったので、心の深い部分で、デヴィッド・アッテンボロー[*3]の落ち着いた声は、知識の重みを持って話されている声だと認識できた。ドキュメンタリー番組に出ているこの男性が世界について語ることを、僕は信用できた。それは物語ではなく科学だったからだ。

僕の話はダダをしばらく悩ませたが、ついに彼は、僕はまた聞き間違いをしていて、アッテンボロー氏が実際に言ったのは「ワニは転生する（reincarnate）」ではなく、「ワニは繁殖する（reproduce）」だったと解明した。ダダは見識ある独学のビジネスマンで、生涯にわたる勤勉さから得たものを使って、自分が経験したことのない世界の過酷さを和らげるクッションを作り、孫たちを手厚く保護しようとしてくれていた。子どもの希望を壊してから、もっと必要とされていた鳥や蜂についてのおしゃべりで話を丸くおさめるのは、かなり至難の技だったにちがいない。だが、かれは見事にそれをやってのけた。

就寝時間だけでなく僕は暇になるとすぐに「終わり」について考えてしまう。シャワーの時間は特にまずい。出だしは悪くない。僕は裸になるのを楽しみ、うちのボイラーは絶好調で、シャワーヘッドはいくつも切り替えができて飽きさせない。しかしその後、日々の心配事という重しが落ちていくにつれ、僕の頭は自分の死の瞬間の方へ向かっていき、ある一瞬までは存在しているのに次の一瞬には存在しなくなること、境界線はそれほど細いものであること、それはある日、絶対に確実に僕にも起こるということを考えてしまう。ある日、僕は触ることも嗅ぐことも見ることもできなくなり、できないことを気にすることさえできなくなって……。

叫び声。

いつも最後には、僕は恐怖でひとしきり叫び声を上げることになる。生活の中の小さな心配事がそっと頭の中に戻ってくるまで。

「お前も、いつかは死ぬことになるかもしれないよ」と大人たちは言う。「でも、まだ私たちと一緒にやらないといけないことがあるでしょ」。そういう時ほど、月曜日の朝提出の宿題に感謝したことはない。

心配した哀れなバァは毎回、どうしたのかと僕に聞いたが、僕はいつもふてくされて質問を無視した。

どうして彼女に共感や理解ができただろうか？　バァは安らぎをもたらす強い信仰心に満ちあふれ、毎日、朝の半分の時間を寝室にある祭壇に捧げていた――小さな金杯に入れた炎を下の階から持ってきて、たくさん並べられていた、同じぐらいの小ささの神々の偶像の前に置くのだ。僕は、アーメダーバードにあった今にも潰れそうな市場の露店で、自分が選んだ銅製のハヌマーン[*4]しか分からなかった。自分のことを見守ってほしいと思う神様を自分で選んでいいと言われ、僕はハヌマーンを選んだのだった。僕が持っていた『ラーマーヤナ』の物語本に出てきた、機知に富んだ猿の王だった。彼は相撲を取り、山々と口論し、いたずらで尻尾に付いた火で街を焼き払って時間を過ごす。自分の背中を見守ってもらうなら、この神様がいい。僕が彼を指差すと、商人は頷き、雑に塗られたプラスチック製の目をその金属にはめ込み、渡してくれた。一点の曇りもないバァの祭壇に鎮座する、この斜視の猿男の姿はすごく可笑しいと思ったが、この日課――そのあいだ、彼女の邪魔は禁物だ――から、それがバァにとってものすごく大事なものだと僕は重々承知していた。僕の叫びに対する何かしらの解決策が、この信仰から、このお祈りから得られるとしても、僕にはそれらが信用できなかった。

　この不安が、僕も行くのが前提となっていた家族の行事によって、和らげられることは全くなかった。貧しい国々からの移民に典型的であるが、僕の拡大家族は父方・母方ともに巨大で、そのために、ひっきりなしに結婚式と葬儀が開かれた。それらに出席しても、僕は誰のことも知らなかったし、少しも興

＊3　イギリスの動物学者、自然誌学者、映像プロデューサー。ＢＢＣで動物や自然をテーマとした数多くのドキュメンタリー番組を手がけた。

＊4　インド神話に登場する神。中国に伝わり、『西遊記』の孫悟空のモデルとなったと言われている。

味を持てなかった。結婚式は伝統的なインド式だった。花、サリー、下手なダンス、キチディとプー[*5]リー[*6]をヨーグルトと分けて湿らせないようにする、便利な仕切りがついた特別製のプラスチックのトレイに、丁寧に取り分けられる食べ物。一方、葬儀にはもっと強いイングランドの影響が見られた。黒のスーツ、教会、厳粛さ。結婚式は退屈だったが、少なくとも他の子どもたちと走り回ったり、遊んだりできた。葬儀ではそうした幸運に恵まれることはなかった。そこでできることは悲しみを自分のものとし、もし倒れたら誰かが家に早く連れて帰ってくれるかもしれないと願うことだけだった。

僕は結局、実存的恐怖を緩和するために、今日に至るまで、あらゆる締め切りに関して使っている手段を取ることにした。つまり、それを先送りしたのである。何が引き金になったのか覚えていないが、ある日僕は「大丈夫、二一歳になれば宗教心を持つことになるだろう」と、とにかく自分に言い聞かせ、そうして、いつかすべてがうまくいくと満足した気持ちになった。そのパスカル流のプラグマティズムは数年間持続したが、その後、明白な問題がとてもゆっくりと頭をもたげるようになった。

僕は一体どの宗教を信じることになるのだろう?

ヒンドゥー教の家族の中で育ちながらも、名目上はキリスト教の国にある、明確にキリスト教系の学校(そこで僕はキリスト降誕劇でヨセフを演じたが、《ジャングル・ブック》のモーグリ役はチャーリーという名の赤毛の子どもに取られた)に通ったことで、スパイスや映画の長さに関する許容範囲だけでなく、人生の最期についての理論に強い不調和が生まれていた。ユダヤ教とイスラム教とキリスト教のあいだには、共にアブラハムを重要視するというつながりがあり、そのため「まあ、考えてみれば、すべて同じ場所、同じ人間に由来するのだから、違いが一体何の問題になるのだろうか?」と筋の通ったことが言えたが、ヒンドゥー教に関しては、そういったつながりさえなかった。

僕が愛した人びと、信頼した人びと、思いをめぐらせた人びとは皆立派で、死後に何が起こるのか、死の前に生をどう生きるのかについて、それぞれ非常に異なった信念を支持していた。祖母たちはヒンドゥー教への熱烈な信仰心を持っていたが、僕のまわりにいる他のすべての人を含めれば、信仰を持っている人が非常にたくさんいて矛盾をもたらしていた。短剣とターバンを身につけたシク教徒の友人たち。父さんと一緒に行った、コマーシャル・ストリートにあるパンジャーブ式ケバブ料理店の誇り高きオーナーたちは、壁にイスラム芸術を飾っていた。小学校の中国系の先生は、彼女の文化の中では、どの数字の縁起がよく、どの数字はそうでないかと教えてくれた。そして一度僕たちの家の戸口に現れ、彼女自身が選ばれた少数者の一人であると上手に説明したエホバの証人。多くの死に方があるのと同じように、多くの生き方があるようだった。それらの全部が正しいものであってほしいと僕が思ったとしても、そうであるはずはなく、それゆえ僕は、唯一の論理的な結論と感じられたものへと導かれた。つまり、全員が間違っているのだ、と。恐怖はプラグマティズムに変容し、そしてそのプラグマティズムも今では、用心深く、時として冷笑的な無神論に道を譲っていた。僕が姉さんと父さん——車で学校に送迎してもらう時の皮肉屋三人組——と共有したその無神論は、中等教育の期間中ずっと僕を支え、僕の友人選びを左右した。

大学に入り、そこのクリスチャン・ユニオンと出会って初めて、信仰の強さの点で二人の祖母に匹敵する人びとを見つけた。かれらは、僕が実家にいた時からよく知っていた生半可なイギリス国教会の教

＊5　米とレンズ豆を一緒に炊いた粥。
＊6　全粒粉の生地を円形にのばして油で揚げたもの。揚げたては風船のように膨らんでいる。

徒とも違っていたし、否定された教育の代わりとして宗教が大いに役に立っている伝統的な老婦人たちとも違っていた。これらのクリスチャン・ユニオンの人びとは、自信に満ち、垢抜けていて、上品――ものすごく上品――だった。無料のチーズ・トーストを笑顔で何の見返りも期待することなく配っている人たちに対して、辛辣になるのは難しい。僕はかれらのうちの数人といい友だちになり、信仰がどのように人生を導く助けになっているかを理解するようになった。信仰はかれらに、忍耐と希望と使命、僕には絶望的に足りていなかったすべてものを与えていた。僕はまだ宗教に皮肉的な態度を取っていたが、その魅力が分かるようになった。欲情した酔っぱらいばかりの一年生の団体と比べた場合、かれらのような人間――コミュニティ志向で習慣的な善行を積んでいる――が、僕のような人間よりもたくさんいれば、世界は実際もっと良くなるだろうと思わずにはいられなかった。

自分の理解を示すために、僕はかれらの学生寮代表がいかに「まじでクソみたいにいいやつ！」かを伝えるポスターを作ったが、それは理解してもらえなかった。そのうち僕は、マイケルというベルギー人でゴスの格好をしたフラットメイトと一緒に、集会に行くようになった。マイケルはかれらの手を焼かせ、僕はかれらの話に耳を傾けた。

成り行き上、自分で決めた期限より二年早く、二年生の時に、とうとう神は僕を見つけることになった。しかし、最後に僕を引き入れたのは、最大限の努力をしてくれたクリスチャン・ユニオンではなかった。僕は、子どもの頃、四人の祖父母全員がまわりにいてくれているという幸運に恵まれていた。しかし、その幸運の見返りとして、いつかかれら全員の死に目にあうことになると覚悟せねばならず、最初に逝くのは誰なのだろうと考えることになる。それは僕が予想していた人ではなかった。祖母のうちの一人、母の母、ビジ・バアがそうなってしまったのだ（僕は「ビジ・バア」という呼称をたくさんの愛情を込めて付けたのだが、ビジ・ダダと同じく、基本的には「もうひとりのおばあちゃん」、「もうひとりのおじいちゃん」を意味するため、区別するには便利だったが、ちょっとした階層性を示唆してしまっていた)。彼女はいちばん若く、いちばん信心深かった。彼女が病院のベッドで口にした最後の言葉のひとつは、「鳥になって帰ってくるよ」だった。

これを聞いて僕は、「バカみたいだよ、おばあちゃんはここにいるよ、ここにいてよ、別のところとか、他のもののことなんて話さないで」と返答したかった。

無論、そんなことは言わなかった。僕は、祖父がかつて僕にしたように、彼女の希望を壊すことができなかった。彼女は当時の僕のような六歳ではなく、六六歳だった。でもその歳も、こんなことが起こるにはまだまだ若すぎると、僕には思えた。彼女は、逝ってしまうのを僕が本当に知った最初の人間で、僕は最初の死というものは、邪悪な鏡像宇宙版[*7]の初恋のようなものであると知った——人生を変え、生々しく、表面上はまたやってくるが、絶対に同じようには感じられない経験。

僕は父方・母方両方の家を行き来しながら、子ども時代を過ごしたのだが、父さんの家にある母さんの写真が、「死を忘るなかれ《メメント・モーリ》」とさりげなく呼びかけてくるものだったとすれば、母さんの両親が住んでいた団地の向かいの葬儀場《ヒューネラル・ホーム》は、もっとあからさまな存在だった。そこは事業が長く続けられるならば、最後にはビジ・ダダとビジ・バアが行き着くことになる場所で、実際にそうなったのだ。ビジ・バアは葬儀場(ホームと呼ばれるのは変じゃないだろうか?)の奥の部屋に入れられ、コンクリートの灰色をした彼女の厳格な顔——生きている時に彼女がしたことがない表情——は、彼女がまとっていた鮮や

*7 アメリカのSFテレビ・シリーズ《スター・トレック》に出てくる、すべてが正反対になっているパラレル・ワールド。

かなサリーと好対照をなしていた。灰色の中の色彩が、この国で彼女が過ごした時間への適切な賛辞になっていると感じられた。立ち去る前に、僕は彼女の額を本当に、本当にノックしておかねばならないと決心した。彼女はそこにいるのだろうか？　虚無の中にいるのだろうか？　鳥になっているのか？　もちろん返事はなかった。

　葬儀とそれに関わる諸々の催しに、僕は超然とした明瞭さをもって参加した。

　二つの宗教的伝統の中での生活は、聖なるものや霊的なものへのあらゆる信仰を僕から奪ってしまっていたが、なぜそうした伝統が重要なのかについて、より深く理解できるようにしてくれた。それらは僕たちが欲した時に、僕たちを抱えてくれるのだ。伝統とは結束を生むためのただの不条理で、不条理はさまざまな様相を呈するが、結束させるという点は普遍的なものである。

　僕の悲しみはなかなか消えず、それに付きまとわれているあいだは、ひょっとしたら祖母は本当に鳥になったかもしれないと信じられるような気がしていた。僕はそのことの科学性についてあれこれ考え、自分の懐疑的な脳みそを酷使し――僕たちは皆ただ再構成された原子にすぎない、そうだろ？　――、この世界には何か僕が見落としているものがあるに違いないという気持ちになっていた。僕の家族が僕の人生を築くために払った犠牲、かれらを自分たちの故郷からあまりにも遠いところへ連れ去ってしまった犠牲が、何らかのかたちで慈悲深い神から正しいと認められることを信じたいと思った。認められねばならない。絶対に。それで僕は、寡夫になったばかりのビジ・ダダに、『バガヴァッド・ギーター』を一冊くれるよう頼み、彼はそれを喜んで渡してくれた。その時に彼は、帝国の最後の前哨基地を渡り歩き、最後にバタシー[*8]の元公営住宅に辿り着くまでのあいだに、信仰を持つようになっていった彼自身の道のりのことを話してくれた。別の土地にいる時に信仰を持つのは、より難しいのではないかと僕は思った。あるいは、自分を憤慨させることがよく起こる場所で、意味や純粋さを探し求めれば、反動で信仰はより強固になるものなのだろうか？

僕はといえば、かつてはとてもよく付き合っていた、キリスト教の布教活動に熱心な友人たちにつらく当たりはじめた。かれらはビジ・バァはどうなったと考えるだろう？　母さんは？　かれらの中では異教徒になる僕はどうなると、かれらは考えるのか？

ある夜、その時のことは特に自慢できないのだが、僕はかれらのうちの一人にかなり無理強いをして、そう、僕の母と祖母は地獄にいるはずで、僕も最後にはそこに行くことになる……、とかれらは考えるということを認めさせた。それでも彼女は、僕がそうならないように祈ってくれた。僕はいやなやつだった。彼女は僕の友人だった。彼女は涙を流していた。明らかに彼女は、それを言うことに激しい痛みを感じていた。しかし彼女はそれを言い、僕は彼女に失せろと言ったのだ。それは面倒な時期だったが、エクセター大学の福音活動者全体にとっては、さらに面倒な時期だった。というのも、かれらのグループは、他のキリスト教組織、そして大学自体の世俗主義と係争中だったのだ。どんどんと恨みがつのる出来事が連鎖し、ついにかれらは学生自治会《スチューデント・ユニオン》の告訴を試みるまでになった。[†1]

一方、僕は『バガヴァッド・ギーター』に没頭し、子どもの頃に持っていた物語本の、もっと詩的な大人版を見つけたことに興奮していた。僕は司祭たちと話した。読書会にも行った。ヒンドゥー教が一

---

†1　'Christian group to take university to court', *The Guardian*. https://www.theguardian.com/education/2007/jul/27/highereducation.uk2

＊8　ロンドン南部ワンズワース区のテムズ川南岸で、公営住宅が多く立ち並ぶ地区。

つの宗教ではなく、むしろ、さまざまな信仰の異教的な寄せ集めであることを、僕は知っていたか？いや、知らなかった。イエスを崇拝しながら、同時にヒンドゥー教徒でいられることに気づいていたか？いや全く。これは素晴らしい。全部が結びついている！　ヒンドゥー教は他の宗教よりも古いが柔軟で、数千年を超えてなお正しいものがあるとすれば、これに違いない――僕が必要とした信仰は、生まれてからずっと真正面から僕を見つめていたものだったのだ。僕は茶色いルーク・スカイウォーカー。僕は、僕の前に僕の母がそうだったように、ヒンドゥー教徒だった。もちろん。もちろんだ！　平和と目的がすぐそこまで来ている。

この宗教的な恍惚はあれやこれやで数ヶ月ぐらい続き、その後しぼんでしまった。

近頃では、自分はただの気取ったチンパンジーで、空から自分を見守ってくれている力強いチンパンジーもいない、ということをほとんど受け入れた上で、僕は、自分や自分が愛する人たちの魂が死後どうなるのかについてはあまり考えず、自分たちの実在の身体はどうされるのかについて考えている。これについては、僕たちも少なくともちょっとはコントロールできる。

このエッセイの執筆中、まだ僕には三人の祖父母が残されている。それを数えるのに折った指の本数は、出版前に急に大きく変わることはないだろうが、いつかはそうなり、かれらがどのような弔われ方を選ぶかは、かれらの生前の行動と同じぐらい、かれらの人生行路の多くを語る。僕の家族の三つの世代は、三つの異なる大陸で生まれている。祖父母のほとんどはインドで、両親はケニアで、僕は姉やいとこたちと同じくイングランドで生まれた。アジア。アフリカ。ヨーロッパ。僕たちが通過してきたすべての大陸は、僕たちに痕跡を残している。僕は自分が話すわずかばかりのグジャラート語が、スワヒリ語の単語や方言と混じった、特殊な旅路を経てきたものにしか完全には通じない、暗号化された言語になっていることを、半分面白がり、半分迷惑がっている。おおむね僕には無用の言語なのだが、それ自体が、僕たちがあらゆる意味でどれほど離れたところまで来たのかを思い起こさせる素晴らしいものなのだ。僕たちは新しい故郷に深く入り込むために、言語のような自分たちにとって根本的に重要なものまでも、喜んで変化させ、適用させているのだ。しかし、死を迎えた時には、これまでのところ、かれらは皆「母国《マザーランド》」に帰り、灰をガンジス川に撒かせている。もちろん、そこには宗教的な要素があるが、このような埋葬のされ方を選択した点に、このディアスポラが、この勇敢な放浪者たちが、いかに海外で現地にうまく統合していても、つねに故郷を恋しく思っていた、ということが示唆されている。

僕はどうするだろうか？　僕は一人で年月を数え、数字のことをあれこれ考えていると、面白いが、ぞっとするちょっとした事実に気がついてしまった。たとえば、今年僕は三〇歳になり、すぐに――あの壁の写真の――母さんがある意味で、僕の家族の中でいちばん若くなる。もし姉と僕が八〇歳まで生きれば、僕の家族が英国に来てから、ここで生まれたものがここで死ぬまでに、丸一〇〇年が経過することになる。そして僕は、自分たちも最後には灰をここか、近くのどこかに撒いてもらうのだろうかと想像する。僕たちは信心深くない。僕たちにとってのどの「祖国《ホームランド》」とも霊的な結びつきを持ってはいない。それが、統合が達成される最後の瞬間になるのだろうか？　いつになれば、僕たちはこの国で生まれ、生き、死んだだけでなく、その国の大地のどこかに埋められるようになるのか？　古い詩をもじっていえば、いつになればイングランドの野原の片隅に、永遠の異国があることになるのか？[*9]

＊9　イギリスの詩人ルパート・ブルックが第一次世界大戦中に、異国の戦場で死んでいく兵士たちを歌った「兵士」の一節、「異国の野原に片隅に　永遠のイングランドがある」を踏まえている。

僕としては、自分が死ぬ際は、家系樹に別の枝を作り出したいと望んでいる。僕が今いるところで死んだとしても、僕は生まれ変わるとは信じないし、天国に行くとも地獄に行くとも、虚無に行くとも思わないが、少なくとも、僕はもう故郷にいる、ということにはなると思う。

感謝知らずの国

ムサ・オクウォンガ

これはイギリスで生まれ育った私の経験である。それは自分が感謝していることを常に確認する日々だった。たぶんこれはそう悪い態度ではなかっただろう。そもそも私の両親は、イディ・アミン[*1]の暴虐な圧政を逃れた難民としてイギリスに流れてきたわけで、かれらが人生における二度目のチャンスを与えられたことに疑いの余地はなかった。かれらがウガンダを離れた頃、アミンは彼の支配に対する脅威に将来なるかもしれない者たちを皆殺しにしようと躍起になっていて、私の両親――当時、ウガンダで最良の学校のうちの二校に通っていた――は、アミンのターゲット層にぴったりと当てはまっていた。それでかれらはウェスト・ドレイトン[*2]にやって来て、二、三年して私が生まれた。そして二人の医者の

＊1　ウガンダの元大統領。一九七〇年代に独裁政治を敷き、インド系住民の強制退去や、反対勢力であるオボテ派の虐殺を行なったことで悪名高い。

＊2　ロンドン西部の郊外。

あいだに生まれたこの長男は、かれらを引き取ってくれた国を喜ばせようという熱意を抱いた。

私がその熱意に初めて気がついたのは、サニングデールという男子私立小学校《プレップ・スクール》に通う奨学金を得た一一歳の時だった。その時まで私は、自分の肌の色のことをよく考えたことがなかった。というのも、それ以前に私が通った学校はどこも、人種的に多様だったからである。しかし今や、一三〇人中に二人しかいない黒人生徒の一人なのだ。さらに、新しい同級生たちと彼らの家族たちは、私がそれまでに会ったことのあった白人たち――安心感が得られるほど平凡な生活をしていて、家は普通一軒しか所有していなかった――とは違っていた。新しいクラスメイトたちは、途轍《とてつ》もなく豪奢な生活を送っているようだった。彼らの多くは海外で暮らした経験を持っていた。休暇はスキーと狩猟をして過ごしていた。ある家には執事がいた。最も裕福な生徒たちはいつも一番みすぼらしい服装をしていた。ある少年のセーターに穴が空いていたら、彼はどこかの皇帝の子孫かもしれなかった。

イディ・アミン失脚後の一九八一年、父はよりよい国になると彼が信じたものの建設を手伝うために、ウガンダに帰った。父は、アミンを打倒した司令官オアイト＝オジョック将軍付の軍医になり、彼とともに死んだ。一九八三年一二月三日、その国の支配権争いの分岐点だとみなされていた時期に、彼らが乗ったヘリコプターが墜落した――十中八九、撃墜だった。寡婦となった母は一人で四人の幼子を育てなければならなくなった。私たちの面倒と、地域の総合診療医としての終わりのないシフト勤務で忙殺されている母は、私からさらに負担をかけられることを決して望まないだろうと私は思ってしまっていた。だが、そうではなかった。彼女が私に望んだのは、聡明で義務に従順で責任感を持った人間になることだった。それで私はサニングデール・スクールに通うことになった。白人の億万長者の子弟ばかりの中に、奇跡的に支払い能力がある一人親家庭の出の黒人が、である。

私は黒人を代表する非公式の大使になった。寄宿学校の世界には黒人がほとんどいなかったので、毎週、自分たちも白人の同級生たちに勝るとも劣らないことを証明せねばならないと気負っていたのだ。休暇に実家に帰ると、人びとが肌だけで判断される世界の意味合いを見て取った。私といとこたちは、警官から職務質問をされるようになり、ある時は、単にバス停の近くで待っているだけで職質を受けた。「うろうろしている」は「白昼堂々、浅黒いやつがいる」ということの婉曲表現になっていた。そんな中で私は、自分と同じような見た目の人たちのために、物事を変革できる力を潜在的に持っている人びとの子弟たちと一緒の学校に通っていたのである。いつの日か、彼ら自身がこの国を運営していくことになるかもしれない少年たちと。私は猛烈な使命感をもって勉強に取り組んだ。ここで私がよい印象を与えられたなら、私たちの社会の中の最も強固な偏見を多少減らすことに役立てると信じて。

サニングデールに通っている時、たぶん私は、学生時代の両親と同じぐらい、自分のことを移民だと感じていた。母はカンパラにあったガヤザ高校に通った。彼女は数人しかいないウガンダ北部出身の児童の一人だったため、クラスメイトたちは彼女をからかい、彼女の部族の者たちには猿のしっぽが生えているという噂があると言った。おそらく英国に到着した時の両親と同じく、私は別世界のような景観の中で、自分に与えられた機会に感謝していた。ラテン語もギリシア語もフランス語も、チューダー朝の歴史も教えられたことがなかったので、当座はほとんどすべての科目で最下位だったのは、どうしようもなかった。ただありがたいことに、英語の成績はよかったので、自分が学問的に無能なわけではないとまわりの人たちを安心させることができた。また、サッカーがまずまずだったこともありがたかった。その年頃のほとんどの少年のあいだでは、それが社会的に受け入れられるための相当な近道になるからである。

サニングデールでの二年間の後は、イートン・カレッジに入った。大成功だ、と私は自分に小さな声で言った。チャンネル4で同校のドキュメンタリー番組《九一年度のクラス》を観たことがあり、心を奪われていた。そこは、よそ者が自分を証明しに行く場所だと思った。世界で最も偉大なリーダーたちの幾人かがここに通い、おそらく彼らの息子たちも通っているのかもしれない。もし人生で何かを達成したいならば、彼らに負けないよう立派に振る舞い、そして彼らに勝たねばならない。フランク・シナトラがかつてニューヨークについて歌ったように、もしそこでやっていけるなら、どこでだってやっていけるだろう。

私は周囲の目を引くほど真面目に勉学に専念した。数年間、勉強道具をブリーフケースに入れて校内を持ち歩いていた。これは、結婚式の衣装で授業に出ていたような学校の水準からしても、堅苦しすぎて見えていたはずだ。ほんのわずかな人しか、ましてや黒人ならまず受けられない教育を最大限に活用しようと必死だった私は、できるかぎりあらゆる学校活動に関わった。美術雑誌が目に入れば、それを編集したいと思い、雰囲気が気に入った同好会があれば、それを運営したいと思った。勉強は楽しめていたが、社会生活は大して満喫できていなかった。故郷に帰るたびに、お上品すぎて地元のほとんどの連中と付き合えないと思われていることに気づいた。学校が休みのあいだ、クラスメイトに会うことはめったになかった。彼らのほとんどは、法外な費用がかかる趣味を楽しんでいるようだったからである。それから、イートンでの最初の学期が始まろうとしていた時、母の患者の一人だった同校の卒業生が、私への伝言として母に託した警告があった。「彼らのようには決してなれないと息子さんに言ってやりなさい」と彼は言った。当時はその助言を冷笑していたが、学期が過ぎていくごとに、だんだんと自信がなくなっていった。

私は依然として英国に感謝していた。その後、一九九三年のスティーブン・ローレンスの殺害事件[*3]が、事件だけでも恐ろしいというのに、当初はかなり型どおりの捜査になると見られていたものすら完遂できないほど、警察が差別と汚職疑惑で腐りきっていることを露呈させた。ローレンスの死は、私たちが自分たちに言い聞かせていた嘘——良い子にしてさえいれば、悪い連中と関わらないようにしてさえいれば、決して危ない目に遭うことはない——を霧散させた。ローレンスは建築家の卵で、死の前の数時間のほとんどを親友とビデオ・ゲームをして過ごしていた。これ以上に無害なことなどできはしまい。しかしそれでも、ローレンスが存在しているだけで不愉快だとして、衝動的に彼を襲い、刺し殺すような白人の若者の一団に遭遇することが避けられなかったのだ。

ローレンスの殺害から、寄宿学校での私の時間が終わるまでの五年間、イートンという聖域の中にいられたことに私は感謝していた。その頃、ウェスト・ドレイトンは、この郊外の普段の停滞した雰囲気にそぐわないように見える人種差別の激しいうねりの中に置かれていた。イギリス国民党[*4]は、その袋小路には黒人も住んでいるという事実に気づかず、私たちの家の扉に活動のチラシを差し込んだ。地元の図書館で勉強中、私は机のひとつにイギリス国民戦線[*5]のロゴが彫られているのを見つけた。鉄道駅に向かう途中では、外国人に向けた思いやりのある助言が書かれたビラを見つけた。次のように書かれてい

＊3　一九九三年、ロンドン南東部エルタムのバス停でバスを待っていた黒人少年スティーブン・ローレンス（当時一八歳）が、白人少年グループに襲われ、刺殺された事件。事件発生時の初動捜査が適切に行なわれなかった経緯から、イギリスの警察機構に蔓延する「制度的人種差別」の問題が議論されるきっかけにもなった。

＊4　移民排斥、反グローバリズムなどを掲げるイギリスの極右政党。

＊5　イギリスのファシズム極右政党。白人至上主義の立場から移民に強く反対している。

た。「西ロンドンのパキどもは警戒せよ」、「当地のコンバット18[*6]より」

それから、ユーズリー・メソジスト教会の隣にある、長さ三〇メートル、高さ一〇メートルの壁には、想像できるかぎりのあらゆる白人至上主義団体の記章の落書きが見られた。私が一番覚えているのは、赤ワイン色をしたクー・クラックス・クラン（ＫＫＫ）[*7]のロゴで、丹精こめて星形の内部に型板で刷り出されていた。それはまるで、スポンサーがサッカー・シャツの上に社名を描いているかのようだった。ある時、一人の男が、地元の眼鏡店から出てくる私と妹を待ち伏せし、私たちが彼を避けようと通りを渡るのを見ると、革のジャケットの前を開き、さまざまな色合いと大きさの鉤十字のパッチワークを見せてきた。言うなれば、多人種的な人種差別である。

人間とその判断に関するきわめて重要な事柄のいくつかを、私はイートンで学んだ。その一つは、私が可能なかぎり勤勉で感じのいい人間になるだけでは、同級生の黒人観を変えられない、ということだった。私は、彼らが考える法則を証明する例外になっただけだった。私がこのことを認識したのは、ある友人とパブで食事を取っていた時だった。彼は突然、移民に対してびっくりするような暴言を吐きはじめ、私が、自分や自分の両親も彼が侮辱している人びとと全く変わらないと指摘すると、彼は「僕は君のことを移民だとは見ていないよ、ムサ。君のことは友人だと思っている」と言った。

上流階級の世界で偏見から守られるには、イートン卒であるという名刺ですら十分ではなかった。忘れもしないのは、Ａレベルを終えた直後、ウェスト・ロンドンにある友人のフラットに泊まりに行った時のことである。その日の午後の早い時間に、私がカバンを置きに行った時には、彼の義理の父は不在だった。しかし、その夜に友人宅に戻ると、彼の義父は私を一瞥すると、私が家に入ることさえ許さず、立ち去るように言った。友人が面目なさそうに私のカバンを玄関前の階段に置き、家の中へと後ずさりした時、すでに一一時四五分だった。

やっと私がありのままの自分であろうとしはじめたのは、二二歳の時で、大学を出た一年後である。全部で一万五〇〇〇人いる学生中、アフリカ系やカリブ系の黒人学生は一〇〇人足らずだったオックスフォードでの三年間、私はやはり大使のような責任感を抱いていた。私はエスニック・マイノリティの一員であることにすっかり慣れてしまっていた。

私が本来の自分であろうとしはじめたのが二二歳だったのは、アルコールの最初の一滴を口に入れたのが、その頃だったからである。その酒が何か精神的に深いかたちで私を解放したという意味ではない。単に、酔っ払うほどの心地よさを感じたということである。というのも、友人が私に、最初の運命の一杯のテキーラを手渡すまで、私は自分を抑制しようと精一杯頑張っていたのだ。ばかげているように思われるかもしれないが、白人の同級生たちは生まれてこの方、黒人についての否定的なステレオタイプをあまりにも多く見て育ってきたわけであるから、私は自分には、それらのステレオタイプの多くをできるかぎり和らげる責務があると信じていたのである。それゆえ、決して酔っ払ってはならず、長年したいと思っていたアフロヘアーは諦め、差し出された場合もマリファナには手を出さなかった。実を言えば、私は酔っ払うことで何かが露呈してしまうのではないかと少し怯えていた。よい移民を気取った堅物のベニヤ板の下に、粗暴で野蛮な女たらしがうごめいているのではないかと恐れていたのである。

＊6　英国の極右ネオナチ集団。アドルフ・ヒトラーのイニシャルA・Hが、それぞれアルファベットの一番目と八番目にあたることが名前の由来。
＊7　白人至上主義を掲げるアメリカの秘密結社。

もちろん、そんな怪物が姿を現すことはなかった。若干声が大きくなり、素面の自分よりも若干上機嫌な自分になっただけだった。その時私は、他の人たちが私に見出しやしないかと恐れていた人種的ステレオタイプの多くを、自分の中に取り込んでしまっていたことを、遅ればせながら理解したのだった。父親を持たずに成長し、多くの黒人男性のロールモデルが見つからなかったので――彼らのほとんどは、おそらく私と同じように人知れず奮闘していたのだろう――私にはメディアが描写した黒人男性像しか残されていなかったのだが、それらのほとんどは圧倒的に否定的なものだったのだ。さらに二一歳は、私が自分は女性と同じく男性にも惹かれるということに気がついた年齢でもあった。当時はトラウマ的な体験であったが、今はそのことをありがたいと思っている。それはあまりにも人生を変える出来事だったので、私は自分のことを人びとを代表する外交官のようなものと見るのをやめ、自分自身のために生きるようになった。ロンドンは、その頃までの私の人生に比べれば、アイデンティティが全く問題とならない場所だった。トルコ人やニュージーランド人、ポーランド人やナイジェリア人、それから他にもさまざまな人に囲まれ、自分が何者であるなどとそれ以上気に病む必要などなくなり、ただそうであることに前向きに取り組んでいけばよかった。

私が十代の頃に見たような強烈な反移民感情は、もう二度と見ることはないだろうと思っていたので、イギリス独立党（ＵＫＩＰ）[*8]の獲得票が急速に増加しはじめた時には、驚愕させられた。二〇一五年の総選挙の際、アックスブリッジおよびサウス・ライスリップ選挙区で、同党は敗退したものの、当選したボリス・ジョンソンなる人物が獲得した票数の、四分の一を超える六三四六票を得るまでになった。後知恵になるが、ＵＫＩＰの躍進は全く不思議なことではない。外国人風の人びとが少数あちこちにいるのは大変結構と思われていたが、私たちのようなものが一度に大量にやってくると、そのような急激な文化的変化に慣れていない地元民を当惑させてしまったのだ。白人の労働者階級については言うまでもないことで、彼らははるかに安い賃金で働く覚悟があるEUやその向こうから来る労働者たちによって、自分たちの賃金を切り下げられていると思っていた。彼らの中には、それを略奪と感じたものもいたに違いない。

これこそ問題なのだ。多人種社会は「よい」ものなのだと同胞の市民たちを説得しようとしても、できることがかぎられ、かれらがそういった社会は自分たちの懐具合を厳しいものにすると考えている時は、特にそうなのである。非常に多くの国々の経済問題が、金融部門の計算の失敗ではなく、大量移民という害悪のせいだとされているのは驚くべきことである。そうした機運が高まってきたのは、おそらく二〇〇五年頃からで、その年にマイケル・ハワードの保守党が、大型の広告看板を使ったキャンペーンを始めた。通勤途中に私が毎日目にしたそれには「私たちが考えていることを、あなたは考えていますか?」と書かれていた。あなたが釈然としなかった場合にそなえ、看板には決めゼリフが書かれている。「移民に制限を設けることは人種差別ではない」と。この二文目はいつも私を考え込ませた。入場に制限を設けることは、本質的に人種差別というわけではない——ナイトクラブが満席だった場合に、もう誰も入れないと言っても人種差別にはならない。人種差別になるのは、人種や文化を純粋な根拠にして、人びとの入場を拒否しはじめる時である——ちなみに、それこそがロンドンのナイトクラブで長年にわたって起きていることである。

国が、来たいと思っている外国人のうちの最良の者たちを選り好みしようとする点に、別に目新しい

＊8　EUからの離脱と移民反対を掲げるイギリスの右翼政党。

ところはない。そのことに何ら悪いところはないと主張する者さえいるかもしれない。だが年をとるにつれ、だんだんと私は、移民たちのお国に対する貢献が有益とまではみなされないという時点で、彼らがさげすんだ目で見られる、ということに気づきはじめた。まるでそれは、私たちがここで生まれたとしても、未だにゲストとして見られており、私たちが社会的に受け入れられるのは、私たちの行動が最上のものである場合のみとされているようなのだ。私は、この人を小馬鹿にしている態度に我慢ならなくなってきた。とりわけ、資本が、実際には国が求めている低賃金労働のいかに多くを、移民たちが不平も漏らさず担っているのかを考えると、我慢ならなくなる。この国にかれらがいることを感謝しないものがいたならば、問題はかれらではなく、英国にあるのだ。

　移民をめぐる言説をメディアが扱う際、こういった事柄を取り上げてほしいと私は望んでいたのだと思う——すなわち、私の両親のような人びとが、経済的にも文化的にも、この国にもたらしたものが認識されることを。しかし、そうしたニュアンスは見られず、『デイリー・メイル』紙のような論調になる。

　二〇一二年のオリンピックの期間中、『メイル』紙は、幸せな結婚生活を送る異人種間カップルを主役に据えた開会式の一場面に腹を立て、翌日、次のように書いた。「［式典は］イングランドの現代生活を表象したものとなるはずだったが、そのような設定に合った、幸せな家族生活を送っている教養ある中年の白人の母親と黒人の父親を見つけるのは、主催者たちにとって一苦労だっただろう」[†1]。私は通常は極めて節度のある人間なので、自分でも驚いたのだが、私は怒りで気が変になった。

　私の気が変になったのは、おそらく数百万人の賛意を得て読まれている『メイル』がとうとう、私たちの多くを長いこと慰めてきた嘘を暴いたからだろう。それは暴露したのだ。あなたが品行方正に法律を守った生活を送っていたとしても、あなたの見てくれだけを理由にして、あなたを決して受け入れようとしない共同体が、この国には数かぎりなく存在していると。英国のどこかにいるある黒人の男がどうも一人の白人女性の心の内に入り込んだのかもしれないという考えは、『メイル』紙を嫌悪感でいっぱいにしたようだ。おそらくこの件で、私はひどく動揺した。『メイル』紙が言ったのは、非常に多くの白人の中流・上流階級の両親たちはひそかに思っているのではないかと、私が懸念していたことだったからだ。すなわち、私のような者は決して、十分に「よい」とみなされることはない、と。

今では私も三十代半ばになり、仕事で海外に出ることもある。こうした小旅行のあいだ、時々、英国紙をめくって何が起きたかをチェックするのだが、紙面に現れる、移民に対する怒りにぞっとさせられることが幾度となくあった。しかし近頃では、そうした憤怒に対する私の反応が、憤怒から次第に疲弊へ変わってきている。うんざりなのだ。この国の主要な出版物にそれなりの頻度で寄稿している数少ない黒人ジャーナリストの一人として、黒人の基本的な尊厳を守るようメディアから求められることにも、著名人が何か偏見じみたことを言うたびに、あるいは、かれら自身や穏やかに騒ぐかれらのファンならば、「きわどい」と形容しそうな発言をするたびに、お呼びがかかることにも、私はうんざりしている。これはニュースの正しいあり方ではなく、クマをいじめる中世の見世物のようなものだ。私はこんなことよりも、もっといい仕事ができる。黒人はこんなことより、もっといい仕事ができる。私は学生時代から、いつか文章の質自体がものを言うような文章を書きたいという望みを抱いていた。だが今の私は人種問題評論家だ。ニュースの編集者たちが私のところに来るのも、すべてそのためなのだ。人種に関

†1　『デイリー・メイル』紙は、大きな反発を受けて記事を引っ込めたが、インターネットの摩訶不思議のおかげで、次のページで当該記事を読むことができる。〔原文に記載されているURLはリンクが切れている〕

する議論や執筆を求めるメディアからの依頼の頻度が増していた頃、数ヶ月にわたって、すべての依頼を謝絶したことがある。**他のやつらに内輪で議論させればいいさ、**と私は思った。**他のやつらを座らせて、ただただ議論のレベルが低下したことをじっくり考えさせればいい。**

これが事の真相である。私は人種差別に飽き飽きしているのである——本当に面倒くさい。私は人種差別がなくなればと願い、自分の人生の大半を費やし、それが社会にもたらす最悪の結果の多くに対抗する役に立てればと頑張ってきた。私のブログに毎回非難を書き込む何人かの「荒らし」たちの意見に反して、私は人種差別について書かないで済むならと心底願っている。しかし残念ながら、そのような贅沢は私には許されていないのだ。二一世紀の一〇年代に入ったというのに、アメリカでは依然として黒人の若者たちが、肌の色のために生まれながらの犯罪者であるかのようにみなされるために、目に入り次第すぐに発砲されているからだ。黒人たちは説明もなしに警察の手で殺されているからだ。履歴書に記載された外国風の名前のせいで、黒人たちは、世界で最もコスモポリタンな都市でアパートを借りるのに、また就職面接を受けることにすら、不釣り合いな苦労を強いられているからだ。

私はこうしたことのすべてにうんざりしてしまった。より適切にいえば、個人的なレベルで、自分が生まれた国の中で、そういった戦いをするために自分の時間を浪費することにうんざりしてしまったのだ。考えが甘かったと思われるだろうが、非常に多くの移民たちが英国に来ようとしている理由に関して、もういいかげんに相応の国民的な理解が得られているものだと私は思っていた。大英帝国について、そして今日私たちが目にしている世界を形作る上でその帝国が果たした歴史的な役割について、もっと高度なレベルの認識が存在しているものと思ってしまっていた。しかしそれは私の思い違いで、そのかぎりでは、ある種の敗北を認めなければならなかった。

私は英国を離れる決心をした。この決心には胸が痛んだ。自分にそんなことができるなど思いもしなかった。長年思っていたことだが、英国に偉大なところがあるとするなら、それは国の制度ではなく、普通の市民の中に存在している。英国は、絶え間なく私たちを侮蔑する新聞や政治家のおかげで偉大なのではなく、それらにもかかわらず偉大なのだ。小さな街が洪水被害に遭うやいなや自然発生的に生まれる共同体意識のおかげで、オリンピック大会の世話係として活動するために数万人も集まったボランティアのおかげで、英国は偉大なのだ。しかしそうした意識を育てていくために、私の国が十分な努力を払っているとは、私には到底思えない。

私はひそかにドイツに渡った。英国の人種差別主義者たちが外国人に向けてずっと吐いてきた助言は、私には通じたのだ。「気に入らないのなら、どうぞ、出ていってくれ」を、私は真に受けたのだ。その意味では、かれらは勝利したのだと思う。私は行きたいと思ったベルリンという新たな故郷を持つことになった。そこにはそこの人種問題があるわけだが、その街は世界中からのニューカマーを受け入れようという大きな意欲を見せていた。私が到着して一年と少し経った頃、このはぐれ者たちの都市は、故国での戦争を逃れた数千のシリア人を歓迎した。この上なく感謝した一群の移民たち。かれらは私の両親がそうであったように、新しい生活を築き、より偉大で、願わくば、より栄光ある社会の一員になることを目指していた。かれらが歓迎されている様子を見て、私はこれほど寛大な街なら、再出発するのに完璧な場所になると確信した。

謝辞

有色人たちの秘密結社に心より感謝します。

ニケシュ

アンバウンドの皆様、とくにレイチェルとジョン、このプロジェクトを支持し擁護してくださり、ありがとうございました。そして以下の方々に感謝いたします。すべての寄稿者たち、ケイティ、ニヴェン・ゴヴィンデン、ジュリア・キングスフォードとチャーリー・チャンベル、サラ・シャッフィ、メリッサ・コックス、キャンディス・カーティー＝ウィリアムス、ハープリート・ピュレワル、エレイン・ウォン、ウォーターシェッドの『ライフ・マガジン』の皆様、メディア・ダイヴァーシファイドのサム・アスマデュとヘンナ・バット（特にダレン・チェティのエッセイの旧版を公開してくれたことに対して）、サニー・シン、ジェイムズ・スマイスとウィル・ワイルズ、ナーム・チョーハンとサグナ・チョーハン、アニータ・ラーニー、ジョシュ・アイデハン、ナイマール・ラッシュド、サム・ビニ、シャラン・ダリワル、ジョズィ・ロングとニール・グリフィスとアーツ・イマージェンシーの皆様。

冷静な頭と温かい心で支えてくれたシメーヌ・スレイマン、ロズィ・ナイト、イヌア・エラムス、ムサ・オクウォンガには、特段の謝意を表したい。

ヴァレイッゾ

きょうだいたちに。

シメーヌ

常に母と父に感謝しています。そして一般に認められているよりも、ずっとずっと強いトルコ系キプロス人のコミュニティにも。

ヴェラ

私が東アジア性とジェンダーの交差について熟考していた際、議論してくれたハルカ・アベ、ジュリア・チェン＝インヒン、シエラ・チョック、キャスリン・ゴールディング、カトリーナ・ジェイムズ、ジェニファー・リム、ダイアナ・リー、アナ・スーラン・マシン、ラニ・モーシィ、キャロライン・テオに感謝いたします。擁護者になってくれたダニエル・ヨークと、支持してくれたジェイムズに感謝を。ＧＳ、ＣＡＧ、ＳＬＦ、ＪＴ、ＴＷＨに愛を。

ダニエル

ジェニファー・リムとエレイン・ウォンに感謝いたします。

ハイムシュ

役者としての人生を始めて以来、僕の魂を満たし、僕に玄関の外の世界を見せてくれた友人たちに感謝します――君たちがいなければ、僕は今もナイーブで右も左も分からないままだっただろう。舞台を整えてくれた姉に、静かな知恵を授けてくれた父に、何をおいても愛を注いでくれた母に感謝します。そしてこの三人が、窓を開け放って、そこから飛び出していくようにと僕に自信を与えてくれたことにも感謝を。

ニシュ

エミー・アネット、ジャック・バリー、テズ・イリャス、サラ・パスコー、そして、「困惑するイスラム教徒」のミームを作ったのが誰だったにせよ、その人に。

ミン

次の方々に感謝いたします。ケイティ・リー、ジャッキー・タン、ヴィッキ・チエン、ケイティの友人であるヴェラ、英国華人参政計画《ザ・ブリティッシュ・チャイニーズ・プロジェクト》のジャーチー・ホウとジュン・キット・マンとコー・ハン・チョウ、コートニー＝ヒュー、ニナ・クリプス、キム・リュー・リーチ、レベッカ・イップ、ヤオジュン・リー教授、ルーシー・ストゥウェル、ジェレミー・カーティス、キャサリーン・ウェーバー、ケヴィン・ツアン、アリス・サザーランド＝ホーズ、マニシャ・マサル、クワク・オセイ＝アフリファ、ジョリン・ローストン＝エズデール、ジャスナム・チャン。最後に、私の家族とリズ・ウォライカウに感謝を表したい。

ダレン

サマンサ、アスマドゥ、メディア・ダイヴァーシファイドに感謝いたします。私の文章に有益なコメントをくれたジュリア・スイッサ、サム・バークソン、ブレナイン・ラムブキンに感謝いたします。私の物語を他の人びとと分かち合うようにと励ましてくれたスティーヴ・コケット、ジェフ・フォックス、スティーヴ・ウィリアムスに感謝いたします。私と物語を分かち合ってくれた小学校の生徒たちに感謝します。ラゲシリ・チェッティには、愛と支えとインスピレーションを与えてくれたことに対して、特別の感謝をお伝えしたい。

キエラン

バリー・イエイツに感謝いたします。

ココ

私をつくってくれたビーナに、私を評価して（文章を書く気にして）くれたスティーブンに感謝いたします。

イヌア

シャンダ・マウチワに感謝いたします。

リズ

ビラル・クレイシとフェラ・ジャラル、そしてアンヤ・ラザに感謝いたします。

サラ

ハリーム、ラビア、イシュワーラル、タルラ、ハニフ、ミーナ、アミーナ、サミー、ロクサーヌ、私に味方し、私を信じてくれてことに感謝します。私を頑張らせてくれた友人たちとマサラ・チャイにもお礼を述べたい。

サリーナ

母と、兄と姉たちと、いとこたち、そして混じり合った私の移民家族に感謝と愛を送ります。ディッキーに感謝します。この途方もなく素晴らしい本を生み出してくれた、ニケシュと、アンバウンドのクラウド・ファンディングに携わってくれた同志たちにお礼申し上げます。

ミス・L

Tと母と父、そして祖母に感謝いたします。

ビム

アデに。私が作家でいられているのはあなたのおかげです。

ヴィナイ

僕の困難について丁寧に説明してくれ、僕が生まれるよりも以前から僕を愛していてくれた、祖父母たちに感謝いたします。

ムサ

持てる全てを私に与えてくれた二人の移民である両親に。

移民たち、移民の子どもたち、移民の親類たち、移民の友人たち、移民の雇い主たち、どこかからここへ旅をしてきて、その道中で世界を広げてきたすべての人たちに感謝いたします。これはあなた方のための本です。

訳者あとがき

本書は二〇一六年九月にイギリスの出版社アンバウンドから刊行された*The Good Immigrant*の翻訳である。「移民」と「人種」をテーマとするエッセイをまとめたアンソロジーで、作家、詩人、戯曲家、俳優、ジャーナリストなど、さまざまな分野で活躍する総勢二一人のＢＡＭＥ（Black, Asian, Minority Ethnic の頭文字を取った言葉で「黒人、アジア系、エスニック・マイノリティ」の意）の執筆者たちが、自身の生い立ちや家族の歴史、日常や仕事で直面する不安や不満、そして未来への希望を語りながら、二一世紀のイギリス社会で「有色の人間《パーソン・オブ・カラー》であるとはどういうことなのか」を探求している。

編者のニケシュ・シュクラは、ロンドン生まれのインド系イギリス人作家で、現在までに*Coconut Unlimited*（二〇一〇年）、*Meatspace*（二〇一四年）、*The One Who Wrote Destiny*（二〇一八年）の三冊の長編小説を上梓している。脚本執筆に携わった二〇一四年の短編映画*Two Dosas*（監督はサーマッド・マスッドで、本書執筆者でもあるハイムシュ・パテルが主演した）は、二〇一五年のロンドン・ショート・フィルム・フェスティバルで最優秀コメディ賞を獲得した。近年は子どもや若年層向けの図書出版にも力を入れ、*Run, Riot*（二〇一八年）と*The Boxer*（二〇一九年）の二作のヤングアダルト小説を書いているほか、人種差別の問題を扱った学習テキスト『どうして肌の色が問題になるの？』（二〇一八年、邦訳は創元社、二〇一八年）をクレア・フーチャンと共同執筆している。また現在活動拠点にしているブリストルで、同地の十代の若者の声を発信するオンライン雑誌*Rife Magazine*を立ち上げ、編集を担当している。

『よい移民』は、「編者まえがき」で語られているように、シュクラが取材を受けた新聞記事に対する一つのコメントに端を発して企画された。そのコメントは、シュクラが取り上げられているのは、彼が「アジア系」だからだと断定するものだった。「有色人たちが機会を与えられるたびに、それは私たちの技量や功績が理由ではないと思い込まれることにうんざりしていた」と、最近受けたインタビューでシュクラは語っている。いかに自分の能力と努力によって獲得した「席」であっても、毎度「人種」が持ち出され、その正当性に疑義がはさまれる（日本語の表現を使えば、「下駄を履かされている」とか、「これは〇〇枠なのだ」と難癖をつけられる）。この出来事はシュクラに、自分たちの存在が「人種」に還元されてしまうという、現代イギリス社会で「有色人」が置かれている窮状を改めて痛感させた。その後シュクラは、タナハシ・コーツの『世界と僕のあいだに』（二〇一五年、邦訳は慶應義塾大学出版会、二〇一七年）とクラウディア・ランキンの『シティズン』（二〇一五年、未邦訳）を読み、感銘を受けたという。いずれも現在のアメリカで「黒人であるとはどういうことなのか」を探求したノンフィクションである。シュクラはこれらに相当する書籍がイギリスには存在していないことを嘆き、それをツイッターで本書執筆者のムサ・オクウォンガに話すと、彼はナイジェリアの小説家チヌア・アチェベの有名な言葉を返した。「もしその物語が気に入らなければ、自分の物語を書け」と。

シュクラはそれを実行することになるわけだが、「自分の物語」を書くだけで満足しなかった。シュクラは複数の物語からなるアンソロジーを編むという計画を立て、それによって、彼が長年にわたって取り組んできた、イギリスの出版業界における多様性の欠如という問題への一つの回答を提示しようとしたのだ。実力ある多くの有色人の作家に発表の機会が与えられず、有色人のキャラクターが出てくる作品は少なく、多くの有色人の読者は、本の（あるいはテレビや映画の）中の世界に「自分」を見出すことができない。本書に収められた多くのエッセイが警鐘を鳴らすように、このことによって、有色人たち（特に若い世代）が、自分たちも社会の一員であると感じられず、自分たちを過少に評価することにつながっている。だから、多様な作家が語る、多様なキャラクターが登場する、多様な物語が必要なのだ。

シュクラが企画を持ち込んだアンバウンド（二〇一〇年創業）は、クラウド・ファンディングを活用した新たな事業のモデルによって、イギリス出版業界に新風を呼び込んでいる気鋭の出版社である。作家の出版企画を自社のウェブサイトで公開し、将来の読者となる支援者からその出版費用を直接的に調達することで、大手の出版社が「売れ筋ではない」と敬遠しがちなテーマの書籍や、機会に恵まれない作家を世に送り出してきた。しかし『よい移民』ほど、同社のビジネスモデルと見事に適合し、大きな成功を収めたプロジェクトはなかった。

二〇一五年一二月一日にアンバウンドのウェブサイト上で、『よい移民』の出版費用を募るクラウド・ファンディングが開始されると、瞬く間に支援金が集まり、わずか三日間で目標額に到達した。これほど短期間での資金調達に成功した背景には、『ハリー・ポッター』シリーズの著者J・K・ローリングの存在があった。シュクラの出版企画に賛同したローリングは自ら五〇〇〇ポンド（当時の為替で約九〇万円）を出資するとともに、ツイッター上でこの企画への支援を呼びかけたのである。こうした一連の動き自体が、さまざまなメディアで大きく報じられたことで、さらなる関心を呼び、最終的には一三八六名の出資者から目標額の二〇四％に及ぶ支援金を集めることに成功した。なお、こうした出版事情から、原書冒頭にはアンバウンドの創設者たちによる同社の事業説明が、末尾には一六頁にわたって支援者の一覧が掲載されている。しかし本翻訳では、それらの箇所を割愛したことをここでお断りしておきたい。

このようにすでに話題を集めていた同書が二〇一六年九月に発売されると、数週間にわたってイギリスのアマゾンの売上ランキングの上位を占め、発売一ヶ月後の十月に早くも、BBCラジオ4の朗読番組《ブック・オブ・ザ・ウィーク》で取り上げられた。そして一一月には、オンライン上の一般投票で選ばれるイギリスの文学賞「ブックス・アー・マイ・バッグ・リーダーズ・アワード」の二〇一六年読者賞《リーダーズ・チョイス》を獲得した。『ハリーポッターと呪いの子』や『ザ・ガール・オン・ザ・トレイン』などの話題作を抑えての快挙だった。この受賞でさらに人気が高まり、この種のテーマを扱ったノンフィクション作品としては異例の、八万部を超える大ベストセラーとなった。

同書の成功において、イギリスのEU離脱、いわゆる「ブレグジット」という背景を挙げる識者は多い。離脱派が移民流入の制限を離脱の根拠としていたことは周知のとおりだ。国民投票によって離脱が決まったのが二〇一六年六月、その三ヶ月後に『よい移民』が登場したわけである。同書が移民排斥と外国人嫌悪が台頭する状況に「うんざり」していた読者たちの需要を満たすことになったとの解釈は一応成り立つだろう。シュクラも多くのインタビューの中で、ブレグジットがある意味で追い風となったことを認めてはいる。しかし同時に彼は、同書は国民投票以前から計画されていたもので、出版のタイミングは偶然であって、同書がブレグジットという特定の出来事に向けられた「政治的マニフェスト」のようなものとして読まれてはならないと、何度も強調している。多様な声を希求する人びとの関心を一過性の「トレンド」にしてはならない、との強い思いがあるからだ。シュクラは言う。それまで表象されることが少なかった人びとの本が出版されはじめている今の状況がもし来週終わってしまっても、「私はずっと茶色いままである」と。多様性は「時事問題」ではない。それは、これまでもずっと、これからもずっと、私たちの暮らす現実であり、私たちはその現実にどれだけ真摯かつ誠実に対応できているかを、常に自問自答していかなければならないのである。

もちろん日本においても。

二〇一九年四月の出入国管理及び難民認定法改正によって、外国からの単純労働者に門戸を開き、事実上の移民受け入れに大きく舵を切ることが決定されて以来、書店の棚で「移民」の文字を目にすることが多くなった。しかし、それらの中に、「移民」と名指される人びとが読むことを想定している本が、一体どれだけあるだろう？　特に日本で生まれ育ち、日本語を第一言語として暮らす（これから暮らすことになる）「移民の子どもたち」に読んでほしいと思える本が。かれらに自分の経験を見つめ直すための材料や、将来のロールモデルを提供している本が。本書でダレン・チェティが紹介している比喩を使えば、かれらにとっての「窓」にも「鏡」にもなる本が。自分たちがこの社会の「主役」であると確認できるような本が。ないわけでない。温又柔さんの『台湾生まれ　日本語育ち』、金村詩恩さんの『私のエッジから観ている風景』、朴沙羅さんの『家の歴史《チベ》を書く』。ナディさんの『ふるさとって呼んでもいいいですか』。オンライン上でも『ニッポン複雑紀行』や『HAFU TALK』など、多様なルーツを持って日本で暮らす人びとが自らの声を発信できるプラットフォームが立ち上げられてきた。

十分だろうか？　そんなわけはない。そもそも世界の多様性が表象されるのに、「十分」などというリミットはないのだ。移民、外国人、在日コリアン、台湾生まれ、元植民地出身者、ハーフ、ダブル、ミックス、二世、三世、四世……。どのようにカテゴリーを設け、どれほどカテゴリーを細分化しようとも「十分」に行き着くわけではない。それぞれのカテゴリーに括られる人びとは決して一枚岩の集団ではなく、それぞれが声にされるべき、そして耳を傾けられるべき物語を抱えた個々の人間であるからだ。そして往々にして、そうした物語が語りはじめられるきっかけをつくるのは、同じような境遇に由来する不安を、葛藤を、痛みを、喜びを、希望を抱いた経験を持つ別の個人の物語なのだ。あるインタビューでシュクラは、何かを始めることに困難を覚えている若いクリエーターに対する助言として、次のように語っている。「物語は一つではない。あなたの物語がある。そして私のものが。私のものをあなたに話したら、今度はあなたの物語が聞きたい」と。本書『よい移民』で語られる二一人の物語が呼び水となり、この国でも、もっともっと多様で複雑で、陰影に富み、矛盾に満ち、「美しく、力強く、毅然とした」物語が語られはじめられることを、心から願う。

本書の翻訳は、多くの方々の力添えなしには実現しませんでした。この場を借りて深く感謝を申し上げます。まず編集者の太田明日香さんは、作業が遅れがちな訳者に辛抱強く併走し、完成まで導いてくださいました。創元社の山口泰生さんは、折りに触れ、商業出版の作法に不案内な訳者に的確な助言をくださいました。校正者の梶原めぐみさんは、訳文に丁寧に目を通し、間違いや不明瞭な箇所を指摘くださいました。また鋤柄史子さんと洲見菜種さんにも訳文を読んでいただけたおかげで、より精確で滑らかな文章に仕上げることができました。むろん、本書に残っているかもしれない誤りや不備の責任はすべて訳者にあります。最後に、本書を手に取ってくださった、すべての読者の皆様に（これから読者になってくださる皆様には先に）お礼を申し上げます。

執筆者一覧

ニケシュ・シュクラ　Nikesh Shukla

作家。一九八〇年ロンドン北西部ハロー生まれ。両親ともインド系。デビュー小説*Coconut Unlimited*（二〇一〇年）は、イギリスの文学賞コスタ賞処女小説部門の候補作となる。以降の小説作品もイギリスの各種メディアで激賞される。脚本執筆に携わった短編映画*Two Dosas*（サーマッド・マスッド監督、ハイムシュ・パテル主演、二〇一四年）は数々の賞を獲得した。本書の成功を受けて、多様な背景を持つ作家に出版の機会を提供するべく、ジュリア・キングズフォードと共同でザ・グッド・リテラシー・エージェンシーを創設、有色人作家の作品を掲載する雑誌『ザ・グッド・ジャーナル』を編集する。二〇一九年二月には本書のアメリカ版となる*The Good Immigrant USA*（二〇一九年）を、シメーヌ・スレイマンと共同編集した。@nikeshshukla

ヴァレイッゾ　Varaidzo

作家、アーティスト、エッセイスト、編集者。デジタル時代にアフリカ系ディアスポラの物語の探求に関心を持つ。大学在学中からさまざまなオンライン雑誌の編集に携わる。『ガーディアン』、『ニュー・ステイツマン』、『デイズド』などにエッセイや記事を寄稿。『ガルデム』元編集者（芸術文化欄担当）。現在は『ワサフィリ』のアシスタント・エディターを務める。短編小説'*Bus Stop*'が、二〇一八年のガーディアン・フォース・エステイトBAME賞の最終選考作品となる。二〇一八年には性的暴行をテーマとした短編映画*How To Cut A Mango*を制作した。@veedzo

シメーヌ・スレイマン　Chimene Suleyman

作家。ロンドン生まれ。両親はトルコ系のキプロス人。デビュー作となる詩集*Outside Looking On*は『ガーディアン』の二〇一四年度ベスト・ブックスの一冊に選出された。ロイヤル・フェスティバル・ホール、ブック・サラーム、リテラリー・デス・マッチ、ザ・ブッシュ・シアター、ラティチュードなどで朗読のパフォーマンスを行う。『インディペンデント』、『メディア・ダイヴァーシファイド』『ザ・クゥイエイタス』に人種とジェンダーに関する文章を寄稿。本書の成功を受け、アメリカ版となる*The Good Immigrant USA*（二〇一九年）をニケシュ・シュクラと共同編集した。現在はニューヨークを活動拠点にしている。@chimenesuleyman

ヴェラ・チョック　Vera Chok

女優、パフォーマンス作家、作家。一九七七年、マレーシアのプタリン・ジャヤで中国系の両親の下に生まれる。十代の時にイギリスに移住。映画、テレビ、ラジオ、舞台と多様なジャンルで女優として活躍する傍ら、数々の実験的なパフォーマンス作品を制作し、自ら演じる。二〇一〇年には劇団ソルトピーターを立ち上げ、ディレクターを務める。『ガーディアン』、『トランセクト・マガジン』、『トースト』、『ザ・ライジング』、『ヤムチャ・ライフ』などにエッセイや詩を寄稿。有色人の経験を綴る詩と物語のアンソロジー*Bare Lit*（二〇一七年）に短編小説'*Gannet*'を寄せている。@Vera_Chok

ダニエル・ヨーク・ロー　Daniel York Loh
俳優、劇作家、映像作家、ミュージシャン。中国系シンガポール人とイングランド人の両親の下に生まれる。ロイヤル・シェイクスピア・カンパニー、イギリス国立劇場、ロイヤルコート劇場の舞台に立つ。脚本を書いた舞台作品*The Fu Manchu Complex*は、二〇一三年にロンドンのオーヴァルハウスで上演された。ランカシャーのモーカム湾で貝採りをしていた中国人労働者が波にさらわれ死亡した二〇〇四年の事件を題材に、作曲家のクライグ・アダムズと共同で書いたミュージカル作品*Sinking Water*は、二〇一六年のパーフェクト・ピッチ賞を受賞。二〇一八年には第一次世界大戦中の中国人労働部隊の忘れられた歴史を主題にした劇作品*Forgotten*の脚本を執筆した。@danielfyork

ハイムシュ・パテル　Himesh Patel
俳優。一九九〇年、ケンブリッジシャーのハンティンドンでインド系の両親の下に生まれ。二〇〇七年から二〇一六年まで、BBCドラマ《イーストエンダーズ》にタムワール・マスッド役で出演し、人気を博する。二〇一四年には、ニケシュ・シュクラが脚本を書いた短編映画*Two Dosas*で主演を務めた。二〇一六年から二〇一八年まで、チャンネル4のシチュエーション・コメディ*Damned*に出演。ダニー・ボイル監督作品*Yesterday*（二〇一九年一〇月日本公開予定）で、ビートルズが存在しなかった世界に迷い込んだ主人公のシンガー・ソングライター役を演じる。@HimeshJPatel

ニシュ・クマール　Nish Kumar
スタンダップ・コメディアン、俳優、ラジオ・プレゼンター。一九八五年ロンドン南部ハンズワース生まれ。両親は南インドのケララ州出身。二〇一二年にソロのスタンダップ・コメディアンとしてデビューして以降、数々の舞台で活躍。二〇一五年から一六年まで、BBCラジオ4・エクストラの風刺番組*Newsjack*のプレゼンターを務める。二〇一七年から一八年までは、BBC2のテレビ番組で、風刺を効かせて時事ニュースを伝える*The Mash Report*の司会を担当した。また同じくコメディアンのジョエル・ダメットと世界各国を訪れ、さまざまな体験をする旅番組*Joel & Nish vs the World*（二〇一七年〜）に出演。『ガーディアン』に定期的に寄稿している。@MrNishKumar

レニ・エドー＝ロッジ　Reni Eddo-Lodge
ジャーナリスト、作家。一九八九年ロンドンでナイジェリア系移民の両親の下に生まれる。『ニューヨーク・タイムズ』、『デイリー・テレグラフ』、『ガーディアン』、『ヴォイス』、『デイズド』などに寄稿。本書で「白さ《ホワイトネス》についての本」と言及されている初の著作*Why I'm No Longer Talking to White People About Race*は、二〇一七年に出版されるとたちまち話題となり、二〇一八年のブリティッシュ・ブック・アワード（ノンフィクション物語部門）、ジャラク賞、ブレッド・アンド・ローズ・アワードなど数々の賞を獲得した。また同書は、女優エマ・ワトソンが主催するフェミニスト・ブック・クラブOur Shared Shelfの一冊に選んだことでも有名となった。@renireni

ウェイ・ミン・カム　Wei Ming Kam
作家、ブロガー。両親がマレーシアからの移民で中国系。演劇、ドラマ、パフォーミング・アーツの専門書店オベロン・ブックス勤務。イギリスの出版業界で働く有色人のネットワーク「BAME・

イン・パブリッシング」、および同業界で働くクィアの人びとのネットワーク「プライド・イン・パブリッシング」の共同設立者。『メディア・ダイヴァーシファイド』イギリスで参政権獲得のために戦った女性たちの歴史を語るグラフィックノベル *We Shall Fight Until We Win*（二〇一八年）の文章を担当。ジューン・エリック＝ユドレイが編集した *Can We All Be Feminist*（二〇一八年）にも寄稿している。@weimingkam

ダレン・チェティ Darren Chetty

教師、作家、研究者。約二〇年間、小学校教師として働いた後、ＵＬＣインスティテュート・オブ・エデュケーション（ロンドン大学）の教育助手となる。学部学生を教える傍ら、自らも博士号取得のための研究を進めている。研究領域は、教育、子どものための哲学、人種差別主義、児童文学など。児童書専門のオンライン雑誌『ブックス・フォー・キープス』に定期的に書評論文を寄せている。近著に *What is Masculinity? Why Does it Matter? And Other Big Questions*（ジェフエリー・ボアキエとの共著、二〇一九年）がある。@rapclassroom

キエラン・イェイツ Kieran Yates

フリーランス・ジャーナリスト。ロンドン西部サウソールで生まれ育つ。両親ともにインド系。音楽および政治に関するテーマを中心に、『ＮＭＥ』、『メトロ』、『デイズド』、『ガーディアン』などに寄稿。二〇一一年夏のイギリス暴動後の若者の声を記録したｅブック *Generation Vexed* をニケシュ・シュクラと共同執筆。二〇一五年、パキスタン出身の難民申請者でドラッグ・クイーンとして活動する青年を取材したドキュメンタリー *Muslim Drag Queens* で高い評価を受ける。イギリスの移民コミュニティのさまざまな経験を伝えるＺＩＮＥ《ジン》、*British Values* を編集・作成する。@kieran_yates

ココ・カーン Coco Khan

ジャーナリスト。一九八八年ロンドン生まれ。アート、メディア、ポピュラー・カルチャーを専門とする。現在は『ガーディアン』のコラム、特集記事を担当。『インデペンデント』や『ニューヨーク・マガジン』にも不定期で寄稿する。『コンプレックスＵＫ』のエディター・アット・ラージ。芸術雑誌『ケンジントン・アンド・チェルシー・レビュー』の元編集長。二〇一五年、エッセイ'*Whose Voice Is It Anyway?: Ethnicity and Authenticity in the Arts*'がレベッカ・ギリエロンとシェリル・ロブソンが編集した *Counterculture UK* に掲載された。さまざまなムスリム女性の声を集めたマリアム・カーン編集のエッセイ集 *It's Not About the Burqa*（二〇一九年）に'*Immodesty is the Best Policy*'を寄稿。@cocobyname

イヌア・エラムス Inua Ellams

詩人、劇作家、パフォーマー。一九八四年ナイジェリア生まれ。一二歳の時にイギリスに移住。作品にはアイデンティティ、土地を追われる経験、運命といったテーマが繰り返し現れる。現在までに計四冊の詩集を出版している。二〇一六年から自身の移住の経験を語る一人芝居 *An Evening With An Immigrant* を各地で上演。本文中で取材過程が語られている演劇作品 *Barber Shop Chronicles* は二〇一七年にナショナル・シアターで初上演されると、各メディアから激賞され、公演は売り切れとなった。二〇一九年には新作 *The Half God of Rainfall* が上演された。英国王立文学協会フェロー。@InuaEllams

サブリナ・マフーズ　Sabrina Mahfouz

劇作家、詩人、テレビ脚本家、パフォーマー。父はエジプトからの移民、母はガイアナとイングランドのミックス。数々の演劇脚本、テレビ台本を手がける。劇作品*Chef*は、二〇一四年のフリンジ・ファースト・アワードを受賞。在英ムスリム女性の声を集めたアンソロジー*The Things I Would Tell You*を編集。同書は二〇一七年の『ガーディアン』のベスト・オブ・ブックスの一冊に選ばれた。二〇一九年には、労働者階級出身のアーティストたちのエッセイ集*Smashing It: Working Class Artists on Life, Art and Making It Happen*を編集（リズ・アーメッドとサリーナ・ゴッデンが寄稿）、一〇月に刊行予定である。英国王立文学協会フェロー。　@SabrinaMahfouz

リズ・アーメッド　Riz Ahmed

俳優、ラッパー。一九八二年ロンドン郊外ウェンブリーでパキスタン出身の両親の下に生まれる。マイケル・ウィンターボトム監督の《グアンタナモ、僕達が見た真実》（二〇〇六年）で長編映画に初出演、同監督の《トリシュナ》（二〇一一年）、ミーラー・ナイール監督《ミッシング・ポイント》（二〇一二年）で主演を務める。《ナイトクローラー》（二〇一四年）への出演で世界的な注目を集め、二〇一六年には《ジェイソン・ボーン》、スター・ウォーズ・シリーズの《ローグ・ワン》と話題作に次々出演した。米国ＨＢＯ制作の《ナイト・オブ・キリング　失われた記憶》で二〇一七年エミー賞「リミティッド・シリーズ、テレビムービー部門」の主演男優賞に輝く。リズＭＣ名義でラッパーとしても活動する。　@rizmc

サラ・サヒム　Sarah Sahim

フリーランス・ジャーナリスト。イングランド中部ウェストミッドランズ出身。父はアフガニスタン系、母はインド系。『ガーディアン』、『ローリング・ストーン』、『ペーパー』、『プレイボーイ』、『ブロードリー』などに、「人種」、フェミニズム、ポピュラー・カルチャー、ライフスタイルといった多岐に渡るテーマの記事を寄稿している。二〇一五年に『ピンチフォーク』に発表したエッセイ'*The Unbearable Whiteness of Indie*'でイギリスのインディーズ系音楽に未だはびこる白人中心主義を批判し、注目を集める。しかし、その主張によって白人の音楽ファンから反批判と、明らかな人種差別主義者からの誹謗中傷を受けることになり、その事自体で有名となる。

@SarahSahim

サリーナ・ゴッデン　Salena Godden

詩人。一九七二年生まれ。母はジャマイカからの移民。父はアイルランド系イングランド人。九〇年代前半から詩作と朗読のパフォーマンスを始める。その詩は数々のアンソロジーに収録されている。*The Verb*や*Loose Ends*といったＢＢＣのラジオ番組に定期的に出演。二〇一四年、初の詩集となる*Fishing in the Aftermath*が出版される。また幼少期の回想を綴った*Springfield Road*が、『よい移民』の原書と同じくアンバウンドから出版された。二〇一八年に出版された*Pessimism Is For Lightweights: 13 Pieces Of Courage And Resistance*は、人種差別や性差別、貧困、ホームレスなどに関わる抗議活動やデモに触発されて書いた詩を集めたもの。　@salenagodden

ミス・L　Miss L

女優、ブロガー。イランとイラクとイギリスにルーツを持つ。女優としての活動の傍ら、二〇一三年、女優募集広告に散見される女性蔑視的な文言を取り上げ、批判するブログ*Casting Call Woe*を匿名で作成。ツイッターとフェイスブックも運営し、女優として活動することの困難さや、演劇産業にはびこる性差別について定期的に発言している。その活動は『ガーディアン』、『テレグラフ』、『グラツィア』、『バズフィード』など数々のメディアで取り上げられている。@ProResting

ビム・アドワンミ　Bim Adewunmi

ジャーナリスト、劇作家。東ロンドンでナイジェリア系移民の両親の下に生まれ、ロンドンとラゴスを行き来しながら幼少期を過ごす。『バズフィード』のシニア・カルチャー・ライター。『ガーディアン』の元コラムニスト。ポピュラー・カルチャー、フェミニズム、人種を専門として、数々の媒体に寄稿している。バズフィードとネットフリックスが共同制作したドキュメンタリー・シリーズ《世界の"バズる"情報局》（二〇一八年〜）にレポーターとして出演。劇作家としてのデビュー作*HOARD*は、二〇一九年五月〜六月、ロンドンのアルコア・シアターで上演された。現在はニューヨークを拠点に活動中。@bimadew

ヴィナイ・パテル　Vinay Patel

脚本家、劇作家。一九八六年ロンドン南東部シドカップ生まれ。インド系。二〇〇五年のロンドン爆弾テロ後の人種的パラノイアを扱った*True Brits*は二〇一四年にエディンバラ・フリンジで初上演された。南アジア社会にはびこる「名誉殺人」を主題としたＢＢＣのドラマ*Murdered by My Father*（二〇一六年）は、英国アカデミー賞テレビ部門単発ドラマ賞にノミネートされた。二〇一八年には《ドクター・フー》のエピソード〈パンジャブの悪魔〉の脚本執筆、祖父母の移民の経験を基にした劇作品*An Adventure*を書き下ろすなど、精力的に活動の幅を広げている。@vinaypatel

ムサ・オクウォンガ　Musa Okwonga

詩人、作家、スポーツライター、ブロードキャスター、ミュージシャン、ＰＲコンサルタント、コメンテーター。一九七九年西ロンドン生まれ。両親はウガンダ出身。*A Cultured Left Foot*（二〇〇七年）、*Will You Manage?*（二〇一〇年）と、サッカーに関する著作が二冊ある。文化、政治、スポーツ、人種、ジェンダー、セクシャリティと多岐にわたる話題について、『アルジャジーラ・アメリカ』、『ニュー・ステイツマン』、『インデペンデント』、ＢＢＣラジオ４の《トゥデイ・プログラム》、『チャンネル４ニュース』、『スカイ・ニュース』、『ガーディアン』、『ニューヒューマニスト』、『ファイナンシャル・タイムズ』などに寄稿している。@Okwonga

訳者略歴

栢木清吾 *KAYANOKI Seigo*

翻訳者、研究者。1979年大阪生まれ。神戸大学大学院総合人間科学研究科博士後期課程修了。博士（学術）。専門分野は、近現代イギリス史、「人種」と移民をめぐる社会的・文化的問題。翻訳として、ヴロン・ウェアー「戦争を閃かす白人性――兵士・移民・シティズンシップ」（『年報カルチュラル・スタディーズ』第3号、2015年）、スチュアート・ホール「ホームの居心地、場違いな心地」（『現代思想』2014年4月臨時増刊号）などがある。主な論文として、「グローバル化・移民・都市空間」（田中東子・山本敦久・安藤丈将編『出来事から学ぶカルチュラル・スタディーズ』ナカニシヤ出版、2017年）、「移民史と海事史を越境する――20世紀初頭のアメリカ諸港における日本海員の「脱船」を事例として」（塩原良和・稲津秀樹編『社会的分断を越境する――他者と出会いなおす想像力』青弓社、2017年）がある。

企画・編集　太田明日香
装丁　加藤賢一
組版　寺村隆史

よい移民《いみん》
現代《げんだい》イギリスを生《い》きる21人《にん》の物語《ものがたり》
2019年8月1日　第1版第1刷　発行

編者 ……… ニケシュ・シュクラ
翻訳者 ……… 栢木清吾
発行者 ……… 矢部敬一
発行所 ……… 株式会社 創元社
https://www.sogensha.co.jp/
本社　〒541-0047 大阪市中央区淡路町4-3-6
Tel.06-6231-9010 Fax.06-6233-3111
東京支店　〒101-0051 東京都千代田区神田神保町1-2 田辺ビル
Tel.03-6811-0662
印刷所 ……… 株式会社 太洋社

ISBN978-4-422-36011-9 C0036

・創元社刊・ニケシュ・シュクラの本

国際化の時代に生きるためのQ＆A❺

どうして肌の色が問題になるの？

ニケシュ・シュクラ、クレア・フーチャン［著］
大嶋野々花［訳］

B5判・上製・48頁　◉定価（本体2,200円＋税）

ISBN：978-4-422-36008-9

多文化・多民族の共生を探り、人権にかかわる複雑な諸問題に取り組むイギリス。そこで生まれた、児童・青少年のための新しい学習用テキスト・ブック、全5巻。その最終第５巻は、人種差別問題について、さまざまな体験談を紹介しながら、多角的な学習を可能にするものです。